図説
京阪神の地理

――地図から学ぶ――

山口覚・水田憲志・金子直樹
吉田雄介・中窪啓介・矢嶋巌
［著］

ミネルヴァ書房

京阪神の土地利用（1976年）

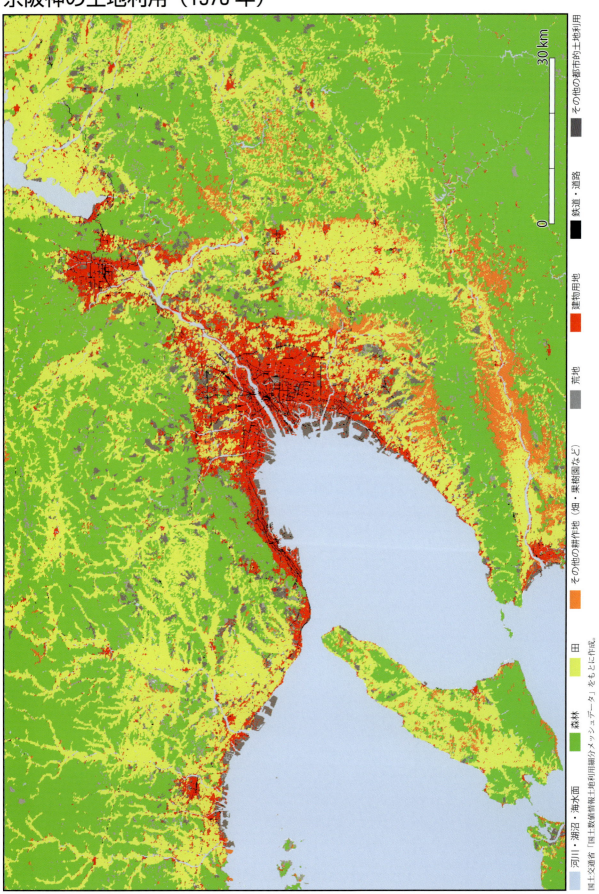

京阪神の土地利用（2014年）

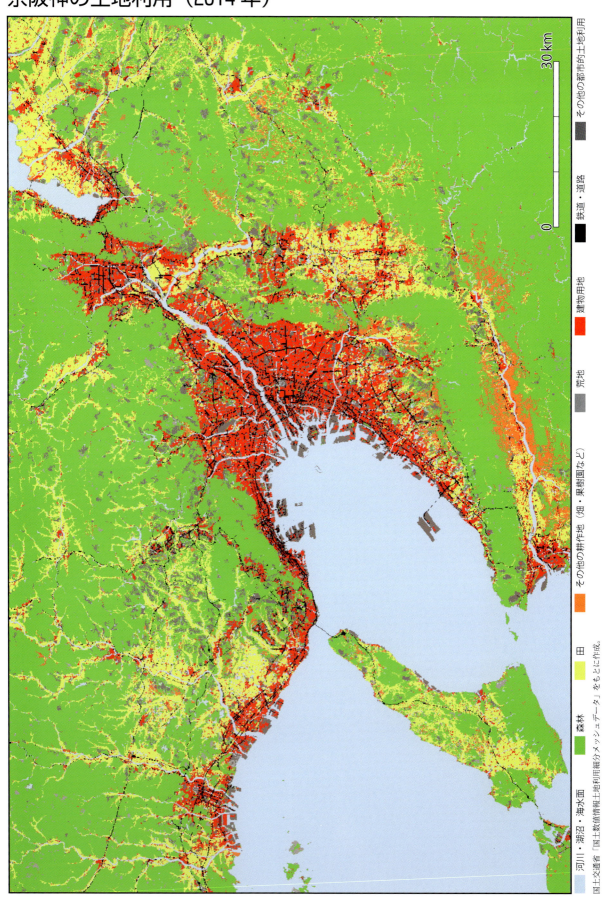

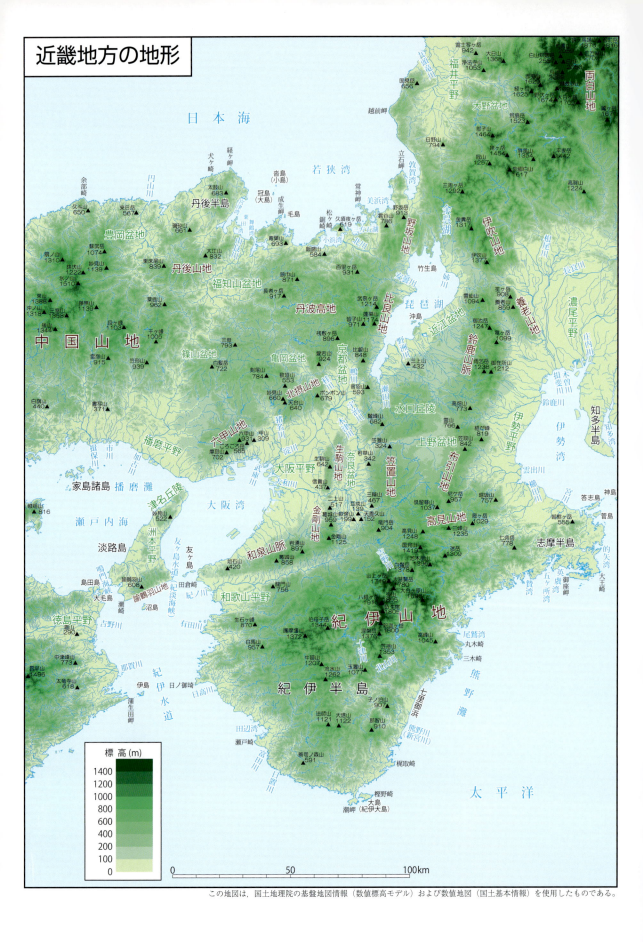

京都市とその周辺の地形

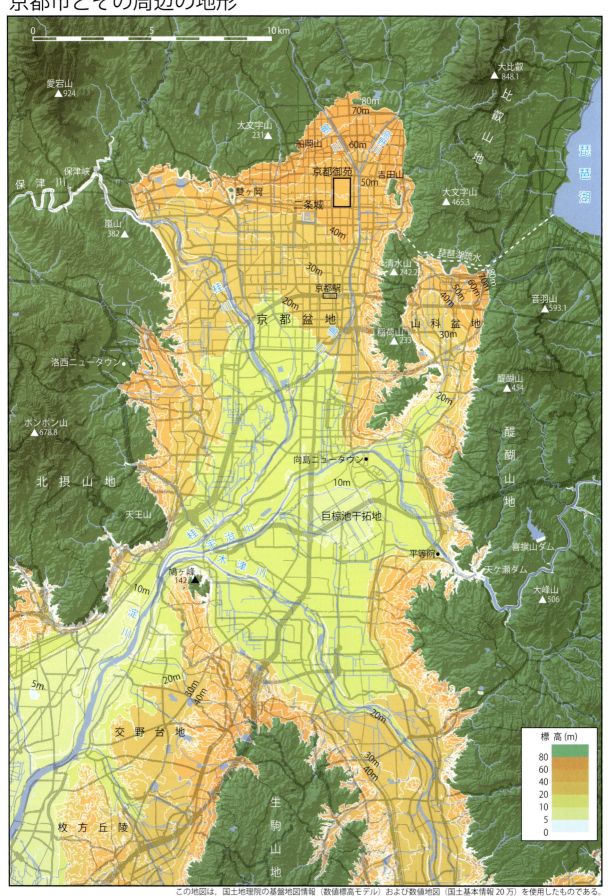

大阪市とその周辺の地形

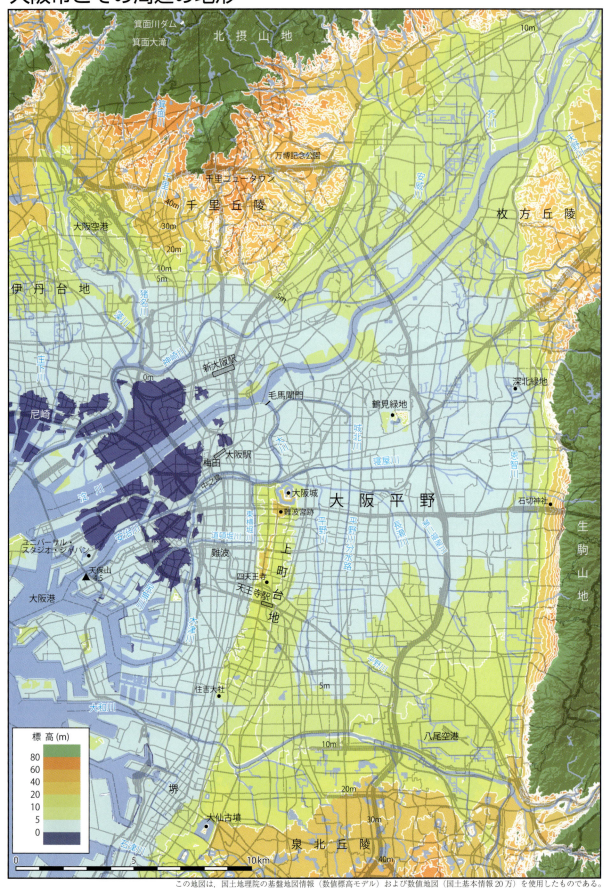

神戸市とその周辺の地形

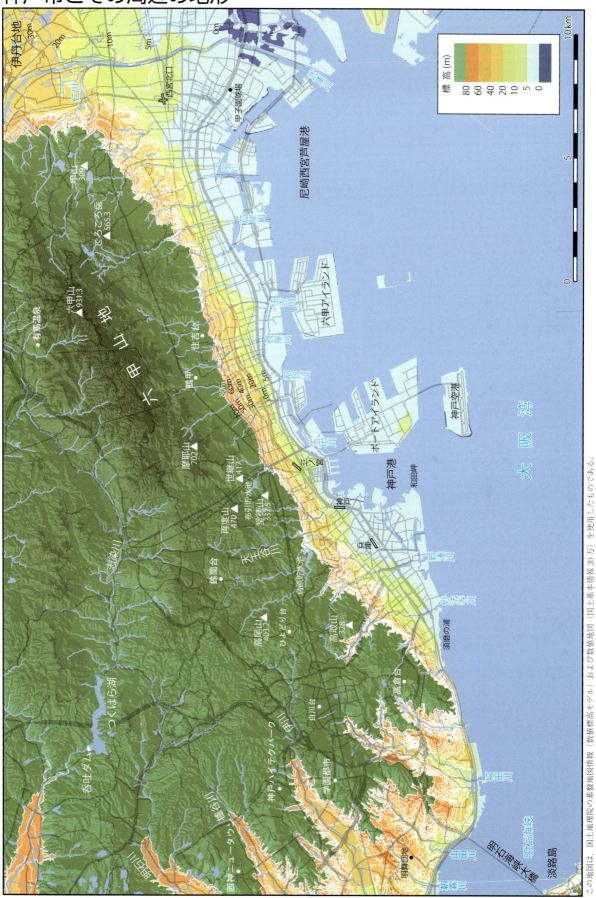

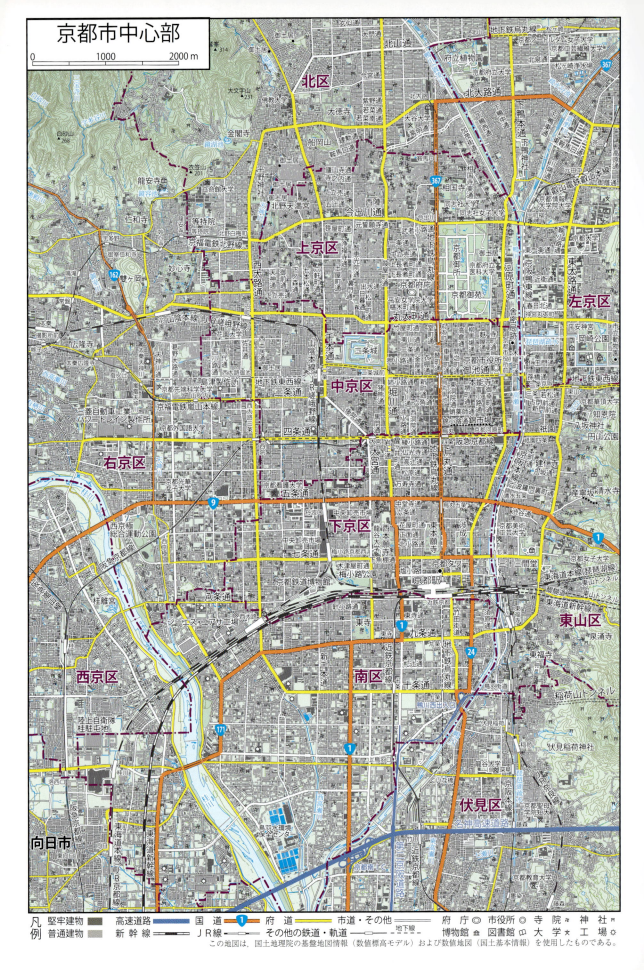

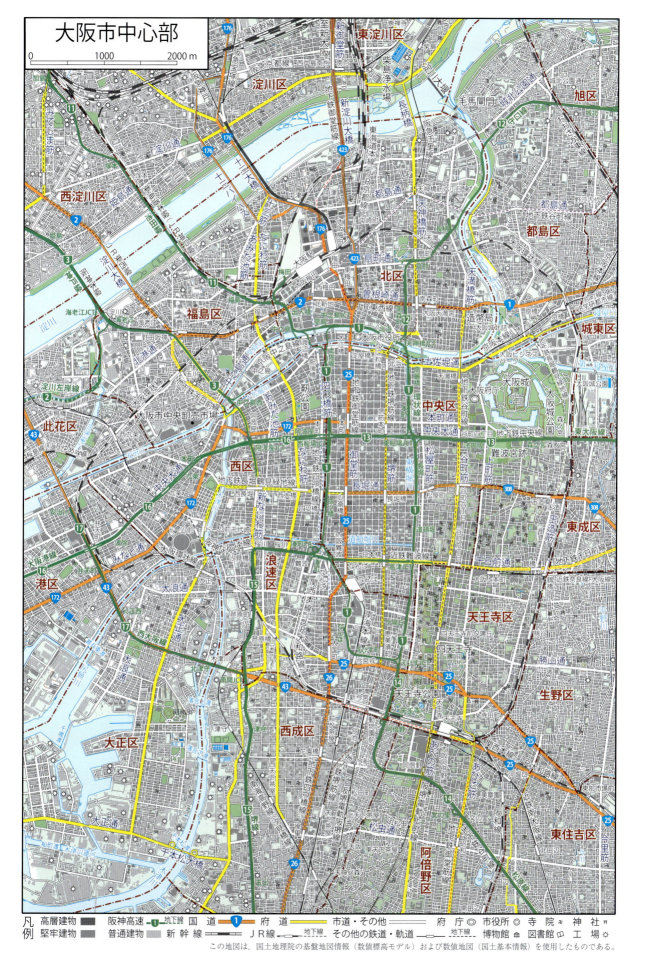

はじめに

　この本は人文地理学の視点から，京都市，大阪市，神戸市という3つの大都市を中心に，京阪神のさまざまな側面に触れている。

　本書は，京阪神の大学で開講されている人文地理学関連の授業科目で使われることを想定している。一般に地理学の授業では日本や海外のさまざまな場所を例に挙げて話を進める。地理学の根源的な関心の1つは世界の多様性を理解することだからである。しかしこのテキストで取り上げる事例はほとんど京阪神に限定される。まずは身近な場所をきちんと理解してもらいたいし，そもそも京阪神だけでも興味深い話をいくらでも見出せる。その意味では，学生だけでなく，京阪神という興味深い場所に関心のある多くの人に手に取ってもらえれば幸いである。

　「図説」と書名にあるようにこの本には多くの図表や写真，特に地図を掲載している。地表面上に広がる世界を空間的な観点からみていくという地理学の基本姿勢において，地図は役に立つツールとなる。

　京阪神というそれぞれの都市を想像するとき，あなたは頭の中に何を思い描くだろうか。有名な観光地や繁華街，食文化といったよく知られているイメージからすれば，神戸は港町，大阪は商売の町，京都は古都といったところだろうか。そうした特定の景観イメージや産品，単純化された歴史と結びつけて想像された都市像が誤りというわけではないが，現実の都市はもっと複雑である。

　794年に平安京が置かれた京都は，確かにその後も日本の中心的な都市として栄えてきた歴史を持つ。しかし平安京がそのまま現在の京都になったわけではない。京都の姿は時代とともに大きく変化しており，特に豊臣秀吉による都市改造は現在の基礎をなすものであった。平安京の範囲と，秀吉の時代に築かれた「御土居」という城壁に囲まれた市街地の範囲とは完全には一致しない。そのことは地図を見ればすぐに理解されよう。

　大阪も「難波」と呼ばれた古代以来の長い歴史を持ち，陸路や淀川・大和川という水路によって京都・奈良などと結ばれた交通の要地であった。城下町「大坂」として発展し，「大阪」となった近代以降は工業都市としてさらに成長する。いわゆる「大大阪」時代の大阪市は日本最大の都市人口を誇っただけでなく，それ以前と比べて空間的にもはるかに大きくなっていた。都市計画をめぐる議論では，さらなる巨大化を叫ぶ声もあったほどである。

　これらと比べ神戸の歴史は少し新しいが，それでも8世紀には大輪田泊という港町として知られていた。近代以降には港湾機能の拡充によって港町としてさらに大きく発展する一方で，現在では山麓のニュータウンに居住する人々も多い。神戸市は港町であると同時にニュータウンの町でもある。

　このように歴史的に連続しているかに思われる都市の変遷を追ってみると，その空間的範囲は大きく変化しているとわかる。都市の歴史は空間に刻み込まれている。歴史的にみることは，当然ながら都市を理解する上で重要である。よく知られた一般的なイメージが誤っているとも言えない。しかし，それぞれの都市は，歴史的な連続性や一般的なストーリーでは語り切れないさまざまな要素を有してもいる。市街地や交通網の空間的な広がり，観光地や繁華街以外の場所，あるいは農村や自然との関係にも目を向けてもらいたい。それが地理学的な思考，想像力の第一歩となる。

　本書の構成は次の通りである。まずI章「京阪神の概要」では，人口を中心とした京阪神の基礎的な情報を，地図やグラフを通じて理解してもらいたい。また，巻末の「資料」でも，19世紀末の「仮製地形図」から国土地理院作成の戦後の地形図にいたる数枚の地形図を配置した。読み進める際には，こ

れらの地図や巻頭のカラー地図をつねに参照してほしい。なお，本書に掲載した図表のうち，特に出所を明記していないものは巻末に掲載したいずれかの参考文献を参照したか，あるいは執筆者自身のオリジナルであることを断っておく。

本書では自然や歴史の詳細にまで言及することはできないが，Ⅱ章「自然」とⅢ章「歴史」では，京阪神における自然環境の基礎と，長きにわたる人々の歴史的な営みについて触れている。現代都市に関心がある者でも，都市の立地する平野の広がりや自然災害は無視できない。また，長い歴史を有する京阪神の歴史的展開は重要かつ興味深いものである。

Ⅳ章「工業」では近現代の京阪神を創り出してきた主因ともいえる工業の盛衰に焦点を当てる。またⅤ章「近代都市」では工業化が進められた明治期から高度経済成長期にいたる都市化の様相を，Ⅵ章「現代都市」では主に1980年代以降の脱工業化時代における変容をみていく。この3つの章は本書の中核をなすものであり，Ⅳ章は経済地理学，Ⅴ章・Ⅵ章は都市地理学の基礎ともいえる。なお，これらの章ではパナソニックや阪急といった企業も取り扱う。

Ⅶ章「農業」では農業地理学の観点から京阪神の都市農業・近郊農業を扱っていく。「culture」という英語がもともとは「農耕」を意味したように，農業は人間にとって最も基本的な活動の1つである。都市や近郊では工業化や都市化の影響によって農業が衰退し，多くの農地が消えていく一方で，大消費地である都市に近接していることで生き延びている農業もあることを説明する。

Ⅷ章「エスニック集団」では，海外にルーツを持つ人々の移動や居住空間についてみていく。京阪神には歴史的に在日コリアンが多く，近年では中国籍の人々も増えてきた。こうした都市社会を構成する多様な社会集団を扱う分野を都市社会地理学という。この章では，都市社会地理学の基礎を学んでもらいたい。

続くⅨ章「観光」では，文化地理学的な関心から，今日の代表的な産業である観光について取り上げる。観光が非常に古い歴史を持つことを知るため江戸時代の状況から話を始め，近現代におけるその展開までを扱う。観光客の増減だけでなく，観光現象を仕掛けてきた行政や観光業界の動向にも注目したい。

地理学は文献で勉強するだけでなく，現地に足を運んで自らの力で学ぶ学問分野である。京阪神という興味深い土地の各地をめぐることで，自らの経験をとおして頭の中の知識にリアリティを付け加えてもらいたい。

もくじ

はじめに

I 京阪神の概要

1 概　説 ……………………………… 2
2 地方区分と行政区分 ……………… 4
3 都市の拡大 ………………………… 6
4 京阪神の人口 ……………………… 8

II 自　然

1 概　説 ……………………………… 12
2 大阪平野と水害 …………………… 16
3 気候と暮らし ……………………… 20
4 六甲山地と扇状地 ………………… 22
5 京阪神の水道と琵琶湖・淀川水系 … 24

III 歴　史

1 概　説 ……………………………… 26
2 古代の都 …………………………… 30
3 条里プラン ………………………… 32
4 城下町 ……………………………… 34
5 城下町としての大坂・京都 ……… 36
6 さまざまな都市の起源 …………… 40
7 新田開発 …………………………… 42
8 京阪神の近代化：京都 …………… 44
9 京阪神の近代化：大阪 …………… 46
10 京阪神の近代化：神戸 …………… 48

IV 工　業

1 概　説 ……………………………… 52
2 近代工業の導入 …………………… 56
3 戦争と阪神工業地帯の形成 ……… 58
4 高度経済成長期の工業化の進展 … 62
5 公　害 ……………………………… 66
6 松下電器からパナソニックへ …… 68
7 家電生産のグローバルな立地変動 … 72
8 地場産業・伝統産業 ……………… 74
9 酒造業と地域 ……………………… 76

V 近代都市

1 概　説 ……………………………… 78
2 大大阪 ……………………………… 82
3 郊外住宅地の形成 ………………… 84
4 戦災と復興 ………………………… 88
5 千里ニュータウンの開発 ………… 90
6 神戸市の「山，海へ行く」 ……… 92
7 新都市計画法と用途地域 ………… 94

VI 現代都市

1 概　説 ……………………………… 98
2 東京一極集中 ……………………… 102

3　インナーシティの再開発……104
　　4　都心回帰……106
　　5　タワーマンションの展開……108
　　6　阪急不動産の空間戦略……110
　　7　空き家問題……112
　　8　千里ニュータウンの再生……114
　　9　大学の郊外化と都心回帰……116
　　10　商店街からモールへ……118

Ⅶ　農　業

　　1　概　説……122
　　2　近郊農業の成立……126
　　3　都市拡大下の農地動態……128
　　4　野菜の安定供給体制の形成……132
　　5　都市農業への注目……134
　　6　都市化と溜池……138

Ⅷ　エスニック集団

　　1　概　説……142
　　2　日本のエスニック集団……146
　　3　京阪神のエスニック集団……150
　　4　在日コリアンの集住地区……154
　　5　老華僑のまち・新華僑のまち……156

Ⅸ　観　光

　　1　概　説……158
　　2　近世における観光……162
　　3　鉄道と観光……164
　　4　戦後のマスツーリズム……166
　　5　ディスカバー・ジャパン……168
　　6　文化財という観光資源……170
　　7　ウォーターフロントの観光地化……172
　　8　増加する外国人観光客……174

Column

1　都市住民による森林保全活動　50
2　記念碑が語る歴史　51
3　工場の他用途への転用　96
4　京都市の琵琶湖疏水を歩く　97
5　ポストモダニズム建築　140
6　明石の都市型漁業　141
7　神戸のエスニック宗教施設　176

資　料　177
参考文献　188
おわりに　196
さくいん　197

図説 京阪神の地理

―地図から学ぶ―

Ⅰ 京阪神の概要

1 概 説

1 日本の人口

　人口は国・地域の盛衰，社会のあり方のバロメーターとなる。まずは日本の人口動態を確認しよう。1920年の第1回国勢調査以来，第2次世界大戦直後の1945年を除けば，日本の人口は一貫して増加し，1970年には1億人を超えた。しかし1980年代以降は人口増加のスピードが鈍化し，2010年から2015年の間に戦後初めて人口減少へと転じた（図1）。

　2010年から2015年について都道府県別にみてみると，人口増加したのは首都圏の東京，神奈川，埼玉，千葉の4都県と愛知，滋賀，福岡，沖縄各県のみであった（図2）。近畿地方の2府4県では合計で約18万人減少している（表1）。図3によって市町村別に確認すると，人口減少した白い部分が圧倒的に多く，人口増加

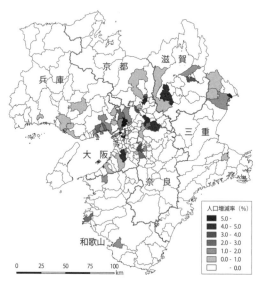

図3　近畿各市区町村の人口増加率（2010〜15年）
出所：国勢調査。

した場所は限られる（図3）。

　経済成長による所得水準の向上や医療・公衆衛生・社会保障制度の充実は，多産多死から少産少死へと社会を変化させた。現在の日本は死亡数が出生数を上回る人口減少の局面に入っている。この傾向は今後数十年続き，2050年には人口が1億人を下回ると予測されている。

　1970年代後半から始まる長期的な出生数・出生率の低下傾向は少子化をもたらし，戦後のベビーブーム第1世代など出生数が多かった世代が65歳以上となり，相対的に老年人口が加わることで高齢化が生じている。少子高齢化は，高度経済成長期には若年人口が流出する農山漁村の問題であったが，現在では都市部でもめずらしくない。

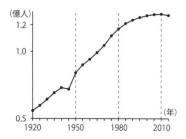

図1　日本の人口推移（1920〜2015年）
出所：国勢調査。

図2　都道府県の人口増加率（2010〜15年）
出所：国勢調査。

2 人口ピラミッドからみた日本

　人口ピラミッドはその社会のあり方を知る上で役に立つ。出生率・死亡率がいずれも高い社会では富士山型，死亡率が低下すればピラミッド型となる。さらに死亡

表1　近畿2府4県の人口推移（1930年〜2015年）

	1930年	1950年	1970年	1990年	2010年（A）	2015年（B）	B−A
大阪府	3,540,017	3,857,047	7,620,480	8,734,516	8,865,245	8,839,469	▲ 25,776
兵庫県	2,646,301	3,309,935	4,667,928	5,405,040	5,588,133	5,534,800	▲ 53,333
京都府	1,552,832	1,832,934	2,250,087	2,602,460	2,636,092	2,610,353	▲ 25,739
滋賀県	691,631	861,180	889,768	1,222,411	1,410,777	1,412,916	2,139
奈良県	596,225	763,883	930,160	1,375,481	1,400,728	1,364,316	▲ 36,412
和歌山県	830,748	982,113	1,042,736	1,074,325	1,002,198	963,579	▲ 38,619

出所：国勢調査。

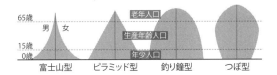

図4　人口ピラミッドの類型

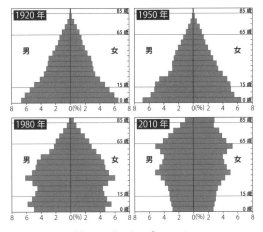

図5　日本の人口ピラミッド
出所：国勢調査。

率が下がると釣り鐘型，出生率が下がるとつぼ型へと変化していく（図4）。1920年から2010年までの人口ピラミッドを30年ごと，およそ1世代ごとに比較してみよう（図5）。

1920年では乳幼児や高齢者の死亡率が高く，人口ピラミッドは富士山型であった。第2次世界大戦後の1950年では乳幼児の死亡率が下がったことでピラミッド型に変化する。乳幼児死亡率の低下は高度経済成長期の人口急増の一因となった。なお，20代後半〜40代前半（1906〜25年生まれ）の男性が少ないのは，1931年から1945年まで続いた戦争の影響である。

高度経済成長期を経た1980年になると，人口ピラミッドは釣り鐘型に変化した。多産多死から少産少死へ移行し，後の少子化につながる出生率の低下が始まっている。この年の30〜34歳が戦後のベビーブーム第1世代で，1947〜49年生まれのいわゆる「団塊の世代」もこれに含まれる。5〜9歳の世代は「団塊ジュニア」を含む第2次ベビーブーム世代である。

さらに30年後の2010年になると，ピラミッドの上部，すなわち高齢者の割合が高まる一方で，35〜39歳になった第2次ベビーブーム世代よりも下の世代の出生数が年々減少し，少子高齢化の傾向が明確にあらわれるつぼ型へと変容した。

ところで，人口の増減のうち，出生と死亡によるものを**自然増減**，人口移動によるものを**社会増減**と呼び，それぞれの土地の人口ピラミッドは社会増減の影響を強く反映する。高度経済成長期の工業都市には20代の生産年齢人口が多く集まった。開発間もないニュータウンでは30〜40代の核家族（夫婦と子ども）が多くなる。それらの場所では特定年齢層の人口が突出する「星型」になる。中山間地域や離島などでは進学や就職のために20歳前後の若者が転出するため，その部分がくびれた「ひょうたん型」になる。外国籍の人々の人口ピラミッドはさらに特徴的な形状となる（Ⅷ-2 図5）。

3　近畿地方の4つの政令指定都市

最後に近畿地方の4つの政令指定都市，つまり大阪，神戸，京都，堺各市がどのように位置づけられるかをみておこう。政令指定都市とは，行政上の権限の点で都道府県とほぼ同等とされる行政市のことである（Ⅰ-2）。

表2は東京都特別区部（23区）と人口80万人以上の都市を示している（2015年）。近畿地方の4つの政令指定都市はいずれもこの表に含まれており，日本における主要都市であることがわかる。もっとも，東京都特別区部や横浜市は他市を圧倒している。現在は**東京一極集中**（Ⅵ-2）の時代であり，図2でみたように東京都を中心とした首都圏ではなおも人口増加が続いている。それに対し，京阪神は日本の中において少し地位を低下させている。

（山口　覚・水田憲志）

表2　人口80万人以上の都市（2015年）

順位	市名	人口（人）	順位	市名	人口（人）
—	東京都特別区部	9,272,740	8	京都市	1,475,183
1	横浜市	3,724,844	9	さいたま市	1,263,979
2	大阪市	2,691,185	10	広島市	1,194,034
3	名古屋市	2,295,638	11	仙台市	1,082,159
4	札幌市	1,952,356	12	千葉市	971,882
5	福岡市	1,538,681	13	北九州市	961,286
6	神戸市	1,537,272	14	堺市	839,310
7	川崎市	1,475,213	15	新潟市	810,157

出所：国勢調査。

2　地方区分と行政区分

近畿地方の「近畿」という名称は，元々は古代の地域区分に由来するものである。現在の都道府県や市町村という行政区分は，地方自治法で**普通地方公共団体**と定められた法人の領域を区分するもので，市町村は行政区分の最小単位である**基礎自治体**，都道府県は市町村をまとめる**広域自治体**とされる。近畿地方という地方区分や，都道府県，市町村の行政区分がどのようにうつり変わってきたのかを見ていこう。

1　畿内と近畿地方

16世紀末の日本に滞在したイエズス会士のポルトガル人，ジョアン・ロドリーゲスが著した『日本教会史』には以下のような記述がある。

> 第一位にあり，全国の頭首である地方区は，政庁所在のところであり，畿内 Kynai と呼ばれる。その畿 Qui とは，王宮の地を意味し，(中略) 全国の中央部であり，政庁のある地方区である。また，五畿内 Gokynay ともいい，それは政庁のある地方区内の五ヵ国を意味する。(中略) この地方区は，京畿 Kiokj[kiŏkj] とも，近畿 Kinky とも呼ばれ，この二つは同じことであり，王宮の地という意味である。

畿内あるいは**五畿**とは古代律令国家による地域区分で，七道と合わせて**五畿七道**と呼ばれた（図1）。七道は地域区分であるとともに畿内から各地に延びる交通路の名称でもあった。現代では，京畿は「けいき」と読み，近畿は畿内とその周辺を含めた範囲を指すのが一般的である。

五畿に七道の一部を含めた2府5県を**近畿地**

図1　五畿七道

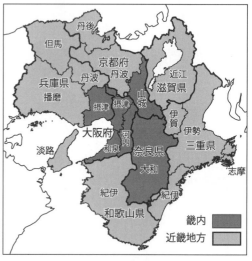

図2　畿内と近畿地方

方とする地方区分（図2）が定着したのは20世紀初頭といわれる。明治政府が東京を首都とし，北海道，沖縄，台湾，千島列島，南樺太へと領土を拡大する過程で，東京を日本の中心に据える地方区分が登場した。以来，近畿は日本の「中心」ではなく，日本を構成する地方の1つと位置づけられるようになった。現在と同じ2府5県を近畿地方とする地方区分があらわれるのは1903年の『第一期国定教科書　小学地理』が初めとされる。

なお，三重県は名古屋市を中心とする中京圏との関係が深いため，三重県以外の近畿地方を「近畿2府4県」とまとめる場合も多い。

2　都道府県

次に都道府県の成立過程をみていこう。1868年（慶応4），明治政府は「政体書」を公布し，幕領（江戸幕府の直轄地や徳川領）に府や県を設置して知事を置き，幕領以外は藩として大名支配を継続させる**府藩県三治制**を実施した。これにより11の府が設置されたが，翌1869年（明治2）の太政官布告により，東京，京都，大阪以外の府はすべて県となった。

明治政府は同じ1869年の太政官布告で「蝦夷地」と呼んでいたアイヌの居住地（アイヌモシリ）を北海道と命名し，札幌，函館，根室の3県を設置したが，1886年に県を廃して北海道庁を設置し，1つの行政区分とした。

1871年の**廃藩置県**から，302あった県の統合を経て，47道府県の行政区分が定着したのは1890年以降である。この間，明治政府は1872年に琉球国を琉球藩とし，1879年に藩を廃止して沖縄県を設置し日本に併合した（琉球処分）。

1943年に政府は東京府と東京市を廃止して東京都を設置し，内務省の直轄下においた。戦後の1947年に東京都の区は**特別区**となった。

戦後，アメリカ統治下におかれた沖縄には1952年から1972年まで行政機関として**琉球政府**が設置された。

現在の1都1道2府43県に至ったのは，1972年の「沖縄復帰」（施政権返還）以降である。

3 市町村

市は，人口規模などの要件により，**政令指定都市や中核市の指定を受けられる**（図3）。

政令指定都市や中核市に指定されると，行政が取り扱う事務の範囲が拡大する。人口規模の要件は，政令指定都市が50万人以上，中核市が20万人以上，その他の市が5万人以上である。中核市の要件は当初30万人以上であったが，2015年に20万人へ緩和された。2000年から20万人以上で事務範囲が拡大する**特例市制度**が施行されていたが，中核市の人口要件緩和とともに制度は廃止された。2015年までに中核市に移行しなかった特例市は**施行時特例市**として，特例市の事務を引き続き取り扱っている。

1889年に**市制町村制**が施行され，現在の大字に相当する江戸時代の「村」（藩政村）が合併して，市町村が成立していった。市制町村制施行時に全国で1万5000を超えた町村の数は，3度の「大合併」を経て1000を下回り，一方で市の数は39から790へと増加した（表1）。基礎自治体である市町村は，長い時間をかけて広域化が図られてきたのである。

近畿地方の市町村の数は，1920年には1880を数えたが，「昭和の大合併」直後の1960年には

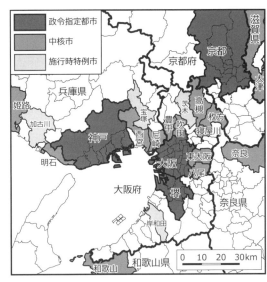

図3　政令指定都市・中核市・施行時特例市（2020年4月）

表1　全国の市町村数

年	市	町	村	計	
1888	−	71,314		71,314	
1889	39	15,820		15,859	明治の大合併
1945	205	1,797	8,518	10,520	
1953	286	1,966	7,616	9,868	
1956	495	1,870	2,303	4,668	昭和の大合併
1961	556	1,935	981	3,472	
1965	560	2,005	827	3,392	
1985	651	2,001	601	3,253	
1999	671	1,990	568	3,229	
2006	777	846	198	1,821	平成の大合併
2014	790	745	183	1,718	

出所：総務省ウェブサイト。

表2　近畿地方の市町村数（2015年10月1日）

	市	町	村	計
三重県	14	15	0	29
滋賀県	13	6	0	19
京都府	16	10	0	26
大阪府	33	9	1	43
兵庫県	29	12	0	41
奈良県	12	15	12	39
和歌山県	9	20	1	30
計	126	87	14	227

出所：国勢調査。

417となり，「平成の大合併」を経た2015年10月1日時点では227にまで減少した（表2）。

「平成の大合併」は自治体財政悪化の改善策として実施されたが，基礎自治体の広域化は一方で住民サービスの質的低下を招く場合もある。合併で中心地機能を失った集落が衰退する，合併による地方交付税減額で自治体の財政が逆に悪化する，といった問題も指摘されている。

（水田憲志）

I 京阪神の概要

3　都市の拡大

都市化が進み，人口が増加して過密になると都市空間は拡大する。都市の広がりは土地利用（巻頭）や人口の分布などをもとに把握されてきたが，そもそも都市はどこまでが都市とされてきたのだろうか。都市的地域の区分を概観し，さらに都市が拡大してきた過程を見ていこう。

1　市部と郡部

1889年に「市制町村制」（I-2）が施行された当初は，行政区分としての「市」がそのまま都市的地域をあらわすものであった。商工業が立地して人口が多い都市を「市部」，それ以外を「郡部」に区分し，さらに郡部のなかで商工業が立地する集落を「町」，それ以外の農山漁村を「村」とした。しかし，工業化や都市化が進むにつれて，市街地が「市」の行政界を越えて拡大するようになり，また市町村合併で広域化した「市」のなかに農地や山林など都市的ではない地域が含まれるようになった。特に1953～61年に進められた「昭和の大合併」以降，市部と郡部の区分は必ずしも都市的地域とそれ以外を分けるものではなくなった。

2　大都市圏と都市圏

都市はその周辺へと地続きに拡大するだけでなく，郊外へ延びる鉄道沿線につくられた**郊外住宅地**（V-3）のように，飛び地状に広がる場合もある。郊外住宅地がつくられると，通勤や購買などを通して都市と郊外が結びつく**結節地域**が形成され，郊外化の進展とともに，その範囲は拡大していった。このような広がりは，1960年の国勢調査から**大都市圏**として把握されるようになった。

国勢調査では，東京都特別区部と政令指定都市を大都市圏の核となる**中心市**とし，中心市に連接する市町村のなかで中心市への通勤・通学者数が常住人口の1.5％以上である市町村を**周辺市町村**として，中心市と周辺市町村を合わせた範囲を大都市圏とする。そのため，国勢調査の年によって大都市圏の範囲は異なる。

近畿大都市圏は，京都市，大阪市，堺市，神戸市の政令指定都市を中心市とし，周辺市町村の数は131に及び，関東圏，中京圏とともに日本の三大都市圏とされる（図1）。三大都市圏のほかには，札幌，仙台，新潟，静岡・浜松，岡山，広島，北九州・福岡，熊本の各大都市圏が設定されている。

1975年からは，大都市圏に含まれない人口50万人以上の市を中心市とする**都市圏**が設定されるようになり，2015年では宇都宮，松山，鹿児島の3都市圏が設定された。大都市圏，都市圏ともに市町村単位で区分されるため，農地や山林など都市的地域以外を含む場合もある。

大都市圏や都市圏の定義は省庁によって異なる。例えば国土交通省は人口10万人以上で昼夜間人口比率が1.0以上の市（昼間人口が多い）を**核都市**とし，通勤者の5％または500人以上が核都市に通勤する市町村を都市圏と設定する。

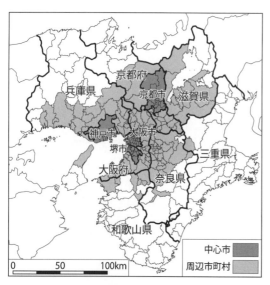

図1　2015年国勢調査による近畿大都市圏

3 人口集中地区（DID）

都市的地域の範囲をより具体的にあらわすのが，**人口集中地区**（Densely Inhabited District：DID）である。DIDは大都市圏と同じく1960年の国勢調査から導入され，都市的地域の実態を把握する指標として広く利用されている。

DIDは国勢調査人口や土地利用の状況をもとに画定される。①各市区町村内で街区や道路，河川，線路などをもとに**基本単位区**を区画する。②原則として人口密度が1km²あたり4000人以上の基本単位区が連接し，③それらの基本単位区の人口があわせて5000人以上である場合をDIDとする（人口が3000人以上5000人未満の場合は準人口集中地区）。人口や人口密度が②，③の条件を満たさなくても，④基本単位区の面積の2分の1以上が「都市的土地利用」で占められる場合や，⑤基本単位区から（人が常住していない）「都市的施設」を除いた残りの地域に人口が密集している場合などはDIDに含める場合がある。この場合の「都市的施設」とは，文教・レクリエーション施設（学校・研究所・神社・仏閣・運動場など），産業施設（工場・倉庫・事務所など），公共・社会福祉施設（官公庁・病院・療養所など）を指す。

1960年から2010年までのDIDの広がりを地図でみてみよう（図2）。高度経済成長期に入ると，都市化の進展とともに京阪神の中心都市（都心とその周囲）の人口は急増し，都市が過密化した。中心都市が過密化すると，郊外へ市街地が無秩序に拡がる**スプロール現象**（Ⅶ-3）が起こった。1960年は，中心都市の過密化が社会問題となり，郊外に団地やニュータウン（Ⅴ-5）がつくられ始めた時期である。この時期のDIDは中心都市と鉄道沿線を中心に広がっている。

1960年代後半以降，モータリゼーション（自動車の大衆化）が進展すると，郊外化はさらに進んだ。1960年から1980年の間にDIDは鉄道沿線以外にも大きく拡がった。

1980年以降も郊外化の動きは続くが，人口の伸びが鈍化したため，1980年以前と比べるとDIDの拡大の規模は小さい。1990年代以降は中心都市で**都心回帰現象**（Ⅵ-4）が始まり，都市が外側へ拡大する動きは以前に比べると沈静化した。

（水田憲志）

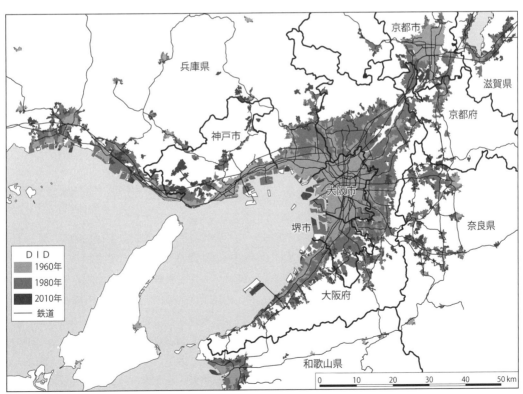

図2 京阪神の人口集中地区（DID）

Ⅰ 京阪神の概要

4　京阪神の人口

　ある社会を知る上で，人口は最も基礎的かつ重要なデータである。Ⅰ-1でみたように，人口の増減や年齢別人口構成から，その都市や地域の状態を把握することができる。ここでは，国勢調査人口をもとに，近畿2府4県や京阪神3都市（京都市，大阪市，神戸市）の人口がどのように移り変わってきたのかをみていこう。

1　人口の推移

　近畿2府4県と京阪神3都市について，国勢調査人口の推移をみてみよう（図1）。各図には第1回（1920年）から最新（2015年）までの国勢調査人口を示した。図によって府県ごとに縦軸（人口）のスケールが異なるので注意してもらいたい。

　京都府，大阪府，兵庫県の人口は1920年から1940年の間に大きく増加した。これは京阪神3都市の都市化（Ⅴ-1）や工業化（Ⅳ-2　Ⅳ-3）の進展によるものである。京阪神3都市とも，この時期に市街地が拡大したため，周辺の町村を合併して市域を拡張した。滋賀県，奈良県，和歌山県で1935年から1940年の間にみられる人口の横ばいや減少は，京阪神をはじめとした都市への人口移動が影響していると考えられる。

　1945年前後に大阪府と兵庫県の人口は大きく減少した。これは言うまでもなく，第2次世界大戦末期の大空襲で大阪市と神戸市が壊滅的な被害を受けたことによる（Ⅴ-4）。爆撃による直接の死者は大阪市で約1万人，神戸市で約7500人とされるが，爆撃によって破壊され，食糧や物資が不足した都市は求心力を失い，多くの人々が都市から郊外や農村へと避難した。1940年から1947年の間に滋賀県，奈良県，和歌山県で人口が増加していることからも，都市から農村へ多くの人々が移動したと考えられる。

　戦後は京阪神3都市ともに人口が再び増加し，京都府，大阪府，兵庫県の人口も大きく増加し

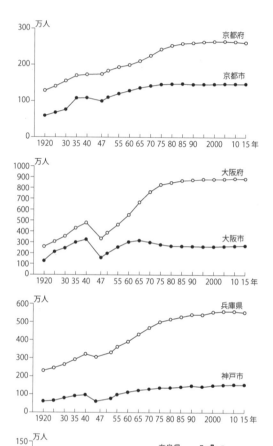

図1　近畿2府4県と京阪神3都市の人口
出所：国勢調査。

た。逆に滋賀県や奈良県では1950年以降，人口が再び横ばいや減少に転じており，再び都市へ向けて人口が移動したことが読み取れる。

　1955年から始まる高度経済成長期（Ⅳ-4）に，京阪神3都市の人口はさらに増加した。大阪市の人口は1960年に300万人を超え，1940年とほぼ同じ人口に戻った。しかし，大幅な人口増加は過密化やスプロール現象（Ⅶ-3），公害の拡大（Ⅳ-5）などの都市問題を深刻化させ，

居住環境を悪化させた。神戸市は大阪市に比べると人口増加の規模は小さかったが，市街地が狭小なため，都市の過密化はより深刻な問題となった。

深刻化する都市問題の解決策として，1960年代以降，千里ニュータウン V-5 を先駆けとして郊外のニュータウン開発が進められた。中心都市の人口が郊外へ移動して都市圏が拡大し，都心では人口が空洞化する**ドーナツ化現象**が現れた。大阪市の人口は1965年の315万人を境に減少へと転じた。

神戸市や京都市では，市域にニュータウンを開発したこともあって，大阪市のように郊外化で市の人口が大幅に減ることはなかった。神戸市では1960年代以降，「山，海へ行く」と呼ばれた大規模開発が進められた。六甲山地の山麓や丘陵にニュータウンが開発され，沿岸で埋め立てが進められた V-6 。京都市でも1970年代になって西京区の洛西ニュータウンや伏見区の向島ニュータウンが開発された。

1980年代以降，京阪神3都市の人口は，ほぼ横ばいで推移するようになったが，京都府，大阪府，兵庫県の人口は増加傾向が続いており，京阪神3都市よりもむしろ郊外で人口が増加する傾向がより明確になった。奈良県や滋賀県でも，京阪神3都市の人口増加が鈍くなった1970年代以降から人口が大きく増加した。

1995年の阪神・淡路大震災によって，神戸市では人口が5万人余り減少したが，その後は徐々に増加し，現在では震災前を上回っている。

1990年代から2000年代以降，京阪神3都市とも人口が増加に転じる**都心回帰現象** VI-4 が続いているが，**東京一極集中** VI-2 による長期的な転出超過傾向もあり， I-1 で述べたように，2010年から2015年にかけて近畿2府4県全体でおよそ17万人余りの人口が減少した。

2 産業構造の変容

過去100年余りに及ぶ工業化や都市化の進展によって京阪神の産業構造は大きく変わった。国勢調査の「産業別就業者数」をもとに，その変遷をみてみよう。図2に1950年から2015年までの近畿2府4県の「産業別就業者数」の推移を示す。年次によって産業の分類が若干異なるが，おおむね第1次産業は農業，林業，漁業，第2次産業は鉱業，製造業，建設業，第3次産業は第1次・第2次産業以外，具体的には，商業（卸売・小売），電気・ガス・水道業，サービス業，交通・通信業などが含まれる。なお，国勢調査には「分類不能の産業」という項目があるが，これは無回答や記載内容不明などの理由で「分類不可能」とされたものであり，図2はこの「分類不能」を含まない。また図1同様，各グラフの縦軸（人口）のスケールが府県ごとに異なるので注意してもらいたい。

工業化や都市化の進展とともに，第1次産業就業者数は減少してきた。近畿2府4県でも，特に高度経済成長期にあたる1950～70年代の減少幅が最も大きかったことが図2から読み取れるだろう。大阪府では1950年の時点ですでに第2次，第3次の産業就業者数が第1次産業のそれを大きく上回っていた。グラフからは正確な数値が読み取りにくいが，1950年に16万人余りであった第1次産業就業者数は，1975年には約4万7000人へと大幅に減少した。

第1次産業就業者数が減少した一方で，第2次と第3次の産業就業者数が増加したが，各府県ともある時点から第2次産業就業者数が増加から減少へと転じた。1970年を境に京都府，大阪府，兵庫県，和歌山県で第2次産業就業者数が減少し，工場立地が京阪神よりも比較的遅かった滋賀県と奈良県でも1995年以降減少へと転じた。高度経済成長期後の脱工業化 IV-1 で京阪神の製造業が縮小し，また工場の製造工程が機械化・自動化されて多くの労働力を必要としなくなったことが，第2次産業就業者数の減少へとつながった。

消費社会への移行とともに，第3次産業就業者数は増加してきたが，近畿2府4県では2000年から2015年の間に，滋賀県を除く各府県で第3次産業就業者数が減少した。これは，高齢化による就業者数減少や，先に述べた東京一極集中による京阪神大都市圏の求心力低下の現れといえるだろう。滋賀県のみ増加傾向が続いているのは，近年の住宅開発で滋賀県南部が京都市や大阪市などのベッドタウンとなったことが影

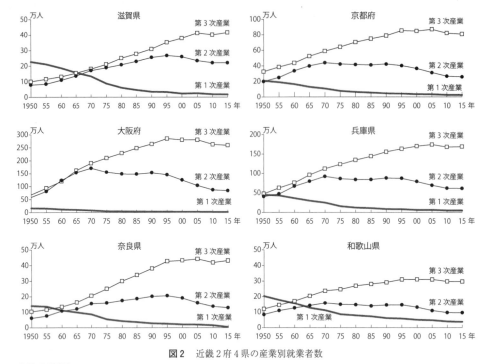

図2　近畿2府4県の産業別就業者数
出所：国勢調査。

3　人口分布図をめぐって

　ここまでは，近畿2府4県と京阪神の人口をグラフで表し，人口の推移から工業化，都市化，郊外化，脱工業化，都心回帰といった事象を読み取ってきた。人文地理学では，人口統計を地図化して分布を表し，空間的な広がりのなかで人口を捉える。最後に，いくつかの人口分布図の例から考えてみよう。

　図3は，大阪市の70歳以上人口の分布を示す。1990年から2015年の間に，70歳以上人口の分布はどのように変容しただろうか。またなぜそのように変容したと考えられるだろうか。

　図4は京都市における専門的・技術的職従事者の分布を示す。専門的・技術的職業従事者とは，高度な訓練や実務経験，芸術的才能を必要とする技術職や医療・教育・法律・宗教・芸術などの専門的な仕事を指す。このような社会階層による居住地分布の形態はどのように説明できるだろう。京都盆地の土地の起伏（巻頭）と関係があるのだろうか。それとも，京都市の歴史から説明できるだろうか。

　大阪市の都市圏全体でみた専門的・技術的職従事者の分布をみてみよう（図5）。図3と図5ではスケールが異なるので比較しづらいかもしれないが，大阪市の70歳以上人口の分布と比べてどのように異なるだろうか。

　地図を使えば人口が「いかに」分布しているかは一目瞭然である。しかし「なぜ」こうした分布なのかを適切に説明するのは容易ではない。人口と土地の起伏といった別々の事象の分布に共通性がみられても，直接関係があるとは限らない。分布の共通性だけでは因果関係は説明できない。

　地図で表される人口分布の形態や地域差は，自然条件や歴史に起因するものもあれば，都市空間が拡大する過程で生じた差異として説明できるものもあるだろう。あるいは，文化・社会的な側面から説明できるかもしれない。もちろん要因は1つとは限らない。京阪神を生活圏とし，京阪神の「地理」をある程度知る人であれば，ここで示した分布の「なぜ」についてある程度説明できるかもしれないが，経験知的な「地理」からさらに視野を広げ，都市圏を俯瞰的に捉えた「地理」から個別の場所の「地理」までをより広く理解した上で，地理的想像力を働かせて「なぜ」を考えてもらいたい。次章以降の内容は，この問題を考える手がかりになるだろう。

（水田憲志）

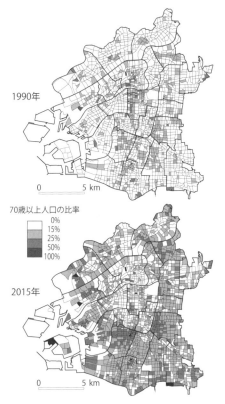

図3 大阪市における70歳以上人口の分布
出所：国勢調査。

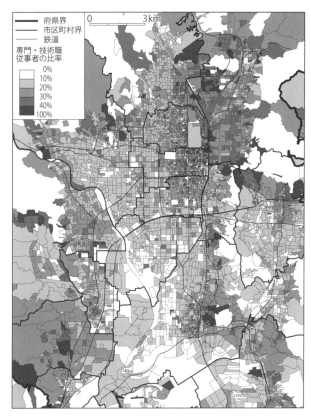

図4 京都市における専門・技術職従事者の分布（2015年）
出所：国勢調査。

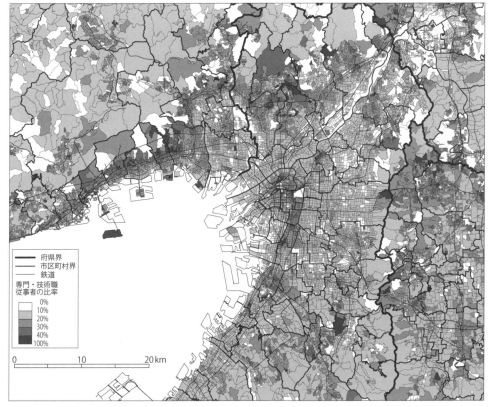

図5 大阪大都市圏における専門・技術職従事者の分布（2015年）
出所：国勢調査。

II 自然

1 概 説

1 自然環境と都市の災害

　地理学では自然環境，つまり人々が生活する場所の自然条件への理解が重視される。その自然環境の特徴や仕組みを知っておけば，人々がどのようにして生活を成り立たせてきたのかをイメージしやすくなる。そして，脅威となる自然災害に備えることができる。

　京阪神の都市域，例えば低平な大阪平野で日常生活を営むなかで意識する自然環境には，どのようなものがあるだろうか。植物や気温の変化に感じられる春夏秋冬，大阪城や天王寺動物園などが位置する上町台地の高低差，多くの橋が架かる川の存在などを思いつくのではなかろうか。大阪の郊外や神戸の市街地であれば背後の山地の高低差を意識するだろうし，海に近い地域であれば海の存在を意識するだろう。

　現代では，四季の厳しい温度差に対しては，暖房や冷房を使えば快適に日常生活を営むことができる。さまざまな乗り物を利用することで，高低差を気にせず楽に移動することが可能となる。川には当然のように橋が架かっていていつでも渡ることができるし，ふだんは川の水位を気にすることもない。

　しかし，これらの自然環境は，時として日常の状態から想像できないような姿となり，人間生活に脅威を与える。低平な土地に人口や産業が密集する大都市に，大雨，大寒波，大雪，台風，猛暑，日照りといった厳しい気象現象が発生すると，大きな災害が引き起こされることがある。

　大停電で冷暖房が効かない，水道の蛇口をひねっても水が出ない，堤防や橋が壊れている，道路が水浸しになっている，公共交通機関が運休している，といった状況を想像してみよう。こうした状況のどれか1つが生じただけでも，大都市における日々の営みは混乱に陥ってしまう。1995年1月17日に発生した**兵庫県南部地震**

　　　1995年2月　　　　　　2018年9月

図1　兵庫県南部地震により6階部分が崩壊した
　　　　神戸市役所旧2号館（2022年1月に解体）
出所：筆者撮影。

は，**阪神・淡路大震災**といわれる甚大な被害を引き起こした（図1）。神戸や阪神地方の都市域および淡路島北部を中心とした地域では，場合によっては長期間の厳しい生活を強いられた。

　歴史的にみて近畿地方の中央部は，日本の政治や経済，文化の中心であった。古代には都がおかれ，近世には大坂が経済の中心的役割を果たした。これには，近畿地方中央部が大陸に向き合う九州地方に通じた瀬戸内海に面し，かつ内陸水運にも適した琵琶湖や河川が位置するという，水上交通の要所としての条件を備えていたことが背景にある。

　近畿地方の主要都市である京都，大阪，神戸は近畿地方中央部の低地に位置し，短い山地と狭い盆地が集中する地形は約50万年間の断層運動によって形成された。沈降する大阪平野に位置する大阪は，上町台地を除くとほとんどが標高5m未満である。京都は沈降する京都盆地の北東部に流れ込む河川が形成した扇状地に位置する。神戸は瀬戸内海の一部である大阪湾に面し，隆起する六甲山地山麓に形成された狭い平地に位置する。

　かつて平地は森に覆われていたが，生活の場がつくられ，広げられてきた。平地の森は失われ農地に変えられた。京都や大阪には古代都市

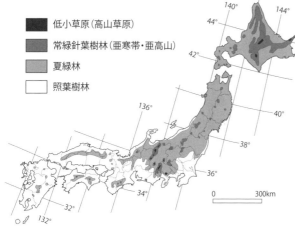

図2 日本における植生分布
出所：服部（1988）より作成。

が建設され，神戸付近には港がつくられて町が形成された。中世を経て近世には，農業が発展して農地が拡大した。近世の姿を色濃く残す1886年（明治19）の地図をみると，大阪や堺といった都市や村落は，農地のなかの島のように位置している。

近代以降，都市が著しく拡大し，平地を覆っていた農地は，住宅や工場，商業施設，舗装道路といった，人工素材の構築物に覆われる都市へと変貌を遂げた。都市が広がる平地には多数の人間が居住し，莫大な富が集積するようになった。

こうしてできた都市に，人間の制御が不可能なほどの自然現象が発生したならば，人間社会に対して大きな被害を引き起こすことであろう。しかし，このような災害が生じる可能性があるとしても，多くの人々は都市に生きざるをえない。だからこそ，災害に対する想像力を生み出す知識を身につけておきたい。それはその場所における本来の自然環境の仕組みを想像する力である。天候や気候，地形の仕組みを理解し，起こりうる災害を想像することができれば，大きな災害に遭う可能性が高い土地を避けて住んだり，厳しい自然現象に直面した際にも乗り越えていける可能性を高められる。

2　近畿地方の気候と植生

私たちは日々天気を気にする。天気とは，ある日のある時間の気温，降水量，風によって表される大気の総合的状態のことであり，数日から数ヶ月程度の場合は天候という。そして，ある場所において1年周期で毎年繰り返される大気の総合的状態を気候という。気候は地域によって多様であり，地形や動植物の分布，人々の生活・文化にも影響する。

ユーラシア大陸の東に位置する日本は，太平洋・日本海・東シナ海・オホーツク海に囲まれた島国で，北は北緯45度，南は北緯24度付近まで広がる。ケッペンの気候区分では，主に亜寒帯（冷帯）湿潤気候と温暖湿潤気候に区分されるが，太平洋側と日本海側，北海道と沖縄で気候が異なるなど，狭い国土にもかかわらず，気候には多様性がある。

一般に植生は，気候，土壌，地形などの自然環境の影響を受ける。なかでも気温と降水量は，ある地域の森林を構成する樹種を規定する要因となる。湿潤な日本列島は，ほぼ全域で森林の成立が可能である。沖縄から関東地方以西まで広がる照葉樹林，西南日本の山地から東北日本や北海道の低地まで広がる夏緑林，北海道の常緑針葉樹林と，多様な森林がみられる（図2）。

近畿地方は，北端が経ヶ岬の北緯35度46.6分，南端が潮岬の北緯33度26.3分である（巻頭）。北部は日本海に，南部は太平洋に，西部は瀬戸内海に面する一方，東部は内陸であり，気候の差異が大きい。主に降水の季節性から，近畿地方は，南部の紀伊山地，北部の中国山地から丹波高地にかけてを境にして，主に北部，中央部，南部の気候区に区分される（Ⅱ-3）。

近畿地方の植生（原植生）は**照葉樹林**が大部分を占める。**常緑広葉樹林**とも呼ばれ，アラカシなどのカシ類，スダジイなどのシイ類，タブ（クスノキ），ヤブツバキなどがみられる。山地では夏緑林が分布し，ミズナラやトチノキ，カエデ類がみられる。六甲山地や丹波高地の山頂付近ではブナを目にすることもできる。

しかし，人間活動により，近畿地方では大部分の原植生が失われた。かつてヨシ原やハンノキ林が広がっていた低地の川沿いは，人間活動の活発化に伴って水田に変わった。山地を覆っ

ていた深い照葉樹林は大規模に伐採され，スギやヒノキの人工林や里山の雑木林へと変わった。

3　近畿地方中央部の地形

地球の表面は何枚もの大小のプレートに覆われていて，それらがぶつかり合っている。日本列島付近は，ユーラシアプレートと北米プレートの下に，太平洋プレートとフィリピン海プレートが沈み込んでいる。その圧力を受けて，特に東海地方から近畿地方中央部にかけては，フィリピン海プレート，ユーラシアプレート，太平洋プレートのひずみが集中している。

近畿地方の地形を概観すると，中央部から東海地方にかけての狭い地域内に山地と盆地が集中していて，頂点を敦賀湾付近として濃尾平野西縁を経て伊勢湾に至る線，琵琶湖から有馬高槻断層帯を経て淡路島西岸に至る線，紀ノ川から伊勢湾を底辺とする線に囲まれた**近畿トライアングル**という三角形に含まれることがわかる。

近畿地方中央部の基盤岩は，石垣や墓石にも使われる硬い花崗岩で，この近畿地方中央部は，プレートの沈み込みにより東西方向から強い圧力を受けている。圧力は約50万年前から強まり，近畿トライアングルでは硬い花崗岩からなる基盤岩に生じた断層が変動を起こし，狭い地域内に山地と盆地が集中する地形が形成されてきた（巻頭）。六甲山地や生駒山地，淡路島などの山地や，京都盆地，奈良盆地，大阪湾・大阪平野の盆地状の地形が形成されたのである。この変動は**六甲変動**と呼ばれ，現在も進行している。最も新しい動きが，1995年1月17日に発生した**兵庫県南部地震**である。活断層の野島断層が引き起こしたM7.3の直下型地震で，最大震度7の激震を記録し，**阪神・淡路大震災**をもたらした。火災が発生したこともあり，兵庫県南部から大阪府を中心に甚大な被害が生じた（図1，図3）。

政府地震調査研究推進本部は，歴史資料や調査研究などから判明した過去の地震活動記録に基づき，大きな災害を起こす可能性が高い活断層で起きる地震について，地震発生確率値を含む長期評価結果を公表している。近畿地方には調査対象となる**活断層**が集中していて（図4），特に上町断層帯や奈良盆地東縁断層帯，琵琶湖

図3　兵庫県南部地震の震央と震源域
出所：政府地震調査研究推進本部ホームページ『地震がわかる』より作成。

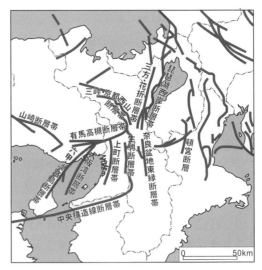

図4　近畿地方の主要な活断層
出所：政府地震調査研究推進本部ホームページ「主要活断層帯の長期評価」より作成。

西岸断層帯（北部）などは，30年以内の地震発生確率が高い。人口密集地域ということもあって，断層が活動した際には大きな被害が発生すると予想されている。大阪平野の北端を限る断層である有馬高槻断層帯は，1596年の慶長伏見地震を発生させたと考えられている。平均活動間隔は1000～2000年程度であることから，直ちに断層が活動する可能性は低いとみられている。

また，フィリピン海プレートが**南海トラフ**に沈み込むことによって発生する南海・東南海地震が今後30年以内に発生する確率は，70～80％ときわめて高い。過去の地震発生時の記録などから，近畿地方の広い範囲が大地震に見舞われ，大津波の来襲を受ける可能性も高いことが指摘されており，対策が進められつつある。

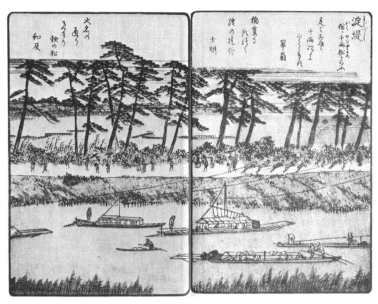

図5　暁晴翁著，松川半山画『淀川両岸一覧』（1861）「淀堤」に描かれた曳舟
出所：1978年刊行の翻刻版より。

4　河川と人々

　川は地上に降った水が地表を流れ出したり，浸透した地下水が地表に現れたもので，水が集まって流れている状態である。河川は，浸食，運搬，堆積の作用によって地形を形成する。山地に谷を刻み，平野では沖積平野である扇状地や氾濫原を，河口には三角州を形成する。

　日本は降水量が多く，河川の浸食作用が盛んである。山がちな地形のために，日本の河川は大陸に比べて短く，一般的に勾配は急である。また，河川の流量は降水量に大きく依存し季節変動が大きい。そうしたなかにあって，琵琶湖・淀川水系には日本の河川一般とは異なる特性がある。

　近畿地方中央部の盆地をつなぐようにして流れる淀川の流域は，古い地質の比較的低い山地からなる。それぞれに広い集水域を持つ宇治川，木津川，桂川の淀川三支流が京都盆地で合流し，淀川となって大阪平野の北部を流れて大阪湾に注ぐ。また，大阪平野で淀川から分流した神崎川には，北摂山地から流れ出る猪名川が合流する。宇治川の上流には日本最大の面積の琵琶湖がある。

　大阪平野は関東平野や濃尾平野と違い，低湿な地域が広い。その理由として，琵琶湖・淀川水系の上流に位置する盆地が沈降していてそこに大部分の土砂が堆積するため，大阪平野への堆積物の供給量が少ないことが挙げられる。また，大阪平野自体が造盆地運動により沈降していることも一因である。その低平な大阪平野を流れる淀川は，日本の河川のなかでは比較的勾配が緩いという特性を持つ。

　また，琵琶湖北部は日本海側の気候区の特性を持ち，琵琶湖の流域は6〜7月の梅雨期，9月の台風期，2〜3月の融雪期に流出量が多い。木津川流域は太平洋側の気候区の影響を受け，9月の台風期に流出量が著しく増大する。桂川流域は，梅雨前線の影響を受けて6〜7月の流出量が多い。以上の異なる特性を有する3支流が合流する淀川は，日本の他の河川と比べて，年間を通じて安定した流出量を示す。

　江戸時代，京と大坂の間は旅客・貨物とも舟運が交通の中心であったが，旅客運行が盛んなことは全国的には例外であった。ただし，淀川を遡上する際，水量が少ないときや難所では船頭が堤に降りて船を綱で曳いたりもした（図5）。現代において，京阪神地方の都市における水道水の水源は，主に琵琶湖・淀川に求められている。琵琶湖の存在と淀川の年を通して安定した流出という特性が，これらを可能にしている（Ⅱ-5）。

（矢嶋　巌）

Ⅱ 自然

2　大阪平野と水害

1　平野と水害

　河川の堆積作用によって形成されたほぼ平坦な地形を**沖積平野**という。北アメリカ大陸の中央平原のような広大な侵食平野と比べると、沖積平野は規模が小さい。大阪平野は、淀川、大和川などが流れ込んで形成された沖積平野である。低地が内陸まで入り込み、平野の北東端の山崎付近でも標高が10mに達しないところがある。この低平で比較的狭い平野に、人口や産業が集中しているため、これまでに数々の水害が起きてきた。今後も大きな災害に見舞われる可能性がある。そのため、ここでは平野の成り立ちと災害発生との関係、災害対策について理解してもらいたい。

2　大阪平野の概要と成り立ち

　巻頭地図をみると、近畿地方の中央部には、六甲山地、生駒山地、比良山地、鈴鹿山脈といった山地と、大阪平野、京都盆地、奈良盆地、近江盆地といった平野や盆地が交互にみられる。そして、大阪平野が大阪湾とともに1つの凹地になっていることがわかる。大阪平野は、地質構造的には大阪盆地と呼ばれる堆積盆地に発達した平野である。堆積盆地は、長期間にわたって六甲変動（Ⅱ-1）に伴う沈降が続くなかで、堆積物が累積して形成された。

　大阪平野は、丘陵、台地、低地からなり、丘陵としては千里丘陵や枚方丘陵、泉北丘陵がある。また、丘陵を取り囲むようにして、伊丹台地、豊中台地などの台地が分布している。低地には、淀川に沿う地域、猪名川・武庫川に沿う地域、旧大和川流路に沿う河内低地、和泉地方の海岸低地がある。このうち淀川下流部は三角州地帯で、大阪市の中心部はこの低地に盛り土され成立している。

　最終氷期最寒冷期の約2万年前、地球の平均気温は現在よりも約8度も低く、海水面は現在よりも約125m低下していた。大阪湾は陸地化し、河川が現在の大阪平野に深い谷を刻んでいた。後氷期は地球が温暖化して海水面が上昇した。約5500年前には海水面は現在より約2m高くなっていて、図1のように、大阪平野の河内地方には内湾が形成された。その後、地球の冷却化による海水面の低下や土砂の流入によって約3500年前の河内地方には汽水の潟湖がみられた。その後海水面が上下しながら、約2000年前には淡水湖が形成されていた。次

図1　大阪平野における約2万年前以降の古地理復元図
出所：小倉（2004）より抜粋（松田順一郎原図）

第に人間活動が活発化した弥生時代以降は，湿地の水田化が進むとともに，森林伐採も進み，流出する土砂量が増加し淡水湖に堆積していった。古代以降は，河川改修や川筋の固定化，干拓による耕作地化が進んだ。

奈良盆地から大阪平野に流れ込む大和川は，かつては河内地方の低地を分流して南東から北西方向に流れ大坂城の北側で当時の淀川の本流（大川）に合流していた。洪水被害に悩む河内地方の庄屋らが幕府に願い出て1704年（宝永元）に現在の流路に付け替えられた。寝屋川との合流地点で遊水地の役割を果たしていた深野池や鴻池は干拓され農地となった。天井川であった河床跡や堤防で広く栽培された綿は**河内木綿**の原料となった。

このように淀川沿いの内陸部から河内地方にかけて，人間活動も加わって平野が形成されてきた。近代以降，河内地方の耕作地は市街地化が進んだ。しかし，水はけが悪いかつての耕作地では，市街地化された現在でも強制排水が行われている。

3 近代の大阪平野における洪水対策

洪水の制御が困難であった江戸時代は，一定の氾濫を許容し，重要な土地の洪水被害を少なくする治水が一般的であった。

明治時代になると，明治政府は内陸水運と灌漑用水の確保を主眼に置いた治水政策を行った。しかし，1885年（明治18）に淀川で大規模な洪水が発生したことをきっかけにして，治水を中心とした水害対策へと乗り出した。国家的に重要な大河川については，1896年に河川法（旧）を成立させた上で，内務省直轄で河川改修工事を行った。

河川法（旧）のもとでの治水方針は，洪水を河道内でできるだけ早く海へ流下させるものであったため，河道の両岸に高い堤防が連続的に築かれ，曲がりくねった河道が直線的になったことにより，氾濫常襲地域が大幅に減った。しかし，工事の結果，豪雨時には洪水が河道に集中するようになり，堤防の高さをさらに上げる必要が生じた。

淀川では，1897〜1910年にかけて，大規模な治水工事が実施された。琵琶湖の出口には南郷洗堰が設けられ，湖からの流出量が制御された。中流では，琵琶湖から流れ出てきた宇治川の付け替えが巨椋池を中心に行われた。下流では，枚方付近の狭隘部の河道拡幅工事が行われた。また，現在の淀川河口となる新淀川放水路がつくられるとともに（Ⅲ-9），毛馬には洗堰が設けられてかつての本流である大川の流量が制御され，船舶の通行のために閘門が設置された。1917年（大正6）に再び淀川で大規模な洪水が発生するなか，淀川流域では洪水制御のための治水工事が続けられていた。

第2次世界大戦後は，**多目的ダムを建設し，上流側で洪水を調節する治水政策**が推進された。淀川流域は台風による洪水に幾度も見舞われ，限界に近い流量が記録されることもあった。特に，1953年9月に発生した台風13号による淀川の洪水を受けて，琵琶湖の出口に瀬田川洗堰（1961年完成）が築造されたほか，淀川支流の宇治川の天ヶ瀬ダム（1964年完成），木津川流域の高山ダム（1969年完成），桂川流域の日吉ダム（1998年完成）など，多数の多目的ダムが建設された。淀川本流の堤防決壊に起因する洪水は今のところ発生していない。

4 高潮や津波による被害

大阪平野の海岸部では，江戸時代以降大阪湾に向かって新田開発のための干拓が行われた（Ⅲ-7）。現代では埋め立ても進み，かつての干拓地も含めて市街地化が進んだ。

大阪平野は六甲変動で沈降しており，河川からもたらされる土砂も比較的少ないため，そもそも低平である。淀川などの河川は，下流までの盆地に大部分の土砂を堆積させてしまうのである。大阪中心部を含む三角州地帯では，近代以降には地盤沈下（Ⅳ-5 図2）が進行し，高潮や津波による浸水被害の危険性が高まった。高潮は台風接近に伴って生じる災害で，大阪平野では，1934年の室戸台風，1950年のジェーン台風（図2），1961年の第2室戸台風の接近に伴う高潮による浸水で，大きな被害が発生した。

1961年9月に大阪を襲った第2室戸台風は強い勢力を保ったまま紀淡海峡を抜けて大阪湾に

図2 ジェーン台風による大阪市の高潮被害
出所：大阪府土木部，大阪市土木局・港湾局編（1960）

5　高度経済成長期以降の都市水害

　河川では，堤防を境に，堤防によって守られている土地を堤内地，堤防と堤防の間の河川区域を堤外地という（図3）。大雨により河川の水位や流量が著しく増大して河川敷内に水があふれたり堤内地へ水があふれることを洪水といい，堤内地にある水は内水，堤外地にある水を外水と呼ぶ。また，河川の増水により堤防が破れたり堤防から外水があふれ出して堤内地が浸水することを外水氾濫という。短時間の強雨や河川の水位上昇による排水が困難な状態で，雨水（内水）があふれ堤内地の住宅地や道路が冠水することを**内水氾濫**という（図4）。

　高度経済成長期以降，日本各地の大都市域では，遊水地の役割を担っていた水田がかい廃され，丘陵地も開発され，都市化が進んだ。人口密集地を流れる河川では，河道拡幅のための用地買収や雨水排除のための下水道整備などの対策には莫大な費用が生じるので，洪水対策は遅々として進まなかった。そのため，大阪などの大都市では，堤内地の大量の降水をポンプによって河川に排除しきれなくなり，内水氾濫が発生するようになった。

　1967年7月には，梅雨前線による集中豪雨のため，大阪府北部で水害が発生した。大阪空港では1時間に56.5mmの降水が記録された。周辺で都市開発が進められた中小河川で水害が発生し，大阪府内だけでも，被害は死者5名，家屋全半壊172戸，床上・床下浸水13万戸超に及んだ。特に，大阪万博会場の建設や千里ニュータウンの開発が進んでいた千里丘陵から流れ出る千里川，安威川などの中小河川が氾濫し，豊中市や吹田市，茨木市では，広範囲で市街地が水没した。

　1972年7月には，用地買収の遅れにより治水工事の途上にあった大阪平野東部の寝屋川流域において，後に大東水害と呼ばれる水害が発生した。大阪府内では死者こそ出なかったが，家屋の全半壊65戸，床上・床下浸水約4万7000戸の被害が生じた。この時に観測された1時間当たりの雨量は比較的少なかったものの，恩智川や寝屋川の水位が急上昇した。無秩序な都市開発に治水対策が追いつかなかったことが大きな

侵入し，中心気圧934hPaで阪神地方に上陸した。大阪では瞬間最大風速が50.6m/秒に達し，大阪港では大阪湾最低基準潮位より4.12m高い高潮が発生し，西大阪の低地帯を中心に，大阪市内のおよそ4分の1の面積が浸水した。室戸台風とジェーン台風による高潮では多数の死傷者が生じたが，第2室戸台風では人的被害は小さかった。それまでの経験から，住宅地の住民には事前待避が徹底され，貯木場では材木流出対策が採られるなど，高潮の被害を防ぐためのさまざまな手立てが講じられていたことも一因であった。

　大阪市では，すべての河口に**防潮堤**が設けられ，台風接近時に稼働させて高潮による海水の遡上にともなう浸水を防いでいる。また，地下鉄の駅や地下街の出入口には**止水扉**が設置され，地上部の出入口を嵩上げした**マウンドアップ**が設けられている。

　大阪平野の海岸部では，津波被害の危険性も高い。大阪環状線大正駅の北東の大正橋東側には，1854年（嘉永7／安政元）11月に発生した大地震による大津波（安政大津波）の様子を記録した「大地震両川口津浪記」という石碑がある（Column 2）。この地震は約100～150年ごとに発生している**南海・東南海沖地震**と考えられ，石碑は現在の大阪の中心部でも津波による甚大な被害が生じたことを物語っている。

要因と考えられている。

6 都市の水害対策と近年の豪雨

多発する都市水害に対して，1970年代後半以降は，河川改修による洪水制御が難しい大都市地域を中心に，**総合治水対策**が国によって推進された。これは，従来から行われてきた河道整備などの治水施設の整備に加えて，流域の開発抑制や防災調整池の設置など，流域の保水・遊水機能の維持・増大を図るものである。雨水排水のための下水道整備や，排水不良地における排水ポンプの整備が進められ，学校のグラウンド，公園や公共施設の地下が，**防災調整池**の役割を担うように整備された。

寝屋川では，1990年に大阪府により寝屋川流域整備計画が策定された。これに基づき，寝屋川市から大阪市都島区にかけての道路の地下では，トンネル型の寝屋川北部地下河川の建設が進行中で，完成済み区間は雨水の一時貯留施設としてすでに使用されている。また，寝屋川沿いには大阪府営深北緑地（寝屋川治水緑地）が設けられ，普段はグラウンドや公園として，大雨の際には河川からの洪水を一時貯留する施設として機能している（図5）。

人口過密状態にある巨大都市において，大河川の堤防決壊による甚大な被害を防ぐため，1980年代後半以降スーパー堤防と呼ばれる高規格堤防の建設が推進されている。例えば淀川や大和川沿いでは堤内地側に盛土した巨大な堤防を見ることができる。

近年，日本各地において，集中豪雨やゲリラ豪雨とも呼ばれる局地的大雨の発生が盛んに報道され，線状降水帯にも注目が集まる。2012年8月には，近畿地方中部を中心に豪雨があり，枚方で1時間に91.0mmの降水が観測され，高槻では約110mmの降水があったとみられている。大阪府では約2万戸が床上・床下浸水した。この時，深北緑地では36万4400m³が貯留され，流域の氾濫を軽減したとされるが，ハードウェアの整備だけでは限界がある。

淀川河口の低平地を中心に人口や産業が集中

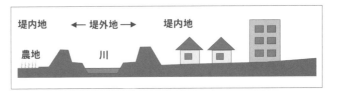

図3　堤内地と堤外地

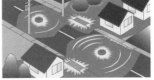

図4　外水氾濫（左）内水氾濫（右）
出所：大阪市水害ハザードマップ（北区）。

図5　大東市の深北緑地
出所：国土地理院2万5千分の1地形図「大阪東北部」2006年更新。

する大阪平野では，今後も大きな被害をもたらす水災害に見舞われる可能性がある。居住地や通学・勤務先とそこに至るまでの経路の河川や地形に対して関心を持つとともに，市町村が公表している**水害ハザードマップ**で災害危険度や最も近い避難所の位置を知っておきたい。その場所が本来有していた自然環境の特性を理解することが，災害から身を守るための第一歩となる。

（矢嶋　巖）

II 自 然

3 気候と暮らし

1 近畿地方の気候

近畿地方では、その緯度差と地形的条件ゆえに気候の地域的な違いが著しい。降水の季節性からみた気候区分では、近畿地方は主に北部、中央部、南部に区分される（図1）。それらを区分する境界は中国山地から丹波高地にかけてと、紀伊山地である。

北部は日本海側の気候区に属し、年間降水量が比較的多い。例えば豊岡では、夏季には梅雨前線と台風の接近の影響により降水量が多い月がある。冬季は北西からの季節風の影響により降水量が多く積雪もあり、平均気温は比較的低い（図2）。北部には多雪地帯もみられ、1963年（昭和38）1月の三八豪雪では、雪のため山間集落の孤立が相次いだ。現在の兵庫県新温泉町の岸田川では積雪が280cmに達した。また、2010年12月〜2011年1月にかけての平成23年豪雪では、滋賀県長浜市の柳ヶ瀬で249cmの最深積雪を記録した。

南部は太平洋側の気候区に属し、日本海流（黒潮）の影響で温暖である。潮岬では、冬季の平均気温が比較的高い。夏季は降水量が著しく多く、特に梅雨期と台風の接近が多い9月は顕著である（図2）。紀伊山地の大台ヶ原から熊野地方にかけての地域は日本有数の多雨地帯として知られ、大台ヶ原では年降水量が1万mmを超える。

1889年（明治22）8月には台風による大雨のため、紀伊半島、なかでも奈良県南部の十津川周

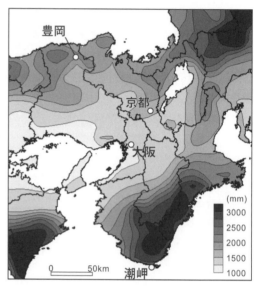

図1 近畿地方の年降水量（1981〜2010年の平年値）
出所：国土数値情報。

辺と和歌山県において、甚大な被害を伴う土砂災害と水害が発生した。犠牲者は、奈良県で245名、和歌山県では1247名に及んだ。和歌山県田辺では、8月17〜20日の総雨量が1295.4mmを記録した。2011年9月には、台風12号により紀伊半島を中心に大雨がもたらされ、各地で大規模崩壊を伴う土砂災害や洪水が発生し（図3）、死者行方不明者は98名にのぼった。奈良県上北山では、72時間降水量が1652.5mmを記録した。

人口が集中する大阪平野、京都盆地、奈良盆地が位置する中央部は、瀬戸内気候区に属する。南北の山地が季節風の影響を和らげることにより、図2の大阪が示すように年間を通じて降水

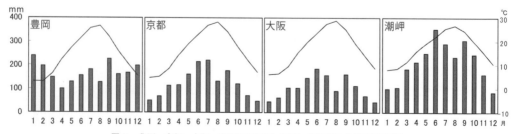

図2 豊岡、京都、大阪、潮岬の雨温図（1981〜2010年における平年値）
出所：気象庁観測データをもとに作成。

図3 2011年台風12号による大規模崩壊地の例
出所：2016年6月筆者撮影（奈良県十津川村宇宮原付近）。

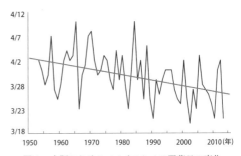

図4 大阪におけるソメイヨシノの開花日の変化
注：統計期間は1953～2013年。直線は長期変化傾向を示す。
出所：大阪管区気象台編（2013）をもとに作成。

量が少ない。ただし、梅雨期と台風の接近が多くなる9月の降水量は多い。

瀬戸内気候区では、年によって長期にわたり少雨が続き**渇水**が発生することがある。1994年夏（「列島渇水」）や2011年冬には渇水となり、生活用水や都市用水が琵琶湖・淀川水系から安定的に供給されていない姫路、宝塚、川西、淡路島では、長期にわたる水道の時間給水制限が実施された。

日本の中では比較的温暖な気候とはいえ、近畿地方中央部は冬季に晴天が多く放射冷却現象により気温が低下しやすいため、夏冬の寒暖差は小さくない。特に京都や奈良などの盆地は、海に面する大阪や神戸よりも冬季に気温が大きく低下する。そのため、季節による寒暖差が大きい（図2）。

2　近畿地方各地の気候と暮らし

近畿地方北部は冬季に降雪が多く、農業地域区分では**水田単作地帯**に分類される。そのため、農閑期となる冬季には、男性を中心に、酒造や寒天製造の**出稼ぎ**に出る農村が多くみられた（Ⅳ-9）。高度経済成長期以降には大規模なスキー場が造成され、京阪神から多くのスキー客が訪れるようになって観光地化した地域もある。

中央部の瀬戸内気候区では、稲作を営むために、江戸時代以降盛んに溜池や用水路が築造され渇水に備えてきた。大阪湾岸では海と陸との熱的性質の違いにより、日中の沿岸域では海から陸に向けて風が吹き（海風）、日没後には地面の温度が急速に低下し陸から海に向けて風が吹く（陸風）。

大阪では桜（ソメイヨシノ）の開花日が早まってきている（図4）。都市化が進み、**ヒートアイランド現象**により夜間に気温が低下しにくい「熱の島」が形成されるようになっている。大阪では年平均気温の上昇傾向が続く一方、最低気温が0度を下回る冬日が減少しており、地球温暖化に加えてヒートアイランド現象による影響とみられている。ソメイヨシノは春が暖かいと開花が早いため、開花日の変化はこの現象を反映しているとみられている。主な原因には、エネルギー消費による人工的排熱の増加、都市化による緑地や水面の減少と建築物やアスファルト舗装された道路の増加、建築物の密集による風通しの阻害がある。

近畿地方南部では、温暖な気候を活かしてミカンやウメが栽培されてきた。また、温度が高く湿潤な気候のもと、紀伊山地では江戸時代からスギやヒノキが植林され、林業が発達してきた（Column 1）。紀伊山地の急峻な山間地域に位置する奈良県十津川では、山を削って建てられていたことから民家は部屋が細長く並ぶ間取りとなっており、豊富に得られるスギの皮や板が屋根や壁に使用されている。また、台風による大雨から建物を守るために、軒先を板で守る工夫が凝らされている。豊中市の日本民家集落博物館には十津川の伝統的民家が移築、展示されているので訪ねてほしい。

（矢嶋　巌）

Ⅱ 自然

4　六甲山地と扇状地

1　阪神大水害

「そして普通の洪水と違うのは，六甲の山奥から溢れ出した山津波なので，真っ白な波頭を立てた怒濤が飛沫を上げながら後から後から押し寄せて来つつあって，あたかも全体が沸々と煮えくり返る湯のように見える。たしかにこの波の立ったところは川ではなくて海，――どす黒く濁った，土用波が寄せる時の泥海である。」

1938年（昭和13）7月に兵庫県の阪神地方から神戸にかけて阪神大水害が襲った。谷崎潤一郎は『細雪（ささめゆき）』で水害の様子を上のように描き出している。「山津波」は，現在では土石流といわれる。前後の文章より，現在の神戸市東灘区に位置する摂津本山駅付近から西方の住吉川方向を見た様子を描写したものと思われる。

阪神大水害の様子を捉えた写真がある（図1）。三宮の駅前に位置する百貨店の前を，木や建物の残骸を押しのけるかのようにして流れる濁った水が波頭を成している。この大水害では，当時の神戸市だけで616名，全体では715名の死者を数えた。

図1　阪神大水害時，現在のフラワーロードを流れる濁流
出所：神戸區復興委員會編（1939）

2　六甲山地の地質と気候条件

山地を流れてきた河川が平野に出ると，傾斜が緩くなって流れが遅くなり，粗い砂や礫を堆積して扇状地が形成される。断層運動により隆起した山地が多い近畿地方中央部では，各地に扇状地が分布する。

大阪平野の西端に位置する阪神地方から神戸にかけては，六甲山地と海に挟まれた狭い平野があり，激しい断層運動で隆起した六甲山地から流れ出た川に運ばれた土砂が堆積し，多数の扇状地がつくられてきた。

六甲山地はほぼ全山が**花崗岩**で形成されている。約7000万～8000万年前，日本列島がアジア大陸の縁にあった頃，海洋プレートの沈み込みに伴う地下深くのマグマ活動によって形成され

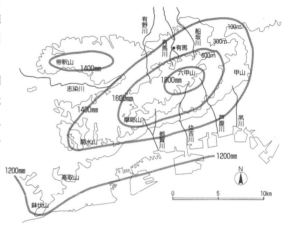

図2　六甲山地付近の年平均降水量
出所：兵庫県治山林道協会編（1998）の図を一部改変。

た花崗岩が，約50万年前から断層運動を伴って隆起し，浸食されて表層にあらわれたものである。御影石とも呼ばれる花崗岩は，石垣や墓石にも利用されているように硬いものである。しかし，表層にあらわれて風雨にさらされると風化しやすい性質を持ち，マサ（真砂）土と呼ばれる土砂が大量に生じる。

六甲山地は，比較的少雨の特性を有する瀬戸内気候区にありながら，多雨地域とされる（図2）。急傾斜の断層崖が南に面する六甲山地に南からの湿った風が当たると，地形性降雨による大雨が生じやすい。特に，六甲山地の南西方

向に位置する紀淡海峡からの風が直接吹き込みやすい梅雨時には，しばしば大雨が降る。また，六甲山地は，大阪平野からの北東風，播磨灘からの西風，大阪湾からの南西風が収束する位置にあり，このことが原因となって大雨が発生することが多く，そのたびに大量の土砂が土石流となって山地から流れ出し扇状地を形成した。

図3 植生が貧弱な六甲山地を示す絵図「文久年間兵庫及神戸之圖」（部分）

出所：兵庫県治山林道協会編（1998）

3 人間活動による六甲山地の荒廃

歴史的にみると，六甲山地では中世から人間の活動により，自然林が破壊されてきた。江戸時代以降は，薪炭材や肥料のために過剰な森林伐採や採草が行われ，山域のはげ山化が進んでいた。幕末の兵庫・神戸を描いた絵図では，背後の六甲山地の植生はわずかである（図3）。

花崗岩地帯は土壌が薄く，人間活動によって植生が痩せると土壌が流されて植生が回復しづらく，はげ山になりやすい。はげ山になると風化がいっそう激しくなってマサ土の生産が増加し，土石流による土壌流出が加速する。

六甲山地山麓において，かつて人々は，山地から流れ出る川の谷口や川沿いに住むことを避けていた。破堤による洪水から農地や住宅を守るために，土石流が発生するたびに埋もれた河床の土砂を堤防として積み上げて，堤防をより高く強固にしてきた。これが繰り返されることで，河床が周辺よりも高くなった**天井川**（図4）が，六甲山地の南麓や東麓に形成された。逆瀬川，仁川，芦屋川，住吉川，石屋川，旧生田川，旧湊川は，六甲山地周辺の代表的な天井川である。図3に松林に挟まれて描かれる「生田川」とは旧生田川で，1870年に付け替えられた。現在のフラワーロードが旧生田川の河道跡である。

幕末に神戸港が開港されると，人々が住むことを避けてきた神戸の扇状地が市街地として開発されるようになった。特に1920年の阪急神戸線開業以降，阪神地方の扇状地上では住宅地開発が進められた。その際には河川が統合された

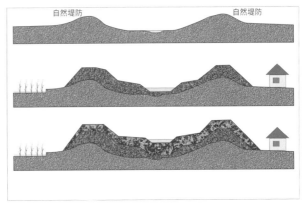

図4 天井川形成過程の模式図

り，蓋をされたり，川幅が狭められたりした。また，水田や溜池も次々とかい廃され，大雨の際には残された川に水が集中し，溢れ出やすい環境に変化していった。

一方，六甲山地では山火事が多発し，植生が大規模に失われることもあった。そのため，治山や水源涵養，山火事からの植生の回復，造林のために，一部では植樹が行われていた。しかし，観光開発が進み，1929年完成の表六甲ドライブウェイやケーブルカー，幾本もの登山道が整備された際に，花崗岩の岩肌がむき出しになるような開削が行われた。

阪神大水害時には3日間で約460mmもの雨が降ったが，それだけではなく，人間活動による長期に及ぶ山域の荒廃，近代以降の市街地化や観光開発が大きな災害をもたらした。こうした開発は，災害が発生しやすい環境にあることを省みずに進められたのである。

（矢嶋　巌）

II 自然

5　京阪神の水道と琵琶湖・淀川水系

1　都市と水道水源

　京都，大阪，神戸という大都市を有する京阪神では，多くの人が**琵琶湖・淀川水系**の流域に暮らし，生活に必要な水を琵琶湖・淀川水系に依存している（図1）。これらの都市では，近代以降の人口増加に伴う急激な水需要の増大に対して，都市の基盤となる衛生的な生活用水を安定的に供給する水道を整備・増強する必要に迫られたことで，琵琶湖・淀川水系に水道水源を依存するようになった。しかし，水源となる水の確保の面からみると，それぞれ異なる立地条件にある。

　水道事業は市町村営が原則とされてきたが，水道の敷設には高度な技術と莫大な費用，安定した水源が必要である。そのため，大都市周辺で衛星都市として発達してきた小規模な市町村では，中心都市との関係で水道事業が営まれてきた。

　川の水には，使用する権利である**水利権**が設定されており，その使用者が決まっている。原則として開発が古い利用が優先されるため，水道を敷設する際には農業用水などの既存の水利権が障壁となった。豊かな水量を持つ川が目の前を流れていても，自由に取水して利用することはできないのである。

　地中を浸透してゆっくりと流下あるいは滞水する地下水は，原則的に土地所有者が自由に利用できる。そのため比較的小規模な市町村が水道を敷設する際には，水源として地下水が利用されることが多かった。しかし，大都市地域では大量の揚水が原因となって**地盤沈下**が発生したため (Ⅳ-5)，第2次世界大戦後は利用に制限が設けられた。

　近代以降は行政が積極的に水利権の調整に乗り出すようになり，特に高度経済成長期以降は，水需要の増大に対応して大規模な水源開発が進められた。琵琶湖・淀川水系では，洗堰（あらいぜき）の改修によって琵琶湖のダム化が進められたほか，河口堰が改修されたり木津川・桂川の上流域に

図1　琵琶湖・淀川水系と琵琶湖・淀川水系給水区域
注：琵琶湖・淀川水系給水区域は，琵琶湖・淀川水系を水道水源とする市町村域を示す。
出所：琵琶湖・淀川水質保全機構ホームページ。

多目的ダムが建設されたりして，水道水源に充てられた。これには水道水を卸売する旧大阪府営水道や阪神水道企業団といった**水道用水供給事業**が大きな役割を果たした。しかし，節水機器が普及したことや大都市部での人口増加が収まったことにより，1990年代以降，水需要は停滞・減少に転じた。そのため，多くの都市で水道水源施設が過剰となっている。

2　大阪の水道と淀川

　大阪は淀川河口域に位置することから，満潮時には海水が遡上し水が滞留しやすい。かつては，井戸が主な生活用水源として使用されたが，水が金気を含むため，飲料用には上町台地の湧水や大川（旧淀川）の市街地上流で汲んだ水売りの水が使用された。コレラ流行や工場排水流入による水質悪化への対応，消火用水確保のため，1895年（明治28）に水道が敷設され，都島村に大川を水源とする浄水場が設置された。大阪は比較的降水量が少ないにもかかわらず安定

的な流出量を持つ淀川が流れるため水量に不足はなかった。

大阪市に隣接する町村では，人口増加に伴う水需要増に対して，生活用水を大阪市水道からの市外給水や水の配達に依存せざるを得なかった。こうした事情も背景となり，これらの町村は，第1次・第2次市域拡張（1897・1925年）時に大阪市に合併編入された（V-2）。その後の水需要の増大に対して，大阪市では淀川からの取水を増強して浄水施設を整備し対応してきた。

一方，大阪市と，淀川に面する一部の市町村を除いて，大阪府下のほとんどの市町村は，水道が未敷設だったり，敷設されていても大規模で安定した水道水源を有していなかったりした。1930年代の人口増加と戦時体制による水需要の増大に対応するため，1940年に淀川を水源とする大阪府営水道が創設・着工され，第2次世界大戦後に給水を開始した。その後大阪府営水道は，衛星都市における水需要の増大に対応するため水源を増強し，給水対象となる市町村を増やしてきた。2011年に大阪市以外の市町村が運営する大阪広域水道企業団が大阪府営水道の事業を引き継いだ。

3　神戸の水道と淀川

急峻な六甲山地の山麓に形成された扇状地上に発達した神戸は，水道水源に適した大規模な河川を有していなかった。そのため，水道水源を市域外に求めざるを得なかった。

1868年（明治元）に開港した神戸は，都市として急激に成長して水需要が増大した。六甲山地の谷間に建設した複数の貯水池を水源とする水道が1900年に敷設された。しかし，敷設直後から水源が不足した。そのため1917年に道場村（現神戸市北区）に千苅貯水池を建設し，甲東村上ヶ原新田（現西宮市）に設けた浄水場を経由し神戸まで導水した。

阪神工業地帯の発展に伴って，神戸の人口はさらに増加して水需要も増大し，水源不足が深刻化した。兵庫県の指導で，安定した水道水源を確保できずにいた阪神間の市町村と共同して淀川に水道水源を求めることとなり，1936年に阪神上水道組合（現阪神水道企業団）が結成され，

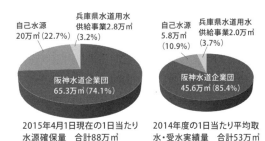

図2　神戸市水道の水源確保量と実際の使用量
出所：神戸市水道局編（2016）より作成。

1942年から水道水の部分的な供給を開始した。

第2次世界大戦後の人口増加に伴う水需要の増大に対して，神戸市や尼崎市，西宮市，芦屋市の水道事業は，淀川を水源とする阪神水道企業団からの供給量を増加させてきた。近年の水需要減少により水道施設に余剰が生じる中で，実際の使用量では，老朽化した自己水源よりも巨費を投資してきた企業団などからの受水の割合が高くなっている（図2）。

4　京都の水道と琵琶湖・淀川水系

京都盆地北部の扇状地上に市街地が集中した京都では，近代以降も比較的水質が良好で水量も豊富な井戸水が飲料水に使用された。水道水源に適した河川がなかったため，水道創設にあたって，水源は琵琶湖に求められた。

1895年（明治28）に第4回内国勧業博覧会が京都で開催されることが決まると，コレラ，腸チフスなどの水系伝染病の流行が懸念され，対策として水道・下水道の建設が検討された。**琵琶湖疏水**（Ⅲ-8・Column 4）による水力発電の増強が求められていたことや，地下水では水源として量が不足することから，**第2琵琶湖疏水**を水源とした水道が1912年に敷設された。当初の水道普及率は低かったが，第1次世界大戦時の好景気による人口急増や，合併編入した周辺市町村への水道敷設に伴って水需要が増大すると水道普及率は上昇した。その後の人口増加や産業発達に伴う水需要の増大には，主に第2琵琶湖疏水の水源を増強して対応してきた。

第2次世界大戦後に水需要が著しく増大した京都周辺の衛星都市では，淀川三支流（Ⅱ-1）に水源を持つ京都府営水道から水道水の供給を受けて需要に対応してきた。
　　　　　　　　　　　　　　　　（矢嶋　巌）

III 歴史

1　概　説

1　旧西国街道と山陽道の復原

　歴史地理学的な視点を理解してもらうために，まずはある道を事例に示そう。西宮市に走る阪急電鉄今津線の門戸厄神駅北側に北東から南西に伸びる道路がある。幅5m前後と狭い道だが，交差点には古い道標があり，「旧西国街道」と書かれた表示板も設置されている（図1）。これは，この道が古い歴史を持つことを示している。地名辞典などによると，西国街道とは江戸時代に山崎通と公称された道路の通称として使われ，明治時代以降に正式な名称となった。

　図2にあげた地形図では，旧西国街道は目立つ道路とは表現されておらず，南側にこの道

図1　門戸厄神駅前にある「旧西国街道」の標識
出所：筆者撮影（2019年1月）

と平行する国道171号線のほうが大きく記されている。しかし，図3の1909年の地形図をみると，現在とは大きく異なって農村地帯が広がる

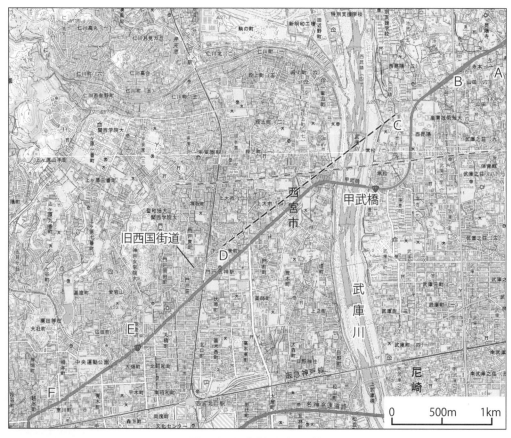

図2　旧西国街道と国道171号線

注：A～Fは図3のA～Fと同地点。
出所：地理院地図をもとに筆者作成。

なかで，西国街道はひとときわ太く描かれ「西國街道」と表記されている。2つをくらべて，西国街道は旧道であり，国道171号線は自動車交通を円滑化するために作られたバイパス的な新道であると判断できる。また1909年当時，西国街道には武庫川にかかる橋はなかったものの，現在と同じ位置に橋（甲武橋）が作られていることから，旧道からのルート変更がなされつつあった時期とも考えられる。

地名辞典にはまた，西国街道は古代にあった山陽道の後身であり，ルートもおよそ一致すると説明されている。つまり山陽道は，古代の都があった畿内と瀬戸内海沿いの山陽地方を結ぶ駅路と呼ばれた官道，あるいは駅路が延びる山陽地方の地方名に由来する。先行研究によれば，主として7世紀後半に整備された駅路は，多少の起伏の変化は考慮せず造られた直線状の道路で，幅も10〜30m前後と広かった。中央と地方との物資・人員の移動を円滑にするとともに，朝廷の権威を示す目的があったと想定され，30里（約16km）ごとに駅家と呼ばれた朝廷の役人用の宿泊施設が置かれた。9世紀以降，それらの道路には地形に応じた曲線化や，地域の開発などによる若干のルート変更が発生するとともに，道幅も6m前後となった。中近世になると使用されなくなり廃絶した道路もあったが，一部は西国街道のように後世の道路に利用された。

このように，直線状の古代の駅路は後世の道路に断片的に名残をうかがうことができる。図2・図3をみると，西国街道のBC間（伊丹市寺本〜尼崎市西昆陽）やDE間（西宮市下大市〜広田町）は，いずれもほぼ直線状で，なおかつ点線で示したCD間を結ぶと一直線となっていることがわかる。西国街道は中近世に西宮夷神社の門前町として発展した西宮方面へとE地点から南下しているが，BC・DEと同一線上にあるF地点（西宮市越水町）へも道路が延びていることから，西国街道の前身であった山陽道は，

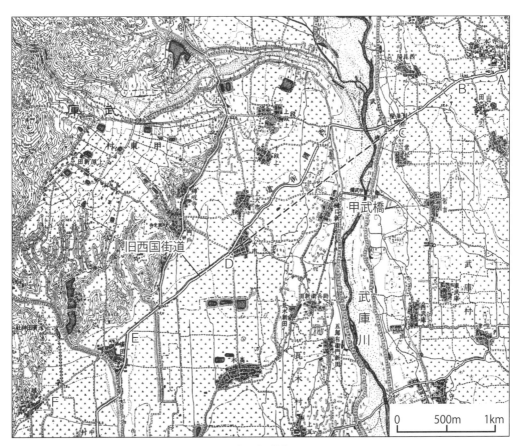

図3　山陽道の推定ルート

注：A〜Fは図2のA〜Fと同地点。
出所：1909年測図「甲山」をもとに筆者作成。

BからFを結んだラインを通っていたと推定される。

以上のように、現在は市街地に埋没した狭い道路でしかない旧西国街道が、辞典や先行研究、そして地形図という地図資料から、実は古代の山陽道まで1000年以上もさかのぼる歴史を有する道であったことが確認できる。

2　歴史地理学の視点

こうした道路の歴史的変遷をたどる研究は、どのような分野に位置づけられるだろうか。過去の歴史を明らかにするという点では歴史学だと考えられるだろう。しかし従来の歴史学では、時代ごとの状況を精緻に明らかにすることに主眼がおかれる一方、道路がどこを通っていたかといった地理的側面への関心は希薄である。これに対して地理学には、過去の一時点ではなく、「歴史的時間の経過のなかでの地理の変化に注目し、時に過去の延長上にある現在まで視野に入れて研究」（『人文地理学辞典』）する歴史地理学という分野が存在する。歴史地理学は過去の景観復元や景観変遷、現在に残る過去の景観の痕跡、自然・人文社会的影響による地域の変容などに注目する。したがって、過去の道路の変化に注目し、古代駅路が具体的にどこを通っていたのかを推定することは、歴史地理学の視点に基づくといえる。また、歴史学が過去に記載された文書を資料としてきた一方、歴史地理学は文書を参照すると同時に地形図などの地図資料も用いて、歴史学では見過ごされがちな過去の地理的状況や変遷を明らかにしてきた。

3　京阪神の歴史地理

本章では、こうした歴史地理学的な視点に基づき、古代から日本の中心的な場所としてさまざまな歴史を積み重ねてきた京阪神地域に注目する。

古代については、中央集権的な大和朝廷が、その権威の示威や安定した統治のために行った首都建設と農地の区画整理を取り上げる。天皇を君主とした大和朝廷は、当初は現在の奈良県明日香村周辺に拠点を置いていた。ただし、蘇我氏や物部氏などの豪族の政治的影響力が強く、天皇の実権は不安定なものであった。しかし、645年の乙巳の変（大化の改新）や672年の壬申の乱などの政変の結果、天皇を中心とする中央集権的体制が形成され、朝廷は当時の中国（隋や唐）から先進的な統治システムや文物を導入することで、体制を強固なものとした。そのなかで、国家の中枢となる平城京や平安京のような首都を、唐の都・長安を模して建設した。天皇の住居である内裏（御所）と朝廷の官庁である宮城（大内裏）を中心にした碁盤目状の区画からなる都市で、現在の奈良・京都の起源となった（Ⅲ-2）。

また、条里プランと呼ばれる大規模な農地区画整備も実施された。これは、徴税や農地管理の効率化を目的として農地の面積を均一にしたもので、全国的に実施され、現在でも奈良盆地にその名残を確認することができる（Ⅲ-3）。

中世になると、武士が新興勢力として台頭し、彼らの統治者たる征夷大将軍による政権（鎌倉幕府や室町幕府）も成立した。ただしその権勢は脆弱なものであり、しばしば武力による争乱が発生した。よって武士たちは、自衛のために自らの住居に堀や土塁などの防備を施した。やがて室町幕府の権威が失われた戦国時代になると、自らの実力で支配地域を統治する戦国大名が現れ、戦闘に備えた多くの城郭が築かれると同時に、周辺には城下町が成立した。城下町は戦国大名による統治の安定や商工業振興などによって周辺地域の中心地として発展したが、城郭に準ずる堀・土塁などの防備施設の設置も怠らなかった。この時期、京阪神地域にも多数の城下町が誕生した。

近世に入り、城郭が山城から平山城・平城に変化するなかで城下町もより城郭に隣接し、武家地・町人地・寺社地という身分・機能別の市街地整備が進められた。江戸時代になると戦乱は収まったが、城下町の基本的構造は維持され、各地で政治経済の中心地となった。現代の主要都市の多くが城下町を原型としている（Ⅲ-4）。大阪には大坂城を中核に豊臣秀吉が建設した大規模な城下町ができ、現在の原型となった。京都は古代の平安京を起源とするが、関白に就任した秀吉が大坂城に匹敵する城郭の聚楽第を築

き，これにあわせて京都を城下町として再整備した。現在の京都には，平安京の痕跡とともに，複数の寺町や西本願寺，京都御所など秀吉による整備の痕跡もみられる（Ⅲ-5）。

城下町の成立前後には，港町や門前町，寺内町，在郷町なども発達した。港町は水運による物資流通，門前町・寺内町は宗教勢力の世俗的影響力，在郷町は農産物や手工業製品の生産によって，それぞれ発展・拡大した。本章で取り上げる堺や池田では現代の原型を江戸時代に見出すことができる（Ⅲ-6）。また治世が安定した江戸時代には，米を中心とした農産物の増産を目的に新田開発が盛んに行われた。低湿地であった沿岸部や河川の氾濫原は干拓や埋立がなされ，乏水地であった台地や扇状地は用水路の設置がなされいずれも農地化した。京阪神では，これらの多くが近現代になると市街地化されたが，特に大阪周辺では新田開発によって生まれた広大な農地は大規模な工場や港湾施設の用地へと転用されていった（Ⅲ-7）。

明治維新の結果，江戸幕府は終焉を迎え諸大名の治める藩は廃絶した。中央集権的な新政府が発足し，文明開化・富国強兵・殖産興業などといったスローガンのもと，欧米諸国に並ぶ近代国家を目指す動きが活発になった。城下町など既存都市は，廃藩置県によって誕生した府県の府県庁所在地となったり，行政や軍事，学校などの施設が設置されたりした。近代交通網が整備され，工場や民間企業が数多く誕生することで近代都市へと変貌していった。京都では，東京に首都が遷りその政治経済的影響力は低下したが，市街地の再開発や琵琶湖疏水の整備などが行われた（Ⅲ-8・Column 4）。従来から物流拠点であった大阪では，市街地の再整備とともに，既存市街地周辺での鉄道敷設，工場立地による都市化が進展した（Ⅲ-9）。神戸では，従来からの港町であった兵庫の東側の神戸村周辺に外国人居留地や港湾施設が整備され，周辺地区の開発も行われた（Ⅲ-10）。

4　歴史地理学的研究の資料

近年，インターネットの普及により，地図・写真資料のデジタル・アーカイブ化が進展した。

図4　初代　通天閣の絵はがき
出所：大阪市立図書館デジタル・アーカイブ

公共の博物館や図書館，大学図書館などがホームページで所蔵する文書類とともに絵地図や写真資料も公開するようになっている。

その一例として，大阪市立図書館デジタル・アーカイブで公開されている通天閣の絵はがきを紹介しよう（図4）。通天閣は「新世界」と呼ばれる商業地にある展望塔で，現在大阪を代表する観光スポットである（Ⅸ-1　Ⅸ-8）。ところが絵はがきの通天閣は，現在とは姿が異なり，塔の下部からはゴンドラが出ていることを確認できる。この絵はがきの通天閣は初代のもので，現在のものは2代目なのである。

初代は1903年に開催された第5回内国勧業博覧会の会場跡地に，遊園地「ルナ・パーク」とともに1912年に建設され，ゴンドラは通天閣とルナ・パークを結んでいた（Ⅲ-9）。新世界という名称もこのときの命名で，大阪の新たな商業地となったもののルナ・パークは1923年に閉園，通天閣も第2次世界大戦中の1943年に解体され，新世界は戦争末期の空襲で焼失した。戦後に新世界は復活し，2代目となる通天閣も1956年に完成したが，その起源は100年以上前の都市開発にあったということである。この絵はがきは，通天閣を中心とした新世界地域の歴史の一端を示す貴重な資料といえよう。　（金子直樹）

III 歴史

2　古代の都

1　条坊制都市

7世紀末から8世紀にかけて，当時の大和朝廷は隋や唐の影響を受けたさまざまな統治システムを導入し，天皇を中心とした中央集権化を進めた。その中で，唐の都である長安などを模した都市が建設されていった。

その基本構造として，南北に伸びる朱雀大路を中心軸とし，市街地を左京（東）と右京（西）に二分した。さらに東西方向の大路によってできた区画を「条」，南北方向の大路によってできた区画を「坊」とする条坊制による碁盤目状の市街区画を有していた。また市街の中央北端に天皇の住居（内裏・御所）と官庁が集まる宮城（大内裏）が配置された。

大和朝廷によってこうした特徴をもつ都市がいくつか建設されたが，その代表は現在の奈良・京都の起源となる平城京（710年遷都）と平安京（794年遷都）である。

2　平城京と奈良

平城京は，大和盆地の北端に位置するいわゆる奈良の都である。当時の幹線道路であった下ツ道を延長して朱雀大路とし，北端に宮城である平城宮が建設され，朱雀大路の東西に市街の区画が造られた。興福寺や東大寺などの大寺院が左京の東側の若草山・春日山周辺部に建立されたため，その周囲の二条から五条周辺にも直交道路・区画を整備し，それを外京とした。

現在の奈良の中心市街地に立地する鉄道の駅や官庁，商業施設などはかつての平城京の外京周辺にあたる。8世紀末に都が長岡京・平安京に遷都された後，右京・左京地区はほとんど農村化したためである。そして平城宮の跡（図1）も大正末期に平城京が史跡に指定されてからは発掘や保存などが行われて大極殿や朱雀門などの復元も進められ，今では平城宮跡は世界遺産に登録されている。これに対して外京地区では中近世に大寺院を中核とする市街地が盛え，これが現在の奈良市街地の基礎となった。

3　平安京と京都

平安京は京都盆地の北部の賀茂川や高野川を中心に形成された複合扇状地に建設された。平城京と同じく北端には宮城である平安宮が置かれ，そこから南に伸びる朱雀大路を中心線として，東西に対称的な碁盤目状の区画が整備された。模範とした中国の都市になぞらえて，東側の左京地区は洛陽，西側の右京地区は長安とも呼ばれたという。京都の市街地を洛中，京都に入ることを上洛と称するのは，この左京地区の別称に由来すると考

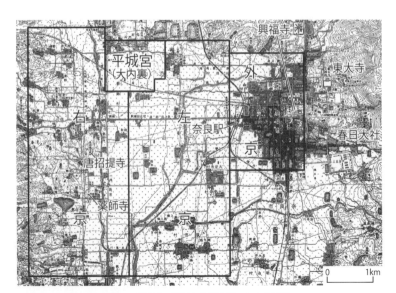

図1　平城京の範囲と大正末期の奈良市周辺
出所：1908年測図「奈良」「西大寺」「櫟本」「郡山」を24％縮小して筆者作成。

えられている。

平安京は現在の京都の起源となったもので、明治初期の東京遷都まで1000年以上も日本の首都と位置づけられた。そのため一般に京都は平安京以来の歴史ある都市というイメージが定着している。だが都市区画は、過去と現在では大きく異なっている。これは現代の地形図にかつての平安京の範囲や道路、区画を重ねてみれば容易に理解できる。

例えば、天皇の住居である内裏（御所）は、当初は平安宮内にあったが、図2のように明治末期には大内裏は市街地や農地となっていた。平安宮内の内裏は、平安中期から住居として使用されず、主に儀礼用施設となった。また同時期には隣接した役所や建物も縮小・廃止され、平安宮全体の形骸化が進行した。天皇は市街地内の邸宅を「里内裏」と称して、主たる住居とした。平安宮の大内裏は、鎌倉前期に焼失すると再建されることなく放棄され、荒廃した平安宮跡地は「内野」と呼ばれた。

里内裏は、平安中期から鎌倉期までは固定的ではなく、左京北東部周辺にいくつも存在した。鎌倉末期に光厳天皇が「土御門東洞院殿」を里内裏とし、以後はここに定まった。現在の京都御所は豊臣秀吉がこの土御門東洞院殿を拡張整備したものである。内裏のあった平安宮と、京都御所の場所が異なっているのは、こうした経緯による。

次に市街地の範囲に関して、前述の通り平安京は左京・右京からなるが、明治期の市街地は左京地区とその周辺部に限定され、右京地区は農村だった。平安前期には左右両地区で開発が

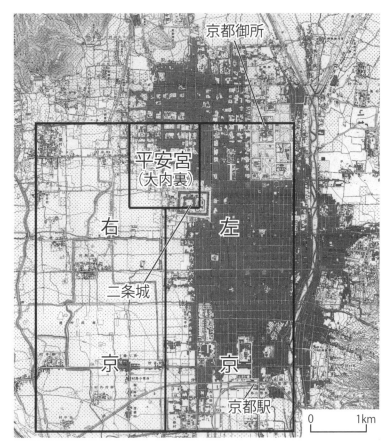

図2　平安京の範囲と明治末期の京都市周辺
出所：1889年測図「京都」を30％縮小して筆者作成。

行われたが、平安後期になると市街地は左京地区周辺に限定され、右京地区は早くも農村化していた。右京は桂川に隣接した低湿地であり住むには不向きなためと考えられている。

碁盤目状区画という特徴も、もともとは正方形区画のみであったのが、中近世になって元の区画を二分する新しい道路がつくられたため南北に長い長方形区画が増えた。

市街地にはかつての大路・小路の名残を伝える道路は多い。ただし、平安京の朱雀大路が85m、二条大路が51m、その他の大路が36mか24m、小路でも12mという広い道幅を有していたのに対して、近代以降に道路拡幅する以前は、その大半が道幅5m程度であった。これは、時代とともに広い道路が市街地に転用され、狭隘化していったためと考えられる。

このように奈良・京都とも、かつての平城京・平安京を基礎に置きつつ大きく変貌をとげてきた。

（金子直樹）

Ⅲ 歴史

3　条里プラン

1　条里プランの特徴

　農地が広がる奈良盆地を空中写真で見ると，細長い短冊型の農地がいくつか連なってまとまった正方形の区画が格子状に展開している様子を確認できる。これは，現在では条里プランと呼ばれる古代に実施された土地区画整備の名残である。

　条里プランは，従来は条里制ともいわれ，一定の租税徴収のため人民に農地（口分田）を与える班田収授法に関係するものとされた。これは，作成された戸籍に基づき，一般的な農民（良民）の場合，男性が二段，女性が一段百二十歩を口分田とするもので，これを効果的に実施するために，区画整備が行われたと考えられた。

　その構成は，まず六町（約654m）四方の「里」，およびそれらが並んだ「条」からなり，それぞれに基準線から数字をつけて「三条二里」などと呼称した（条里という名称はこの特徴による）。次に「里」を一町（約109m）四方の「坪」に分割し，それを一ノ坪から三十六ノ坪に区分して呼称したが，この坪並については千鳥式と平行式の2つのパターンが存在した（奈良盆地は前者が多い）。そして「坪」は各1段となる細長い短冊型か，一辺を半分にした半折型のどちらかに十分割された（図1）。

　こうした条里の区画や呼称は，班田収授が本格化した7世紀末から半世紀経過した8世紀中頃以降に使用が確認されるという。これには同時期の「墾田永年私財法」などによって口分田ではない墾田が増加し，その確認作業の煩雑化が影響したと考えられている。坪内の短冊型や半折型の区画も，当初は不統一な状態だったものが，例えば奈良盆地では平安中期頃から一段単位に整理されたようである。また902年（延喜2）を最後に班田収授は実施されなくなったが，条里区画・呼称はその後も使用され続けた。これらのことから，近年では班田収授と直接関連すると思われた条里制ではなく，条里の地割と呼称法からなる条里プランの名称が主に使用されている。

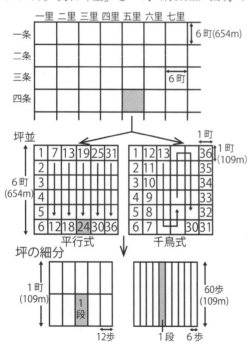

図1　条里プラン
出所：足利（1998）より筆者作成。

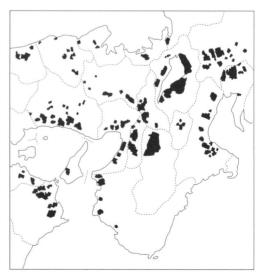

図2　近畿地方で条里プランが確認できる地域
出所：桑原（1971）より筆者作成。

条里プランは国単位ではなく，基本的には郡単位で実施されており，隣接する地域でも郡界を境に基準線や地番の並びが異なる場合も少なくない。奈良盆地の場合も，各方角に合致した地割が共通するものの，地番の基準は郡によって微妙に異なっている。

2　条里プランの痕跡

条里プランは，東北地方南部から九州地方まで全国的に実施され，徴税システムが変容した中近世においても，多くの地域で受け継がれた。地番呼称については主に坪番の一部が小字地名化し，地割の痕跡も近年まで確認できた。

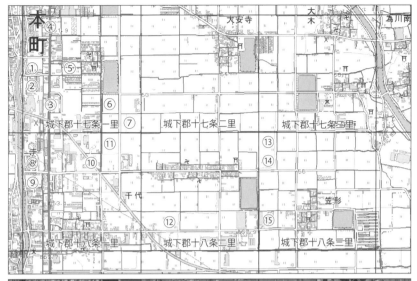

小字地名（①三ノ坪，②四ノ坪，③八ノ坪，④一二，⑤一五，⑥九ノ坪，⑦三一，⑧二ノ坪，⑨三ノ坪，⑩廿三，⑪廿五，⑫八ノ坪，⑬一ノ坪，⑭二ノ坪，⑮五ノ坪）。

図3　奈良県田原本町付近の地形図（上）・空中写真（下）
出所：地理院地図を加工して筆者作成。

しかし，近代化に伴う都市化や農地の圃場整備などによって，現在では大部分が失われている。近畿地方でも，図2のようにかつては各地で格子状の農地を確認できたが，多くは消失した。奈良盆地は，大阪の郊外地域として都市化が進展しているものの，残された農地は大規模には改変されておらず，往時の名残を確認できる数少ない土地である。

図3は奈良盆地中部の田原本町付近だが，条里プランの名残と思われる整然とした農地区画を確認できる。また図中の番号は小字地名で，「一ノ坪」「二ノ坪」などといったかつての地番が地名化したものと推測できる。図中に示した「城下郡十七条一里」などと記した条里プランの基準となる各「里」の配列は，残された文書史料とともに，こうした断片的な小字地名を参考に復原されたものである。

（金子直樹）

Ⅲ 歴史

4　城下町

1　城下町の特徴

　城下町とは，城郭を中心に堀や土塁などの戦争に対する防備施設が設けられた都市である。平時においては行政の中心地，物資の集散地，工業製品の生産地などの政治・経済機能を有し，さらには身分ごとの居住地に区分され，身分制を可視化する都市でもあった。近現代の主要都市は，16世紀後半〜17世紀初頭の戦国時代後期から江戸時代初期にかけて成立した城下町を原型とするものが多い（図1）。

　城下町の発達には城郭の立地が影響している。戦国時代前期までは，山の頂上・尾根筋に建つ山城が主流であったが，後期になると丘陵地・平地に築かれた平山城や平城が増加した。山城の場合，領主の上級家臣の屋敷が城郭周辺に構えられ，商工業機能を担った町人の居住地は小規模なものが付随的に立地した程度であった（戦国期型）。戦国時代後期の平山城や平城では城郭の近くに町があり，城郭だけなく町全体の周囲に堀や土塁を巡らせる総郭型城下町が誕生した。当初は，散在する武家地や町人地，あるいは近隣の農村をそのまま含む城下町（総郭型Ⅰ）も少なくなかったが，やがて武家地，町人地，寺町と身分・機能別に区割された計画的な城下町が出現した（総郭型Ⅱ）。

　後者の場合，上級家臣は城郭に隣接した防備の固い地区に，身分の低い足軽屋敷などは防衛上の観点から城下の周縁部に配置された。町人地は城郭から離れた場所で，かつ武家地に比べ面積も狭かったが，自由な経済活動を保証され，城下町の建設に直接関与した商人も少なくなかった。寺町は城下の周縁部や交通の要衝に寺社を集合的に移転させ成立した。宗教勢力を管理しつつ，戦時には境内を城下町の防衛拠点として軍勢の駐屯地などに利用していたと考えられている。さらに町の各所には，遠見遮断を目的として，鍵型に曲がる道路や丁字路，袋小路なども造られ，防御機能を高めていた場合も少なくない。

　豊臣秀吉による天下統一や徳川氏による江戸幕府の誕生により戦乱は治まり，多数の城郭は「大坂の陣」後の一国一城令によってとり壊され，城下町も変化した。城郭に隣接する武家地と町人地の一部のみに堀や土塁などを設置し，それ以外の町人地などは郭外に配置するもの（内町外町型），武家地のみを郭内とするもの（郭内専士型），さらには防備施設自体を省略したもの（開放型）が登場した。また江戸時代には，国主・城

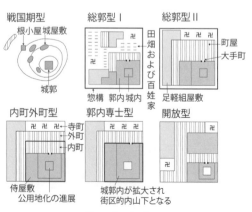

図1　城下町プラン

出所：矢守（1970）より筆者作成。

図2　京阪神周辺地域における主な城下町・陣屋町

主格より低位の大名や高禄の旗本などの住居・政庁として，陣屋と呼ばれる施設も各地に設置された。陣屋は城郭を縮小し防備機能を省略したものだが，周囲の市街地が城下町に準ずる形態に整備したものも少なくなかった（陣屋町）。

武家による政権が続いた江戸時代には，城下町は城郭とともに基本的構造を保持していた。しかし明治時代以降，幕府滅亡や廃藩置県などによって城郭は無用となり，軍用地や行政・学校用地などに再利用するために城郭の建物の大半は撤去された。同時に，武家の没落による武家屋敷の解体，さらには工場の建設や鉄道・道路の整備などにより，堀の埋立や土塁の撤去，道路・区画の再整備が行われ，城下町は大きく変貌していった。

2 京阪神周辺の城下町

図2の通り，京阪神周辺には多数の城下町・陣屋町が存在した。大坂・京都などの幕府直轄領に加え，石高10万石以下の小大名や旗本領が多数存在したためである。戦国時代に起源を持ちつつも，基本的には戦国時代末期から江戸時代初期に誕生した町は，城郭・陣屋の特徴から以下に分類される。①豊臣秀吉や江戸幕府によって整備された大坂・京都，②彦根・膳所・亀岡・篠山など幕府の命令により諸大名が整備したもの（天下普請），③姫路・和歌山・郡山など10万石以上の石高を有する大名により整備されたもの，④淀・高槻・岸和田・尼崎・明石・龍野・赤穂など10万石以下の大名により整備されたもの，⑤1万石前後の大名や旗本により陣屋周辺に成立したものである。

一例として尼崎をみてみよう（図3）。尼崎というと一般には近代の工業都市という印象が強い。しかし起源は，1617年から35年までこの地を支配した幕府譜代の戸田氏鉄による尼崎城，および周囲の城下町整備にある。図中A「北城内」という地名や，阪神尼崎駅南西側の図中B「本興寺」「広徳寺」という寺院名や墓地記号からは，かつ

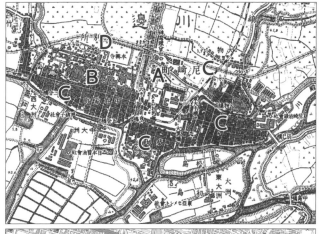

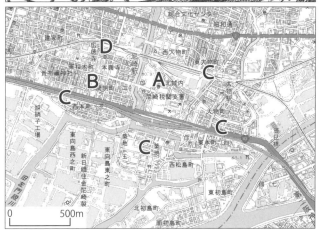

図3 明治末期（上）と現在（下）の尼崎中心地周辺
注：A北城内（尼崎城），B開明東町・桜木町（武家地），C中在家町・築地町・東本町・大物町（町人地），D本興寺・広徳寺・別所（寺町）。
出所：1909年測図「大阪西北部」・地理院地図を加工して筆者作成。

てそこが尼崎城や寺町であったことが示唆される。さらに明治時代末期の地形図をみると，尼崎城周辺には堀が多数みられ，すでに学校や鉄道用地に転用されていたところもあるが，かつては城があったと理解できる。また当時の市街地は阪神電車の南側に限られ，尼崎が庄下川や神崎川，あるいはその周辺に開削された堀で囲まれた総郭型の城下町であったことも確認できる。

尼崎城は1873年に廃城となり，大正時代には残されていた堀も埋め立てられ，学校や住宅地になった。1990年代には庄下川沿いの地区が尼崎城址公園として整備され，模擬的な石垣や土塁が設置された。2018年には，天守閣が復元されたが，もともと天守のあった場所ではなく，新たに城址公園内に建てられた。城下町は再開発や戦災などの影響で大きく変貌しているが，寺町地区はあまりその影響を受けず，その名残をとどめている。

（金子直樹）

Ⅲ 歴史

5　城下町としての大坂・京都

Ⅲ-4でみた城下町は，京阪神地域にも数多く存在するが，特に大坂と京都は，天下人であった豊臣秀吉が整備した城下町で，非常に大規模かつ本格的なものとして特筆される。以下では，日本有数の大都市に成長した大阪・京都の原型をなすものとして，両都市における城下町建設・整備を確認する。

1　大坂

本能寺の変（1582年）の後，天下人の地位を確立した秀吉は，翌83年から自らの威光を示す城の建設を開始した。場所は，古代から大川（旧淀川）沿いに港（渡辺津）が成立して賑わい，短期間だが都（難波宮）も置かれていた大坂である。戦国期の大坂は，大川北側の天満に大坂天満宮とその門前町，上町台地の南側に四天王寺とその近隣に町場があった。台地の北部には15世紀末から浄土真宗の寺院が建立され，周囲に信徒が集住する寺内町が成立していた。1533年からこの寺院は浄土真宗の本山である本願寺となり，近隣の戦国大名などに政治的軍事的影響力を発揮した。しかし，1570年から10年間に及ぶ織田信長との抗争に敗れて本願寺は降伏し，寺内町も焼失した。

そのため秀吉が築城を開始した当時の大坂は荒廃した状態にあった。城郭の用地は本願寺跡地に定められ，1584年には本丸，88年には二の丸が完成した。同時期に城の西南側に上町，南側に平野町の町人地が整備されるとともに上町の西側には東横堀川が開削され，平野町周辺には多数の寺院を配した寺町が設置された。また天満には，信長との抗争後に紀伊や和泉を転々としていた本願寺が1585年に建立され，周囲は寺内町となった。これにあわせて，本願寺の北側に寺院を直線状に配置した寺町を建設した。ただ本願寺は1591年に京都に移転し（現西本願寺），天満橋の南側周辺に代替の集会所が設置された。

その後1594年になって，東横堀川と猫間川（大阪環状線付近，現在は暗渠化）をつなぐように上町台地に空堀（現空堀通周辺）が大坂城の南側に建設され，淀川・大和川を含む惣構えが完成した。さらに1598年になると，秀吉は自らの死後に息子の秀頼が大坂城に移ることを想定して，城の内堀から空堀までの土地に三の丸を設置し，諸大名の屋敷を配置した。これに伴い，もともと周辺に立地した町場や寺院は，東横堀川西側に新たに造成された船場地区（南・北船場）へと移転した。天満橋南側の浄土真宗の集会所や1595年に創建された大谷本願寺も船場地区の西端に移り，北御堂（津村別院），南御堂（難波別院）と名づけられた。また船場の西側に西横堀川，天満に天満堀川が開削され，城下町の範囲は拡大していった。しかし，1614～15年の大坂の陣により城の南側の空堀が埋め立てられ，大坂城および城下町は焼失した。

その後，江戸幕府から大坂周辺地域の支配を委ねられた松平忠明により大坂の再建が進められた。新たに東西の横堀川と木津川を連絡する道頓堀川が，西船場には多数の堀川が築かれ，町場の範囲は大坂の陣以前より拡大した。船場周辺にあった寺院は，浄土真宗のものを除いて，既存の寺町周辺に集合移転させられた。さらに1620年，幕府は大坂を直轄地にし，天下普請と呼ばれる諸大名の動員によって豊臣時代の大坂城跡地に盛土して，新しい大坂城を築城した（1629年完成）。現在残されている大阪城はこの時代のものであり，秀吉による城郭の遺構はほとんどが地中に埋没している。

このように大坂は江戸幕府により再整備されるとさらにこの後，河村瑞賢によって開かれた日本海から下関・瀬戸内海を経て大坂へと至る西廻り航路により国内物資の流通を支える「天下の台所」としての地位を確立していった。中

之島周辺には諸大名の蔵屋敷が林立し、日本各地の米や特産品などが西廻り航路を通る北前船で集められ、売買取引が盛んに行われて再び各地に輸送されていった。現在の大阪の基礎となっているのは、そうした江戸期における商業都市の姿である。しかし、図1で確認できるように、豊臣時代に整備された寺町や南北の御堂などは現在も残されており、かつての空堀周辺にある空堀通という道路名も含めて、総郭型城下町の名残を確認できる。

2 京都

京都はⅢ-2でも述べた通り、平安京を基礎とした1200年以上の歴史を有する都市ではあるものの、区画の変更や道路幅の縮小など変容も少なくない。なかでも現在の京都に最も影響を及ぼしている人物が豊臣秀吉である。秀吉の城郭・城下町整備というと前述した大坂や晩年に

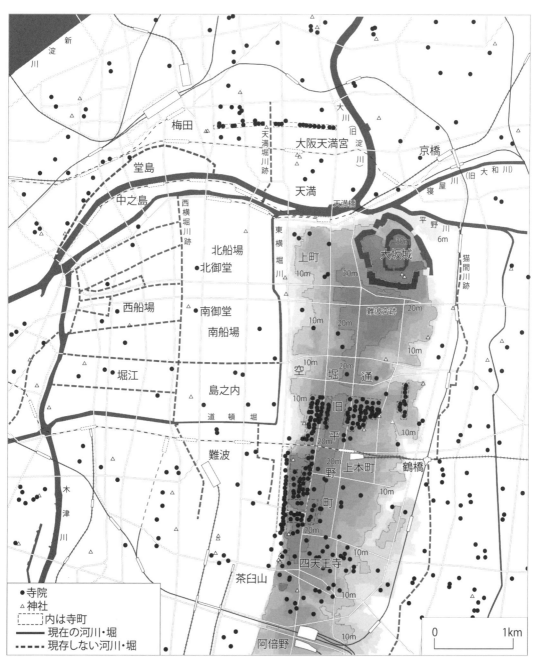

図1　大坂城下町

城郭・城下町を整備した伏見のイメージが強いが，それら以上に京都に及ぼした影響は大きい。秀吉は京都を大坂と同様の城下町に変貌させたのである。

1585年，秀吉は公家の最高位である関白に任ぜられ，翌年には豊臣姓を下賜された。これを受けて，秀吉は京都を自らの拠点と定め，聚楽第を建設した。場所は，当時「内野」と呼ばれていた市街地西側の荒れ地である。ここはもともと都の中心となる平安宮（大内裏）があった地でもある。聚楽第はその名称から屋敷と感じられるが，実際には周囲1800mに及ぶ広大な敷地に堀や石垣，櫓を有した建造物で，実質的には大坂城にも匹敵する城郭であった。また周囲には，諸大名の屋敷を集中させ聚楽第の外郭とした。

一方，天皇の住居である御所については，平安期から複数存在した里内裏のうち，土御門東洞院殿が室町初期から正式な御所となっていた。ここは現在では京都御所の区画の一部である。足利義満や織田信長などが修理・整備を行っていたものの，戦乱の影響で荒廃が進んでいた御所を，秀吉はほぼ現在の区画まで拡大し，新しい御所を造営した。さらに，それまで散在していた公家の屋敷を御所周辺に集中移転させて公家町を整備した。これにより，聚楽第周辺の武家，御所周辺の公家，そして戦国期から存続していた上京・下京の町人と，身分別居住を確立した。

市街地の周縁部には市内に散在していた寺院を移転させ，3つの寺町を誕生させた。鴨川に隣接する「寺町」，聚楽第外郭の南側で下京地区西側の「寺列」，上京地区の北側で日蓮宗系の寺院を中心にした「寺之内」である。加えて1591年，大坂天満にあった本願寺を京都堀川六条に移転させ（現西本願寺），その周囲には信徒による寺内町も成立した。この結果，以前から存在していた北側の相国寺や大徳寺を中心にする寺院群および南側の東寺や本国寺を加えると，京都の市街地は寺院が取り囲むような形態となった。

さらに，総延長22kmに及ぶ堀が付随した高さ約5mの土塁である御土居が京都全体を取り囲んで造成された。これにより京都は，御土居や寺町による強力な防衛ラインを有した戦国期特有の総郭型城下町プランの都市に変貌した。

この京都の城下町化には，織田信長が討たれた本能寺の変が影響していた可能性もある。現在の本能寺は秀吉が整備した寺町の一角（図2のB，1592年完成）に位置するが，変の当時は下京にあった（図2のA）。ここには当時御土居はもちろん寺列もなく，本能寺は完全な町外れに位置しており，西側から接近した明智光秀の軍勢にとっては，襲撃しやすい場所であった。秀吉が聚楽第のみならず御土居や寺町を整備した背景には，これらによって外敵の侵入をより強

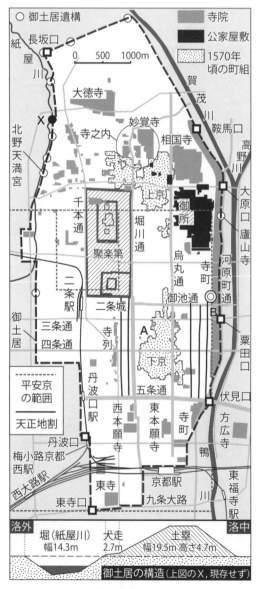

図2　京都城下町

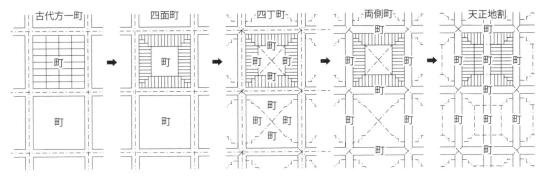

図3 京都市街地区画の変遷

出所：足利編（1994）より作成。

固に防ぐという意志がうかがわれる。

ただし御土居の北側や西側は当時の市街地から離れた農村部に造成されている。これは聚楽第が京都西北側の町外れに位置していたという点を考慮した結果とされるが、鴨川からの洪水を防ぐ堤防の役割もあったとも考えられている。

一方、こうした戦争を重視した特徴とは別に、天正地割と呼ばれる市街地の再開発も行われた（図3）。創建当初の平安京では、大路小路による正方形区画が形成されていた。周囲に土塀が設置され、その中が宅地化され、行政的にもこの区画が1つの町であった。

しかし平安時代中期になると土塀は撤去され、多くの宅地が道路に面する「四面町」と呼ばれる形態に変化した。これは商業活動をしやすくするための変化と考えられるが、結果として区画としてのまとまりは希薄となった。鎌倉時代になると1区画で1つの町ではなく、四方の道路ごとに町が四分割される「四丁町」が発生した。続く室町時代になると、商業的利害が一致しやすい道路の両側の四丁町が1つに結合した「両側町」が誕生し、区画とは異なる町の形態が成立した。

こうした変容において、区画の中心部はほとんど利用されることなく空洞化していた。このため中近世には、正方形の区画を二分する道路を開削して長方形区画とし、空洞化していた部分を宅地化することが徐々に進められた。こうした再開発はほとんどが1区画ごとの小規模なものであったが、秀吉は下京地区の東西周縁部に5本の道路を新設し、再開発を大規模に進展させた。この天正地割は、京都の城下町化による防衛力強化と同時に都市の再生や商工業活動の活性化をもたらした。

しかし1595年（文禄4）、豊臣家の内紛の余波により聚楽第や武家屋敷は取り壊された。その後、江戸幕府は聚楽第外郭跡地の一部に二条城を建設し、これに合わせて南側の寺列へさらに寺院を移転させ、西本願寺東側の土地に新たな本願寺（現東本願寺）と寺内町も整備した。これらは江戸幕府による城下町の再構築と考えられるが、一方で鴨川沿いの御土居が交通の障害になること、および江戸時代前期に鴨川の堤防が増築されたことから御土居の大部分は撤去された。

明治時代以降、北側や西側に残されていた御土居は北野天満宮境内など一部を除いてほとんど撤去された。聚楽第に加え御土居も失われたことで、総郭型城下町という特徴は希薄化し、京都整備への秀吉の影響は、現在ではあまりイメージされない。しかし、寺町・寺列・寺之内や西本願寺、京都御所、さらに天正地割で誕生した道路は現存する。これらは、現在の京都市街地の原型を秀吉が再構築したことを教えてくれる。

（金子直樹）

III 歴史

6　さまざまな都市の起源

　京阪神地域には古代の条坊制都市や近世の城下町を起源とした都市が多いとはいえ，港町や門前町，寺内町，あるいは在郷町を起源とする都市も少なくない。

1　港町

　港町とは，船舶が入港できる海沿いないし河川や湖沼沿いに立地し，物資の集散地として発達した町である。古代から都が置かれた京阪神地域には，大阪湾岸や淀川沿い，琵琶湖周辺に数多くの港町があったが，ここでは堺を取り上げる。

　大坂の南に位置する堺は，室町時代には中国との貿易や国内廻船の船舶が，戦国時代にはヨーロッパ諸国からの船舶が出入りした港町として知られている。交易・貿易で富を蓄積した有力商人らは会合衆と呼ばれ，団結して自治を行い，町の周囲に堀をめぐらし，時の戦国大名らに対抗した。

　1615年の大坂夏の陣で堺は焼き討ちされ，往時の市街地は失われたが，直後に南北方向の紀州街道と東西方向の大小路を中心に碁盤目状の街区が再建された。町の中心部に江戸幕府の奉行所が設置された一方，町の周囲に堀をめぐらし，その東側に沿って寺院が集められ，外敵の侵入に備える城下町に類似した形態となった。ところが，1704年に大坂城の北東で淀川と合流していた大和川が堺のすぐ北側に付け替えられると，周辺に土砂が堆積して港湾機能は低下していった。

　その後，奉行所は廃止され，堀も北東側部分は埋め立てられ，臨海部は近代になって工場地帯へと変貌した。しかし現在で

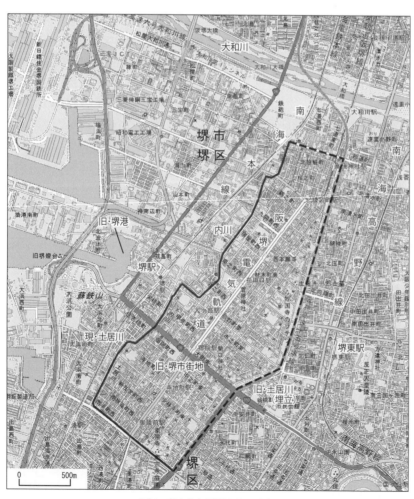

図1　堺市中心部周辺（2016年）

出所：地理院地図を加工して筆者作成。

も，碁盤目状の街区・東側の寺院群・南西側の堀などを確認でき，自治を行った港町としての風格を感じさせる（図1）。

2　門前町

門前町は寺院・神社の門前に成立し，参詣者へ宿泊・飲食などのサービスを提供する商業機能を有した町である。全国的には伊勢神宮や長野県善光寺の門前町が知られるが，京阪神地域にも住吉大社，石清水八幡宮，西宮戎神社周辺などに門前町がある。なかには大阪の四天王寺や大阪天満宮，京都の八坂神社や伏見稲荷大社のように，門前町が市街地の一部を形成しているところも少なくない。

3　寺内町

寺内町は，主に浄土真宗系寺院を中核としながら，周囲に信者の住居が集中した町である。基本的には宗教都市といえるが，周囲に土塁や堀などを構築することも多く，城下町と同じ防御機能を有している。浄土真宗系寺院が多い北陸・近畿地方に集中し，大半が戦国時代に誕生した。大阪府の貝塚，富田林，久宝寺（現八尾市内），奈良県の今井（現橿原市内）などが著名である。ここでは兵庫県宝塚市にある小浜を紹介しよう（図2）。

小浜には15世紀末に毫摂寺が建立されると寺内町が形成された。武庫川河岸段丘の段丘面末端に位置し，南西の段丘崖に加え，東側にため池，北側と西側に大堀川があって周囲から独立した地形となっている。江戸時代の小浜は有馬街道や京伏見街道などが合流する宿場町だったが，集落と地形との関連は寺内町の面影を現在に伝える。

4　在郷町

在郷町は農村地域にある町とでもいう場所で，周辺で生産・捕獲された農林水産物の集散地として発達した。その特徴は一様ではなく，元は城下町だったが城郭が破却されたケース，門前町や寺内町が在郷町の性格も有していたケースなどがある。京阪神地域では，元城下町の例として池田や伊丹，茨木などがあげられる。

池田は大阪平野と北摂の山間地との境界に位置し，平地の米や野菜，山地の炭や木材などの集散地として発達した典型的な在郷町である。また猪名川の谷口に位置し，江戸時代前期には豊富な地下水を生かした酒造業も発達したが，後期になると沿岸の西宮や灘地域が市場を独占して酒造業は衰退した。現在の阪急池田駅の北側一帯がかつての在郷町である（図3）。

（金子直樹）

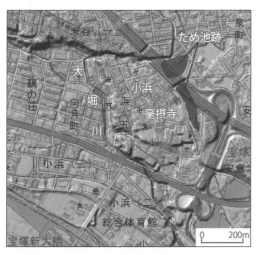

図2　小浜周辺（2018年）
出所：地理院地図を加工して筆者作成。

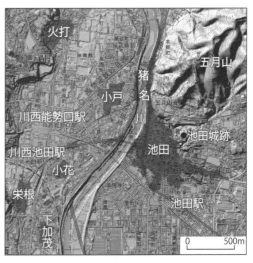

図3　池田周辺（2018年）
注：色の濃い部分は明治中期の集落域。
出所：地理院地図を加工して筆者作成。

III 歴史

7 新田開発

1 新田開発の概要

　江戸時代になって，治世が安定化すると，日本各地で新規の農地である新田の開発が急増した。新田開発は，主に人口増加による農産物増産の必要性と，農産物を税（年貢）として徴収していた幕府や諸大名の収入増加を目的として行われた。豊臣秀吉が行った太閤検地で確認された農地は150万〜200万haほどであったが，明治時代初期には400万ha以上あり，江戸時代に農地が倍増したと考えられる。開発された場所は，それまで利用されていなかった洪水多発地帯の低湿地帯や浅瀬が広がる沿岸部，乏水地の台地や扇状地などで，それぞれ堤防や排水路，ため池や用水路の整備などによって農地へと開発された。開発主体により新田は，①旧領主層による土豪開発新田，②幕府直轄領の代官が中心となった代官見立新田，③各大名（藩）による藩営新田，④村単位で農民が協力して行った村請新田，⑤有力町人などが自費で開発した町人請負新田に区分される。

2 大坂周辺の新田開発

　京阪神地域でも，江戸時代中期に開発された「鴻池新田」（現東大阪市鴻池元町周辺）に代表される数多くの開発が行われた。現在では大半が都市化・市街地化しているが，「新田」の名の残る地名から歴史をうかがえる。特に大坂周辺では，鴻池新田のように大和川の付け替えにより生じた旧河道沿い地域や，淀川・神崎川などに運ばれた土砂が堆積して浅瀬や低湿地が広がっていた大阪湾沿岸で，大規模な開発が行われた。図1は大阪湾周辺の新田開発を示すが，時代が下るにつれ，新田が海に向かって拡大した様子が確認できる。例えば，旧淀川の河口部の安治川と木津川が分岐する九条から天保山にかけては，貞享年間までは九条周辺までしか開発されていなかったのが，元禄年間には南西の市岡新田（現大阪環状線弁天町駅付近）が，さらに1829年（文政12）には天保山に隣接する八幡屋新田付近（現地下鉄朝潮橋駅付近）が開発された。明治時代後期以降，この付近は多数の工場や港湾施設が建設され，市街地化していった。現在では痕跡を確認することはできないが，この地域は新田開発を起源としているのである。

　大坂周辺の新田開発の大半は，有力町人や豪農による町人請負新田であった。これらの新田では，周辺にある古村の農民が開発主から農地を借りて通い作を行う出作りの小作農が多かった。このため，新田開発に伴って成立した村落（新田集落）の規模は，開発された新田の面積に対して小規模なものであった。また，開発主である町人ら（地親・不在地主）は，農民（下百姓・小作農）から毎年，年貢と小作料を合算した米を徴収し，年貢として領主に納めていた。時代が下ると，一部には自己資金で農地を購入し，自作農や地主となる者も出てきたようであるが，基本的には，開発当初から農民に新田が与えられる代官見立新田や藩営新田などとは異なり，雇用関係による営農が行われていた。

3 台地の新田開発

　大坂周辺の新田開発は大阪平野の縁辺部にあたる台地や丘陵地でも行われた。これらの地域では，農地を灌漑する水が確保しにくいため，水田ではなく畑地として利用するか，あるいは用水路やため池を整備する必要があった。ここでは六甲山地東麓の上ヶ原（現西宮市上ヶ原地区）を取り上げる（Ⅲ-1 図2・図3参照）。

　この地域は，大阪・神戸の郊外地域に該当し，現在は住宅とともに学校が多く集まる文教地区となっている。明治時代の地形図では，当時ここは水田が一面に広がる農村地域であり，地名も「上ヶ原新田」と記されていることを確認できる。上ヶ原新田は，西成郡佃村（現大阪市西

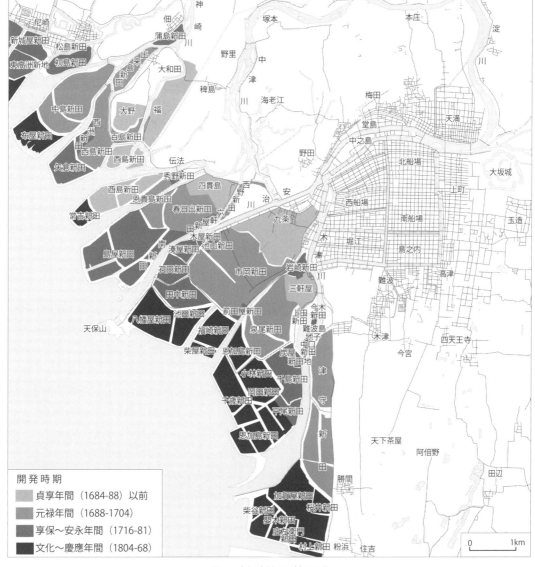

図1 大阪湾周辺の新田開発
出所：新修大阪市立史編纂委員会編（1996），尼崎市立地域研究史料館編（2007）より作成。

淀川区佃）の孫右衛門と九左衛門が，尼崎藩から許可を得て1652年（承応元）から開発を始めた。ただしこの地域は，武庫川支流の仁川が形成した扇状地が隆起した台地であり，農業に必要な水を得ることが難しい状態にあった。そこで翌1653年（承応2）に，仁川上流部から用水路を開削することで，上ケ原での水田耕作を実現した。図2は，用水路を流れてきた水が上ケ原地区や，水利権を有していた下流の地域に，決められた割合になるように工夫された分水樋であり，都市化が進んだ現在でも，仁川上流から取水された水はここで分けられ，残された農地に利用されている。 （金子直樹）

図2 用水路の分水樋（西宮市上ケ原）
出所：筆者撮影。

III 歴史

8 京阪神の近代化：京都

1 明治維新と京都

　江戸時代末期のペリー来航を契機に，日本は欧米諸国と外交・通商関係を樹立したが，これに伴う政治的動揺や貿易による経済的混乱が引き起こされた。これは，260年以上続いた江戸幕府の滅亡につながり，新たに欧米を範とした近代国家を目指す明治新政府が誕生した。新政府は，富国強兵・文明開化といったスローガンを掲げ，旧来の行政や徴税のシステムを改変し，殖産興業に取り組んだ。

　1868年6月に，京都周辺の幕府領を引き次ぐ京都府が誕生した。京都府は，続く1871年の廃藩置県やその後の統合再編の結果，現在の府域まで拡大された。また1869年には，古代以来天皇が居住し，日本の首都と考えられていた京都から，東京への遷都（奠都）が実行された。それは，京都が首都から一地方の拠点都市へと格下げされたことを意味し，政治経済社会的な停滞・衰退を招きかねなかった。京都の近代化は，これに対処する再開発から開始された。

2 公家町と寺社地の再開発

　遷都により公家の東京への移住が進み，御所周辺の公家町では，屋敷が空き家・廃屋となって荒廃していった。1877年以降，御所の保存と屋敷の撤去が進められ，徐々に京都御苑として緑地化・公園化されていった。江戸幕府の拠点であった二条城は，当初は陸軍の管理下に置かれ，二の丸御殿は京都府庁舎として利用されていたが，1884年から二条離宮として宮内省の所管となり，1941年からは一般公開された。

　京都に数多く鎮座する神社・寺院への影響も大きかった。江戸時代まで神社・寺院は維持・管理のために農地を基本とした寺社領や広大な境内地を所有していた。しかし，明治初期の廃藩置県に関連した上知令により，寺社領や境内地の多くは廃止または公有地に編入された。

　京都では，市街地周辺にある主に山林の境内地や，市街地内の境内地も一部が公有地化され，行政・学校施設などとして再活用が図られた。本能寺や相国寺では境内の一部が京都市役所や同志社大学となり，東山地域では円山公園（八坂神社など）や政治家・財界要人の別荘（南禅寺）などに転用された。

3 琵琶湖疏水

　京都では，こうした旧来の施設・用地の再整備などが行われたものの，遷都の影響から人口が減少し，経済面でも活気が失われつつあった（Column 4）。

　そこで，1885年に京都の近代化を目指して琵琶湖からの水路開削を開始し，1890年に完成した。琵琶湖疏水と名付けられたこの水路は，発電や舟運，上水道などに利用された。

　舟運としては，第2次世界大戦直後まで主に物資運搬用に利用されたが，琵琶湖と京都市街地には約40mの高低差があるため，蹴上周辺ではいったん台車に舟を載せるインクラインと呼ばれる設備で対応した。南禅寺の境内にも疏水が設置され，水路閣と呼ばれるレンガ製の水路橋が建設された。

　蹴上には発電所も設置され，市内への電力供給を実現するとともに，1895年の日本初の電気鉄道である京都電気鉄道（後の京都市電）開通につながった。南禅寺周辺には前述したように別荘が多数建設されたが，そこに造られた庭園にも疏水の水が引き込まれた。1912年には第2琵琶湖疏水も完成し，さらなる発電と上水道に利用された（II-5）。

　1877年には市街地の南端部に東海道線が敷設され，京都駅が開業した。以後，鉄道は滋賀や奈良，山陰方面まで整備が進み，京都駅は鉄道輸送の拠点となっていった。それとともに，疏水の舟運は衰退していった。

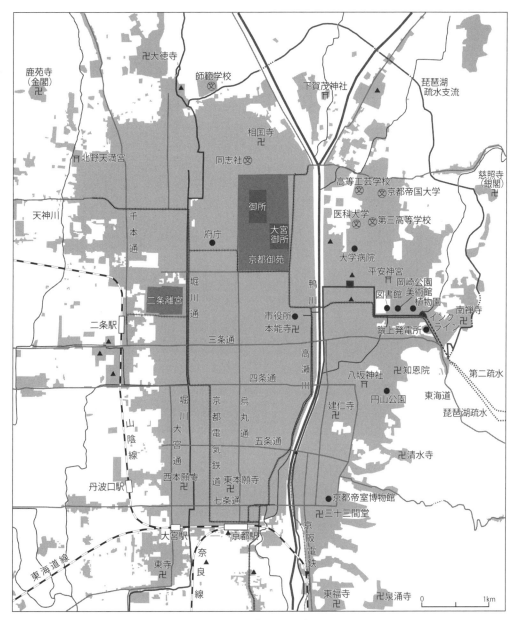

図1　明治末期における京都

注：⊗は大学などの学校，▲は工場，アミの部分は当時の市街地・集落を示す。

4　市街地の拡大

　1871年に殖産興業を目的として西本願寺で日本初の博覧会が開催された。以後もたびたび同様のイベントが行われたなかでも1895年の政府主催の第4回内国勧業博覧会が特筆される。この前年は平安遷都1100年だったので，これを記念して，農地が広がっていた岡崎に平安宮（大内裏）の朝堂院・大極殿を8分の5スケールで復元した建物を建設し（現在の平安神宮），周辺を博覧会会場とした。博覧会終了後に跡地は岡崎公園として整備され，動物園や図書館，美術館などの公共施設が建設された。

　博覧会の前後には岡崎の北側に位置する吉田山西側地域に第三高等学校（1889年）や京都帝国大学（1897年）が開学され，鴨川の東側地域に新たな市街地が広がっていった。

　明治時代後期になると，京都市の人口は明治時代前期の2倍近くまで増加し，鴨川の東側に加えて西部や南部の農村地域も都市化していった。西部や南部では，住宅とともに繊維関連の工場が建設されるなど工業化も進展した。

（金子直樹）

9 京阪神の近代化：大阪

1 大坂の開港

豊臣秀吉の大坂城築城以来，京都と並ぶ日本の主要都市となった大坂は，明治維新とともに近代的な都市へと変貌をとげた。欧米諸国と江戸幕府の取り決めにより1868年1月（慶応3年12月）に開市され，新政府移行後の同年7月（明治元年9月）に開港された。

これにより，外国人居留地（図1の①）が旧幕府船手奉行番所のあった川口に定められ，その東側の江之子島に大阪府庁（②，大正時代末期に大阪城周辺の④に移転），明治時代後期には大阪市役所（③，明治時代末期に堂島浜，大正時代末期に中之島⑤に移転）も設置された。しかし川口は当時の河口から遠く，水深も浅かったので，大型船舶の入港は困難だった。このため，欧米の政府機関や商館は，徐々に拠点を神戸へと移し，川口周辺の発展は停滞した。また，キリスト教伝導を目的とした教会や学校などの多くも，明治時代後期には上町台地周辺に移転した。

こうした状況を改善するため，1897年から大阪湾岸の天保山南側で築港地区の整備が進められた。1903年には大型船舶の入港を可能とする大桟橋が完成し，1929年に築港全体の整備が完了した。

2 中之島周辺の変貌

一方，幕府の拠点であった大坂城には，1871年から大阪鎮台（88年からは第4師団）の司令部が置かれた（⑥）。同時に，かつて武家屋敷が並んでいた大坂城の周辺地域も次々に軍用地化された。城の東側地域（現大阪城公園／大阪ビジネスパーク）には，軍需工場である大阪砲兵工廠が建設され，大坂城周辺は一大軍事拠点へと変貌した（⑦）。

大坂城周辺と同じく大きく変貌したのが，中之島周辺である。ここは江戸時代期には大名の蔵屋敷が立ち並んでいたが，明治時代に入ってほとんどが撤去され，空閑地となっていた。ここに中央郵便局（⑧，後に大阪駅近辺に移転），大阪控訴院（⑨，現大阪高等裁判所），日本銀行大阪支店（⑩），医学校や病院（⑪），学校などが設置され，明治時代後期以後には公会堂（⑫）や図書館（⑬），そして移転してきた市役所も建設された（⑤）。1891年には中之島東側の一部が市営中之島公園（⑭）として整備された。また天満にあった幕府材木貯蔵地には造幣局が設置された（⑮，1870年竣工）。このように中之島周辺は蔵屋敷から，公共施設が多く立ち並ぶ近代的なエリアへと変貌した。

3 鉄道開通と開発

大阪では，近代交通機関である鉄道が，東京横浜間についで，神戸との間で1874年に開通し，大阪駅が市街地北端の梅田地区に設置された。ここはもともと，花街である曽根崎新地北側に広がる低湿地であったが，駅ができたことで周辺の市街地化が進展した。明治時代後期になると，現在の阪急電鉄（箕面有馬電気軌道）も駅を設置し，ターミナルとしての重要度を高めていった。同様に花街の難波新地や芝居小屋，千日墓地などがあった市街地南端部の難波にも，1885年には，現在の南海電鉄難波駅（阪堺鉄道）が，1889年には現在のJR難波駅（大阪鉄道，現JR大和路線）が開業し，商業娯楽地としての市街地化が進んでいった。

4 博覧会・市電・工業化

第4回の京都に続いて，第5回内国勧業博覧会が大阪で1903年に実施された。当時は市街地の外れであった四天王寺西側の茶臼山周辺が会場とされた。博覧会終了後に跡地は天王寺公園（⑯，1909年）として整備され，動物園（1915年）や美術館（1927年）が建設された。これと同時に西側地区は新世界（⑰）と呼ばれる新たな盛

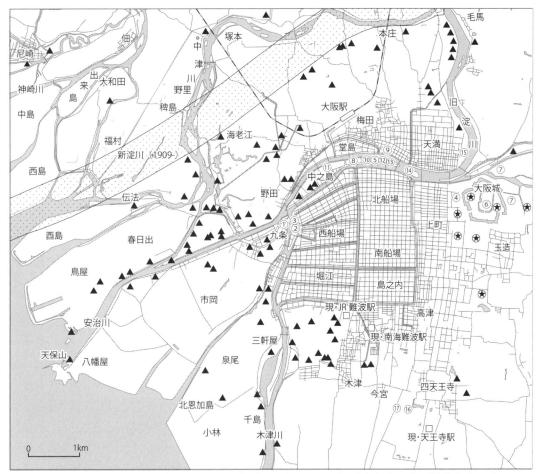

①外国人居留地（1868-99），②府庁（1871-1926），③市役所（1899-1912），④府庁（1926-），⑤市役所（1921-），⑥大阪鎮台／第4師団司令部（1871-1945），⑦大阪砲兵工廠（1870-1945），⑧中央郵便局（1871-1939），⑨大阪控訴院／裁判所（1875-），⑩日本銀行大阪支店（1882-），⑪府立病院／大学病院（1879-1993），⑫現・中之島公会堂（1918-），⑬大阪府立図書館（1904-），⑭中之島公園（1891-），⑮造幣局（1870-），⑯天王寺公園（1909-），⑰新世界（1912-），▲工場（明治末期），★軍施設．

図1　明治期における大阪

り場として整備され，その中心に通天閣と遊園地ルナパークが建設された（1912年）。

博覧会と同じ1903年には，路面電車（市電）が九条花園橋と築港桟橋間に開通し，08年には梅田―恵比寿町，九条―長堀末吉橋間まで拡張され，その後，市内各所で整備が進んだ。

一方，明治時代後期には，木津川・安治川や旧淀川（大川）などの船舶による物資輸送の利便性が高い地域に，紡績・造船・化学工場などが多数立地した。これらは大阪砲兵工廠とともに，大阪を工業都市として特徴づけるものとなった。

5　新淀川の開削

このように市街地の再整備・拡大が進展した大阪であったが，淀川や寝屋川，平野川などの河川が合流して市街地を流れていたため，明治以降もたびたび洪水被害にみまわれた（Ⅱ-2）。この対策として，1896年から淀川の新流路開削工事が進められ，1909年に竣工した。以後，淀川は閘門が設置された毛馬（現大阪市都島区）から，旧中津川周辺をほぼ直線的に大阪湾へと流れ込むようになった（新淀川）。

（金子直樹）

III 歴史

10 京阪神の近代化：神戸

1 神戸の開港

神戸は，古代から港町として栄えていた兵庫に隣接する地区で，江戸時代には現在の元町通付近に神戸村があった。江戸時代末期，欧米諸国との交渉の結果，1868年1月（慶応3年12月）に兵庫を開港することが定められたが，実際には神戸村東端の旧幕府海軍操練所跡地付近に港湾施設や外国人居留地が整備された。神戸の近代都市としての歴史は，ここから始まる。

居留地は，イギリス人技師ハートにより設計され，旧生田川から旧鯉川までの約25.8haの土地に，格子状の街区が整えられた。ガス灯や下水道が整備された近代的な地区であったが，工事の遅延に加え，居留地自体が小規模だったため，旧生田川から宇治川までの地区を外国人も居住できる雑居地とした。現在も異人館が残る山麓の北野町や山本通も雑居地に含まれていた。居留地に隣接して税関やメリケン波止場，小野桟橋などの港湾施設も整備された。

2 神戸・兵庫の一体化

1874年（明治7）には大阪との間に官設鉄道（現東海道本線／JR神戸線）が開通し，元町の北側に三ノ宮駅（現元町駅），元町の西側に貨物輸送を考慮して，船舶や倉庫との連絡機能を有した神戸駅が設置された。

神戸駅の開業により，駅西側には地方裁判所や県庁（1902年に現在は兵庫県公館となった現在地付近に移転），市役所（第2次世界大戦後に湊川公園付近へ，1957年から東遊園地北側の現在地に移転）などが設置された。

もともとこの地区には，湊川合戦（1336年）で戦死した楠木正成の墓があったが，神戸駅の開業前の1872年，墓を元に正成を祭神とする湊川神社が創建された。同社は，国家や天皇家に功績のあった人物を祀る神社として，国家神道における別格官幣社の社格に位置づけられ，神戸では旧生田川に隣接する生田神社と並ぶ重要な社となった。

これらの結果，神戸駅周辺が市街地化し，居留地・元町周辺の神戸と，旧来からの港町であった兵庫の一体化が進展した。

鉄道路線は，1888〜90年にかけて山陽鉄道（現山陽本線）が明石方面や和田岬へと延伸され，港湾機能とともに近代都市神戸の発展を支える存在となった。

3 居留地周辺の開発

居留地・雑居地の東を流れる旧生田川は一部が天井川となっており，たびたび洪水を発生させた。そこで1871年（明治4）に付け替え工事を行い，谷口の熊内町（くもち）から小野浜へほぼ直線的な新河道（新生田川）を開削した。川跡となった旧生田川は埋め立てられて現在のフラワーロードの元になる南北道路となり，居留地東側には1875年に内外人遊園地（現東遊園地）が整備された。旧鯉川も1875年に暗渠化の工事が行われ，道路（現鯉川筋）となった。

1899年に居留地が廃止・返還されると神戸の中核となるオフィス街へと変わっていった。その後，1905年に阪神電鉄が大阪―神戸間に路線を開通させ，終点駅が現在のJR三ノ宮駅南側付近に設置された。この結果，旧居留地北側地域の市街地化が進行し，1936年には現在の三ノ宮駅が新設され，元の三ノ宮駅は元町駅と改称された。

4 新開地と運河開削

兵庫地区では，生田川と同じく天井川の湊川がたびたび洪水被害を発生させていた。このため1901年に近隣の会下山（えげやま）に河川トンネルが開削され，当時は都市化が進展していなかった長田方面への新河道（新湊川）が整備された。残された旧河道は埋め立てられ，上流部は湊川遊園

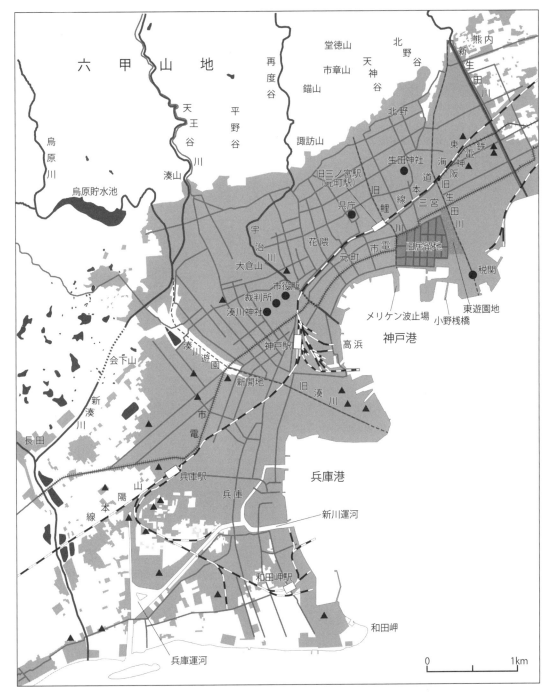

図1 明治末期における神戸

注：▲は工場，アミ部分は当時の市街地・集落を示す。

(1911年開園)の名で公園として整備され，下流部には芝居小屋や映画館，飲食店・商店が立ち並んだ新開地と呼ばれる新しい繁華街が誕生した。

また兵庫地区には1875年に新川運河，99年に兵庫運河が開削され，港湾機能の活性化が図られた。明治時代後期になると周辺に造船所や紡績工場が建設され，鉄道とともに周辺地域の工業化に寄与した。

こうして明治時代以降に急速な開発がなされた神戸は，大正時代には東京や大阪などとならんで六大都市の1つに数えられるまでに発展した。

(金子直樹)

Column

1 都市住民による森林保全活動

1 森林の放置と保全への動き

かつて薪炭材や肥料用の草などが採取されていた里山は，石油・ガス・電気や化学肥料などの普及に伴い次第に利用されなくなり，放置されるようになった。また，第2次世界大戦後に集中的に植林された多くのスギやヒノキの林は，手入れの行き届かない状態になっている。

一般に里山は地域共同体が共用してきた。一方，スギやヒノキが生える奥山の林野は，林業が発達することで維持管理されてきた。しかし，木材価格の下落による林業の衰退に伴う担い手不足や過疎化の進行も相まって，それぞれの地域では森林を維持しきれなくなってきている。

政府は，森林が有する多面的機能を掲げて，さまざまな森林保全対策を打ち出してきている。こうした状況に対しては，公的関与と多様な担い手による「森づくり」を政策の基幹に据え，森林保全につなげようとしている。

大都市周辺では，都市住民が参加する森林保全ボランティア活動を推進する取り組みが行われている。兵庫県では，毎年「ひょうご森のまつり」というイベントを県内各地で開催している。これは1956年に始まった兵庫緑化大会に由来し，2008年からは森林保全に取り組むボランティア団体の活動報告や活動体験イベントを実施することで，森林に関わるボランティアの推進につなげようとしている。2011年からは，森づくり活動を通じて森林や里山整備，地域住民との交流，人材育成に取り組む団体への表彰も実施されている。

大阪府では，緑化推進と自然環境の保全を目的とした緑化推進活動の一環として，大阪府緑の基金により，森林の保全活動のために樹木を配布する取り組みが行われている。この背景として，地球温暖化，**ヒートアイランド現象**，生物多様性の低下への危惧が挙げられており，同基金が森林ボランティアや，府民，NPO，企

図1　「企業の森」における植林ボランティアの開会式
出所：2016年4月筆者撮影（和歌山県田辺市龍神村）。

業の緑化推進の取り組みを支援している。

タケノコの産地として知られる京都市西京区から長岡京市，大山崎町にかけての西山では，放置された里山や人工林に**放置竹林**が拡がる状況を受けて，NPOが自治体からの支援を受けつつ竹林の拡大を防ぐためのボランティア活動を続けている。

2 企業による森林保全活動

企業による森林保全活動を推進する動きもみられる。和歌山県は，森林組合や自治体と連携して，県内外の企業の社員らが伐採地や放置森林において植林や維持管理作業を体験する場と活動メニューを提供する「企業の森」に2002年から取り組んでいる。この取り組みは全国の都道府県に広がっており，企業にとってはCSR（**企業の社会的責任**）**活動**としてPRでき，県や自治体，地元住民にとっては森林保全や雇用の場につながるwin-winの関係を築こうというものである。和歌山県の取り組みでは，県内の企業のみならず，大阪や東京の大企業も積極的に誘致し，社内イベントとして社員が毎年森林保全活動に訪れている（図1）。このように，大都市のさまざまな担い手を活かした森林保全の取り組みが広がってきている。　（矢嶋　巌）

2　記念碑が語る歴史

　記念碑は過去に起こったさまざまな出来事やそれに関わった人々を後世に伝えるために作られる。ここでは記念碑が教える災害の歴史と，記念碑によって作り出された歴史とに注目する。

1　大地震両川口津浪記石碑

　図1は大阪市浪速区幸町を流れる木津川に架かる大正橋東詰に設置された大地震両川口津浪記石碑と呼ばれる記念碑である。建立は1855年（安政2）7月で，その前年（嘉永7/安政元）の11月5日に起きた安政南海地震（Ⅱ-2）により発生した津波で犠牲になった人々を弔う慰霊碑で，正面には犠牲者への慰霊を込めた仏教の題目などが記載されている。

　記念碑の側面および背面には，大地震両川口津浪記と題された地震の状況および津波の被害が克明に記されている。1854年11月4日に「安政南海地震」が発生し，人々が大きな道路や川辺に作った小屋あるいは小舟へと避難していたところに，翌5日16時半頃には南海地震が起きた。建物の倒壊や火災が発生しただけでなく，日暮れ頃には沿岸部に津波が発生し，木津川や安治川，そして道頓堀などにも遡上してきた。橋の多くが流失し，川辺の小屋も流され，大小の川船の錨や綱は切れて，流されずに残った橋には船が折り重なって船の山ができた。多数の犠牲者を出した様がこのように生々しく説明されている。

2　津波への意識づけ

　後半部には，災害への意識に対する反省と警告が続く。安政南海地震より150年近く前に起こった宝永地震（1707年）のときも津波による水死者が多かったのに，それを伝え聞く人が少なかったために同じように犠牲者を出した。よって大地震が起きたときには津波も起きることを心得，船に乗って避難してはならない。また

図1　大地震両川口津浪記石碑
出所：2019年2月筆者撮影。

液状化と思われる被害に注意を喚起するような記述もある。津波の勢いは通常の高潮とは異なるものとも記述されている。最後に「願くハ 心あらん人 年々文字よみ安きやう 墨を入れ給ふへし」と，津波被害の歴史を積極的に伝えてほしいという希望が刻まれて終わる。

　以上のようにこの記念碑は，慰霊という意味合い以上に，津波被害を記録し，後世の人々が津波への意識を持つよう促したものと考えられる。記念碑のある幸町の住民らは，定期的に文字の墨入れを行い，灯籠・植木・案内板を設置するなどの整備・拡充を行ってきた。2006年には大阪市有形文化財に指定され，より広く共有すべき歴史的遺産にも位置づけられた。

　記念碑は，過去の出来事そのものを記念するだけではなく，その出来事を祈念することで新しい歴史や活動を作り出す機能を有することもあるとわかる。したがって，記念碑とは何かを考える際には，記念される出来事や人物そのものとともに，それが建立された後の状況にも注目する必要がある。

（金子直樹）

Ⅳ 工業

1　概　説

　Ⅳ章では，京阪神において近代工業が地理的・歴史的にどのように展開し，それが脱工業化の時代を迎えていかに変化してきたのかを見ていく。まず本節では，工業の基礎的な知識を整理しておきたい。

1　工業（製造業）の位置づけと分類

　産業を3区分する場合，工業は第2次産業に分類される。天然資源と直接的に関連する農業，漁業，林業などの第1次産業（Ⅶ章）があり，そこで得られた原材料を加工して高い付加価値を生み出すのが第2次産業である。日本の産業構造は高度経済成長期の1960年代に第1次産業から第2次産業への急速な移行が進んだ。

　工業に対してはさまざまな分類方法が用いられる。例えば，生産過程や資本の規模の点で繊維・食品などの**軽工業**と造船・鉄鋼・機械などの**重工業**に区分できる。また，労働者の規模の点では小規模（零細）工業／中規模工業／大規模工業，生産手段の点では手工業／機械制工業，多くの安い労働力を重視する労働集約的工業／労働力よりも設備投資に重点を置く資本集約的産業（装置型産業）といった区分などがある。工業生産には土地，原料，労働力，そして生産した商品を販売するための消費市場が必要となる。そのため，最適立地という側面からは，原料指向型工業／市場指向型工業／労働力指向型工業などの分類も可能である。

2　工業の歴史

　ものづくりは古今東西，都市と村落を問わずさまざまな場所で営まれてきた。やがて，地域間の分業と交流が進むと，各地に特産品や名物が生まれたが，この段階では家内制手工業やそれを組織した問屋制手工業が中心であった。

　18世紀後半からイギリスで**産業革命**が始まると，マニュファクチュア（工場制手工業）が登場し，さらには機械を使って飛躍的に生産を高める工場制機械工業が発展していく。こうした工場は水車や蒸気機関を動力源とするが，蒸気機関は鉄道や船舶にも応用された。産業革命の当初では繊維工業（特に綿紡績）などの軽工業が中心であったが，19世紀半ばには製鉄業や機械工業，それらを支える工作機械工業などが発展した。こうした工業化はイギリスの特定の場所に限定されていたのが，イギリス各地やヨーロッパ大陸，さらにはアメリカや日本など世界中へ伝播した。20世紀に入って電気の利用が一般化すると，電気機械，情報通信のような今日でもなじみの産業が発展していく（表1）。

　産業革命以降，工業化は国土空間や社会空間を大きく変えてきた。例えば鉄道の出現は，従来の運河や港湾に制約された工業立地を自由にし，鉄道網で接続された全国市場を対象とする大企業を生み出した。近代になると工業生産機能が突出した**工業都市**が誕生し，工業化とともに出現した多数の大都市（メトロポリス）では，公害問題や人口過密などの**都市問題**が深刻化した。特に産業革命期には，都市に労働者が集中することで，貧富の格差や劣悪な居住環境，衛生・健康問題などに起因する社会運動や政治運動が生じた。

表1　リーディング・インダストリーの変化

年　代	リーディング・インダストリー	産業革命
1770・80年代～ 1830・40年代	繊維，繊維機械，製鉄／鋳造，水力，陶磁器	第1次
1830・40年代～ 1880・90年代	蒸気機関，蒸気船，鉄鋼，鉄道	
1880・90年代～ 1930・40年代	電気技術，電気機械，ラジオ，重工業技術／兵器，鋼船，重化学品，合成染料	第2次
1930・40年代～ 1980・90年代	自動車，トラック，トラクター，航空機，耐久消費財，一貫生産設備，合成素材，石油化学品	第3次
1980・90年代～ （1960年代～）	半導体，コンピューター，ソフトウエア，通信，光ファイバー，ロボット工学，セラミック，情報サービス	
21世紀～	AI，ビッグデータ，クラウド，ロボット，IoT，ナノ技術，バイオ技術，自動運転技術，再生可能エネルギー	第4次

出所：ディッケン（2001），シュワブ（2016）より筆者作成。

3 脱工業化の地理

工業は第2次世界大戦後にも発展を続け，先進国に高度経済成長期をもたらした。しかし第1次（1973年），第2次（1979年）オイルショックが戦後の経済成長にピリオドを打ち，先進国に不況をもたらした。もっとも，これ以降欧米経済が深刻な経済不況（スタグフレーション）に陥ったのに対して日本経済はいち早く回復し，1980年代以降は自動車産業と電子産業が日本の工業のリード役となった。同時に，冷戦体制の終焉や円高，貿易摩擦の進行などにより製造業のグローバル化が進展した。生産コストを安く抑えるため，労働力の**内外価格差**を考慮したり，税の優遇を求めることで，先進国から途上国へ工場が移転した。また，日本企業は貿易摩擦を回避するため欧米に進出し，1980年代後半からグローバルな直接投資を積極化した。なお，中国への外国企業の直接投資が進むのは，1992年の鄧小平の南巡講話後である。円高の進展についても簡単に触れておけば，1964年に日本はIMF8条国移行・OECD加盟を果たしたがこの頃から工業製品の輸出競争力が高まることで，日本の貿易収支は大幅な黒字となり，欧米との貿易摩擦を引き起こすことになる。ドル相場は1949年に1ドル360円に固定されたが，1971年のニクソンショックにより1ドル308円に切り上げられ，73年には変動相場制に移行し，以後は円高が進んだ。

一方，韓国・台湾・香港などのNICs（のちにNIEsとも呼称）は1960年代以降に輸出指向型工業化で成功し，1980年代から90年代にかけては「東アジアの奇跡」とまで呼ばれた。これに続いてASEAN諸国も工業化を果たした。かつては途上国が原材料や食料を輸出し，先進国が製品を輸出するという**国際分業**がなされていたのが変化し，NICsやASEANが労働集約的な普及品を，日本メーカーが部材や高付加価値品を供給するという**新国際分業**が成立した。

20世紀末になると**水平分業型生産（モジュラー型生産）**という新しいものづくりが台頭するようになる。モジュラー（規格化・標準化された部品）の規格が国際的に標準化され，各地で安く製造されたモジュラーを組み合わせれば簡

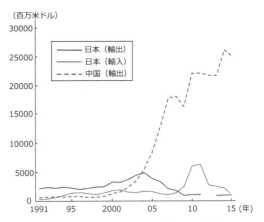

図1 日本と中国のテレビの輸出入額の推移
出所：国際連合『貿易統計年鑑』各年度より作成。

単に製品を作れるようになったのである。日本企業では技術開発，製造，販売を自社内に抱え込み，工程間のすり合わせで高品質な製品を製造する**垂直統合型生産**がなされてきたが，それが弱みに転じ，家電産業などの製造業は苦境に陥った（Ⅳ-7）。

東・東南アジア諸国の工業化の進展と日本国内での産業構造の変化によって，日本では**産業空洞化**が生じた。テレビやスマートフォンなどの家電分野では韓国，台湾，中国メーカーやアメリカのアップル社の台頭が著しい。また，1985年度3.0％にすぎなかった日本メーカーの海外生産比率は，2015年度25.3％に上昇している。なかでも欧米諸国との貿易摩擦回避のために現地展開が早かった自動車など輸送機械の海外生産比率が高く，2015年度では48.8％にまで達した。日本からの輸出品の花形であったテレビは，1984年には1860万台もの輸出台数に達したが，これをピークに減少に転じた。図1には輸出入の金額を示したが，日本へのテレビ輸入は1990年代に入り急増した。輸入浸透度（輸入量／[生産量＋輸入量－輸出量]）は，1992年にはVTR，カラーテレビ，乗用自動車で各20.3，22.2，3.6％にすぎなかったが，1998年にはそれぞれ67.6，76.3，5.8％に達した。工業生産をしないわけではないものの，日本などの先進国では**脱工業化**が進んでいる。

脱工業化すなわち産業社会から消費社会への移行は，雇用や家族形態にも影響を及ぼし，フルタイム雇用の男性と家庭で家事を担う主婦という近代産業社会に独特な性別分業の形態は崩

れてきた。脱工業化は，雇用のミスマッチによる失業増，地方自治体の税収減，商業の不振など多くの問題を引き起こしている。工場の敷地はショッピングセンターやマンションに変わり，都市景観は様変わりした（Column 3）。

　先進国では，ITの普及をものづくりに応用し，生産性を高めることで製造業の生き残りを図ろうとしている。それが製造工程のデジタル化を追求する「第4の産業革命」とも呼ばれる変化であり，ドイツなどでは「インダストリー4.0」と呼ばれる国家戦略にもなっている。IoT（Internet of Things，モノのインターネット）や3Dプリンタといった一連のイノベーション（技術革新）がその中核をなしている。

4　京阪神の製造業の歴史

　こうした工業の発展や変化は，京阪神にいかなる影響を及ぼしてきたのであろうか。

　大坂は天下の台所と呼ばれ，徳川期には各地の産品の集散地として繁栄しただけでなく，大坂周辺部では綿織物生産を含む多くの手工業が発展した。京の都でも多様な手工業生産が栄え，大坂や京のさまざまな製品あるいは灘の酒などは「下りもの」として江戸に送られ，重宝された（Ⅳ-8　Ⅳ-9）。18世紀の半ばまで近畿は世界で最も経済的に発展した地域の1つであった（ポメランツ，2015）。

　ところが明治になって都が東京に移ると，関西の経済は沈滞する。それを打開したのが近代工業の推進であった。萌芽期の近代工業は，造幣局や大阪砲兵工廠などの官営工場と民間の綿紡績業がリードした（Ⅳ-2）。大規模な工場は主として旧城下町周辺の新田地帯，特に河川沿いに設立された。大阪は「東洋のマンチェスター」とも「東洋のランカシャー」とも呼ばれるようになり，やがて周囲を飲み込んで大都市化していわゆる「大大阪」（Ⅴ-2）へ成長した。また大阪から神戸にかけての沿岸部に近代的な工場が集中し，阪神工業地帯の原型が形成された。同時に，大阪や神戸の市街地周辺部では，アジア市場向けの雑貨などを生産する小規模な家内工業や内職がみられた（Ⅳ-3）。

　第1次世界大戦を契機としてこの一帯でも重工業が発展するが，しばらくは繊維工業や軽工業といった消費財生産が中心であった。そのため生産額でみると，戦時体制が強まる中で，重工業中心の京浜工業地帯の後塵を拝することになった（Ⅳ-3）。

　第2次世界大戦後の復興によって大阪湾沿いに重工業が発展しただけでなく，京都方面には淀川沿岸の農村地帯に家電を中心とした工場の進出が増加した。表2をみると，1960年代に高槻市や枚方市といった淀川沿岸の諸都市で著しく工業化が進んだことがわかる。淀川沿岸のこの地域はかつては低湿な水田地帯で，安価かつ豊富な土地と労働力を求めて，特に戦前の雑貨工業の流れをくむ家電関連工場が大阪市内から移ってきた。関西の家電製品は世界中に輸出され，当初の「安かろう悪かろう」という評価は，やがて故障が少なく高品質な家電となり，日本製家電は世界商品に成長した（Ⅳ-4　Ⅳ-6）。

　「工業統計調査」は産業の類型を，鉄，石油，木材，紙など産業の基礎素材となる製品を製造する「基礎素材型産業」，自動車やテレビなど機械を製造する「加工組立型産業」，飲食料品，衣服，家具などを製造する「生活関連型産業」の3つに分ける。これに即せば，高度経済成長期が始まった1955年時点で，阪神工業地帯は化学や石油，鉄鋼，非鉄金属などの基礎素材型産業の比率が高く，京浜工業地帯に比べると加工組立型産業の比率は低かった。高度経済成長期

表2　1981年の近畿の製造業従事者数上位20都市の従業者数の推移　　　　（千人）

市＼年	1960 (A)	1969 (B)	1981	1991	2001	2006	A：B
大阪市	721.9	724.3	514.3	492.4	359.9	277.6	1.0
京都市	183.8	195.9	179.7	168.7	124.6	108.3	1.1
神戸市	167.9	168.6	140.5	137.0	101.3	85.2	1.0
尼崎市	80.8	106.7	77.4	70.2	48.8	46.0	1.3
東大阪市	59.7	100.5	100.6	106.2	78.9	71.3	1.7
堺市	60.4	97.0	83.1	84.0	60.8	61.5	1.6
姫路市	59.5	76.6	63.0	63.5	49.7	50.9	1.3
和歌山市	38.4	56.3	45.3	44.5	32.4	25.0	1.5
八尾市	15.7	39.6	49.9	58.4	47.4	41.8	2.5
門真市	11.1	34.2	34.2	41.2	30.4	22.7	3.1
明石市	20.3	33.7	31.6	32.8	25.6	24.8	1.7
高槻市	13.0	32.6	23.1	25.8	18.1	12.2	2.5
伊丹市	14.7	29.5	26.3	29.6	24.0	19.2	2.0
大津市	19.6	25.7	21.6	24.4	19.0	18.7	1.3
守口市	13.1	24.9	24.7	24.9	25.4	19.0	1.9
豊中市	14.7	24.4	24.6	29.8	21.8	17.5	1.7
茨木市	9.4	23.7	22.2	23.3	17.8	13.0	2.5
枚方市	4.1	22.9	26.1	28.3	23.5	21.8	5.5
大東市	7.1	18.3	24.3	24.1	21.7	18.5	2.6
加古川市	8.2	18.2	24.9	24.9	23.1	18.5	2.2

注：1960年については，東大阪市が布施市・枚岡市・河内市の合計。門真市は門真町のみの値。並びは高度経済成長期末の1969年を基準とする。
出所：『事業所統計調査報告』より作成。

も終わりに近づいた1970年までには阪神工業地帯でも加工組立型産業の比率が上昇したものの，京浜や中京工業地帯には及ばなかった。

5　京阪神工業地帯の現状

図2には，阪神間およびその周辺の市区町村ごとの製造業従事者数を示した。大阪市から神戸市に至る沿岸部に集中しているが，この一帯がいわゆる阪神工業地帯に該当する（Ⅳ-3）。内陸の淀川沿いの市町にも従業者が多くみられるため京都を含めて京阪神工業地帯と呼ぶ場合もある。この連なりが西は播磨工業地帯（加古川や姫路など），南は泉州，和歌山市にまで広がっている。

表3から現在の近畿の製造品構成を確認すると，大阪府と兵庫県の製造品出荷額が突出している。一般に，阪神工業地帯は両府県の数値を合算して把握することが多いが，大阪府では①化学，②石油製品，③金属製品，④鉄鋼，⑤生産用機械の順で出荷額が多く，兵庫県では①食品・たばこ，②鉄鋼，③化学，④電気機械，⑤はん用機械の順になる。いずれも総じて重化学分野の出荷額が大きいが，兵庫県では軽工業部門が最大となっている。阪神工業地帯では2013年時点でも軽工業の比率が比較的高く，重化学工業でも基礎素材型産業では化学や鉄鋼が，ま

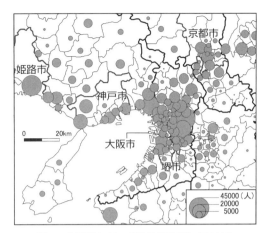

図2　市区町村ごとの製造業従事者数（2013年）
出所：『平成26年工業統計表』より作成。

た加工組立型産業では電気機械や電子部品が多い。一方，現在の日本の主力輸出品である自動車産業の集積する愛知県では加工組立型産業の比率が極端に高い。阪神ではこの業種は低い状況にある。

なお，工業化には負の側面もある。公害は石炭をエネルギー源とした明治時代から深刻で，京阪神においても工場の煙害が郊外への居住地拡大の一因ともなったが，高度経済成長期の急速な都市化と工業化は問題を拡大した。そこでⅣ-5では，工業化の負の側面である公害問題にも目を向けていく。

（吉田雄介）

表3　関西の府県の製造品出荷額（2013年）

(10億円)

業種	化学	石油製品	鉄鋼	非鉄金属	金属製品	はん用機械	生産用機械	業務用機械	電子部品	電気機械	情報通信機械	輸送用機械	重工業計(%)
全国計	27,409	17,676	17,905	8,806	13,061	10,231	15,155	6,705	12,943	15,458	8,427	58,203	72.6
東京都	387	26	153	81	272	281	318	318	266	596	833	1,473	63.7
神奈川県	1,753	2,867	688	434	605	777	986	490	291	567	749	3,581	80.0
愛知県	1,105	778	2,437	497	1,332	901	1,534	1,131	245	1,895	738	23,091	85.0
阪神工業地帯	3,573	1,799	3,214	956	2,095	1,998	2,269	359	890	2,279	784	2,108	74.3
（大阪府）	1,988	1,660	1,334	692	1,354	871	1,304	141	476	974	166	1,060	75.0
（兵庫県）	1,585	139	1,880	264	741	1,126	965	218	413	1,304	618	1,048	73.4
滋賀県	777	8	92	131	326	514	507	120	408	720	41	850	69.9
京都府	186	7	68	74	151	115	280	276	346	340	85	463	52.5
奈良県	101	9	34	25	121	55	86	151	13	268	2	187	57.0
和歌山県	323	826	846	23	83	207	96	16	11	15	3	11	82.8

業種	食品・たばこ	繊維	木材	家具	パルプ・紙	印刷	プラスチック	ゴム	皮革	窯業	その他	軽工業計(%)	総計
全国計	34,449	3,768	2,436	1,819	6,741	5,421	11,237	3,113	350	7,056	3,723	27.4	292,092
東京都	822	62	16	82	136	1,014	120	58	79	154	305	36.3	7,852
神奈川県	1,817	40	16	66	202	211	606	96	4	284	96	20.0	17,226
愛知県	1,977	408	147	156	398	364	1,413	386	20	757	292	15.0	42,002
阪神工業地帯	3,307	417	166	216	610	608	1,137	255	91	553	369	25.7	30,051
（大阪府）	1,355	306	117	148	329	469	686	131	24	243	194	25.0	16,024
（兵庫県）	1,952	110	48	68	280	139	451	123	68	310	175	26.6	14,027
滋賀県	335	193	15	52	111	90	592	103	1	331	118	30.1	6,435
京都府	1,083	102	44	20	105	185	142	10	6	162	310	47.5	4,561
奈良県	239	69	44	26	55	50	142	62	6	28	73	43.0	1,848
和歌山県	211	72	32	17	35	12	41	17	2	52	21	17.2	2,972

注：ここでの阪神工業地帯は，大阪府と兵庫県の合計で示した。
出所：『平成26年工業統計表』より作成。

Ⅳ 工業

2　近代工業の導入

1　綿紡績による大阪の産業革命

　京阪神の多くの都市は明治以降に近代工業都市へと変貌していく。例えば、明治維新後は経済的停滞状況にあった大阪には、旧淀川の右岸に造幣局が、平野川と猫間川の合流点に砲兵工廠が置かれた。ともに官営の近代的な大工場である。さらに、現在の大正区三軒家には**大阪紡績会社**（以下「大紡」）の工場が置かれた。当時の地図には「紡績所」と記されている。

　明治10年代の起業ブームで大阪を含む全国に紡績工場が設立された。綿紡績業は今でこそ先進国から途上国に工場移転したが、産業革命を代表する工業であった（Ⅳ-1）。1882年（明治15）に設立され、翌年に操業を始めるやすぐに高配当を実現した大紡の成功に刺激され、大阪では町人の商人資本を土台に株式会社という新しい組織による多数の紡績会社が設立された（図1）。

　大紡は、燃料・原料や機械類の船運に便利で、しかも広大な工場用地が確保できる木津川右岸の三軒家村に設立された。内務省が機械紡績業育成策としてイギリスから輸入した二千錘紡績機10基を払い下げた玉島紡績所や三重紡績所などのいわゆる「十基紡績」ではなく、大紡は第一国立銀行の頭取で財界のリーダーであった渋沢栄一が大阪の商人を中心に資本を集めて設立した一万紡錘という大規模な紡績工場であった。はじめ大紡は工場の動力を水力（水車）に求めたものの適地が見つからず、石炭燃料の蒸気力を導入することで立地条件の問題を克服した。

　綿紡績とは、綿の短い繊維に撚りをかけ、つなぎ合わせて糸にする作業である。特に人手を要するのは、切れた管糸を錘から抜き取り、継ぐ工程である。1人で数百錘を担当せねばならない上、作業は熟練を要する。大紡は少女を低賃金労働力として酷使し、昼夜操業することで生産高を増やし、高い利益を出した。

　三軒屋工場は煉瓦造りの3つの巨大な建物から構成された（図2）。内部では当初は石油ランプ、のちには電灯を灯火として昼夜二交代制での操業だった。何万もの錘が大きな音を立てて回転し、綿埃が舞う劣悪な空間で何千人もの少女が機械に合わせて規則正しく働かされた。1912年8月時点での職工数は男性1077人、女性3924人と女性が多く、女性職工の大半は工場に隣接する寄宿舎や社宅に暮らした。

　新田地帯（Ⅲ-7）に突如として出現した巨大な機械制工場は、大阪の景観を変えた。そして、工場という近代的な装置は時間的規律と労働的規律を生み出したが、劣悪な労働環境に置

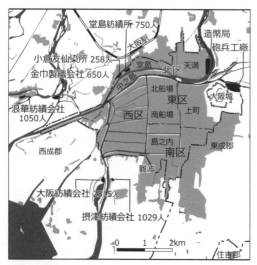

図1　大阪市域の繊維関連の大規模工場と職工数（1890年）
出所：『大阪市統計書明治23年』

図2　三軒屋工場全景
出所：大阪紡績編（1908）

表1　大阪港と神戸港の輸出入額の推移

港名		1908年(万円)	1909年(万円)	1910年(万円)	1911年(万円)	1912年(万円)	全国比(%)
大阪	輸出	4,595	4,715	4,820	4,351	5,731	10.9
	輸入	2,687	2,587	2,762	2,008	2,658	4.3
神戸	輸出	8,411	10,062	12,211	12,058	15,048	28.6
	輸入	19,108	18,422	23,057	25,672	30,220	48.8
	(繰綿)	5,851	6,995	10,613	10,335	13,847	
合計	輸出	13,006	14,776	17,032	16,409	20,779	39.4
	輸入	21,795	21,010	25,818	27,680	32,878	53.1
全国	輸出	37,825	41,311	45,843	44,743	52,698	100.0
	輸入	43,626	39,420	46,423	51,381	61,899	100.0

注：朝鮮向け輸出入は除く。また，全国比は，1912年の値。表中の繰綿は，神戸港の輸入額。
出所：大阪府内務部編（1913）より作成。

かれた膨大な数の労働者が，やがて労働運動や労働争議を起こすようになるのは必然であった。

1887年には大紡の株主の出資によって西成郡九条村に大阪織布が設立された。1889年に操業を開始するも翌90年には大紡に買収されて松島工場となり，大紡は一貫生産のパイオニアとなった。紡績・織布企業がいくつも発展したことで輸入代替が果たされ，さらに神戸港や大阪港から中国やアジア市場に製品が輸出され，外貨の稼ぎ頭となった。原料輸入や綿糸・綿布輸出を担ったのは関西の繊維商社であり，一部はのちに丸紅や伊藤忠のような総合商社に成長した。

河内や泉南地域は江戸から明治期にかけて綿花の一大産地であった（Ⅶ-2）。ところが，大紡を筆頭に紡績会社は細番手の糸を生産するために細繊維の輸入綿花を使用するようになる。大阪府の綿作面積は1884年には1万765町（町は1ha弱）に及んだが，1912年（大正元）には128町にまで減じた。一方で，繰綿ないし綿花は，1891年から1944年まで神戸港の輸入品目の第1位を独占し続け，日本一の貿易港としての神戸港の成長を促した（表1）。

2　神戸における工業の展開

1881年，薩摩出身の川崎正蔵は，旧湊川河口の官営兵庫造船所の西側に川崎兵庫造船所を設立した。川崎は1886年に官営兵庫造船所の貸下げを受けると，これに川崎兵庫造船所を合併し，川崎造船所とした。のみならず，先に東京築地に開設していた築地造船所もここに集約した。翌87年には官営兵庫造船所が川崎に払下げられ，1906年には東尻池村に分工場を建設し，鉄道車両の国産化にも着手した。この川崎造船所は，第1次世界大戦を経て，三菱神戸造船所とならぶ関西屈指の大工場に成長する（Ⅳ-3　表3）。

近代的な工業は，大規模な紡績業や造船業に限られない。明治時代の早くに大阪に広がったマッチ工業は近代初頭の典型的な外来産業で，大阪の川口居留地の清国商人が母国に大量に輸出した。機械化が遅れたため，安価な労働力を用いることで，最初は大阪，次いで神戸に工場が増加した。農村部から大阪や神戸に流入した人口は低賃金労働力のプールとなり，港湾労働者のみならずマッチや茶焙煎，ゴム産業など工業労働力の基盤となった。

尼崎でも1889年（明治22）に尼崎紡績が開業すると，大阪と同様に新田地帯に続々と工場が建設された。

3　京都における近代技術の導入と伝統技術

京都も大阪同様，維新後に経済が停滞する。京都府は，近代化のために1870年に理科学校である舎密局を設立し，さらに勧業場を創設すると舎密局をその傘下に置いた。1878年に化学教師としてワグネルを招いた舎密局は，薬品や飲料（ラムネ），ビール，陶磁器，石鹸などを研究・製造した（舎密局は1881年に民間に売却）。のちに島津製作所を設立する島津源蔵もワグネルの薫陶を受けている。勧業場でも川端通に牧畜場を設けて緬羊の飼育を試したり，梅津に製紙場を設置するなど，広範な産業育成を試みた。

民間でもさまざまな近代技術の導入が試みられた。例えば，西陣織も伝統に甘んじることなく1872年には職工をフランスのリヨンに派遣し，同時にフランスからジャカード織機を購入して技術の導入に努めた。また，京都織物株式会社は，京都府立織工場（織殿）の払下げを受け，フランスから機械や技術者を導入した。

また，伝統技術は京都市の近代工業の下地ともなった。例えば，仏具製造は金属加工やメッキ業の，染料を使用する友禅染は化学工業の下地となった。現在では家庭用ゲーム機で知られる任天堂も京都における花札やトランプの製造に起源を持つ。

（吉田雄介）

IV 工業

3 戦争と阪神工業地帯の形成

　明治時代に入ると起業ブームが起き，大阪にもたくさんの紡績工場が設立された（IV-2）。ところが資本主義には好況・不況のサイクルがある。不況期に経営が悪化した中小紡を吸収・合併することで資本の集中と寡占化が進み，巨大な紡績会社が成立する。こうして1918年（大正7）には，鐘紡，東洋紡（前身は大阪紡績），大日本紡績（前身は尼崎紡績）のいわゆる三大紡が全国の綿糸生産の半分以上を占めた。一方で，日清（1894～95年）・日露（1904～05年）の両戦争は紡績業にとどまらず，重化学工業の発展も刺激した。ただし，重工業の本格的な拡大は第1次世界大戦を待たねばならない。

1 両大戦による工業の発展と破壊

　第1次世界大戦は，ヨーロッパへの軍需品の輸出拡大という特需を生んだ。海運業および造船業の発展のなかで「船成金」という有名な言葉も誕生した。住吉や芦屋など阪神間に大邸宅の建設が始まったのもこの時期である。また，ヨーロッパからの輸出が途絶したことを契機に日本国内の輸入代替産業の成長とアジア市場への日本製品の輸出が始まり，輸出貿易の発展の原動力となった。貿易の拡大は神戸港と大阪港を発展させた。特筆すべきは神戸の鈴木商店である。もとは洋糖商の鈴木商店は，番頭金子直吉の指示で戦争がはじまるとあらゆる物資を買い占め，さらには播磨造船所や日本金属・帝国染料・帝国人造絹糸・豊年製油など多数の事業に進出し，日本有数の財閥に成長した。

　大戦は，大阪府や兵庫県の工場・従業者数を飛躍的に拡大させ，さらに重化学工業化も促した（表1・表2）。大阪から神戸にかけての沿岸部には大小の工場が無数に生まれていわゆる**阪神工業地帯**が形成され，大阪府と兵庫県の製造業従業者数の合計は，全国比で2割を上回った。なお，軽工業では女性職工が圧倒的多数を占めたが，こうした重化学工業部門での工場労働者はもっぱら男性であった（表3）。

表1　戦間期の京阪神の工場数・従業者数の推移

職工数5人以上の工場数

年次	全国	京都府	%	大阪府	%	兵庫県	%
1909	32,032	3,230	10.1	2,327	7.3	2,063	6.4
1914	31,458	2,617	8.3	3,684	11.7	2,267	7.2
1919	43,723	2,467	5.6	5,264	12.0	2,676	6.1
1924	47,755	2,319	4.9	6,037	12.6	2,788	5.8
1929	59,430	2,204	3.7	7,642	12.9	3,634	6.1
1934	79,759	3,044	3.8	11,859	14.9	4,098	5.1
1939	137,079	5,707	4.2	17,621	12.9	6,592	4.8
1945	57,980	1,780	3.1	5,370	9.3	2,616	4.5

（職工数4人以下の統計）

| 1939 | 569,502 | 26,253 | 4.6 | 33,087 | 5.8 | 28,927 | 5.1 |

職工数5人以上の従業者数

年次	全国	京都府	%	大阪府	%	兵庫県	%
1909	821,303	40,519	4.9	89,158	10.9	66,456	8.1
1914	1,009,456	50,630	5.0	121,912	12.1	100,685	10.0
1919	1,808,412	59,922	3.3	246,176	13.6	178,307	9.9
1924	1,805,853	58,503	3.2	252,606	14.0	153,495	8.5
1929	1,816,984	51,776	2.8	235,602	13.0	150,788	8.3
1934	2,155,193	66,529	3.1	303,059	14.1	166,733	7.7
1939	3,773,754	107,893	2.9	492,861	13.1	278,056	7.4
1945	1,720,510	45,908	2.7	171,340	10.0	117,632	6.8

（職工数4人以下の統計）

| 1939 | 1,163,933 | 55,860 | 4.8 | 79,834 | 6.9 | 56,536 | 4.9 |

注：官営工場は除く。
出所：通商産業大臣官房調査統計部編（1961）

表2　戦間期の大阪府と兵庫県における産業別従業者数

（人）

大阪府	計	重工業				軽工業	
		化学	金属	機械器具	%	紡織	その他
1909	89,158	14,667	—	13,745	31.9	44,680	16,066
1914	121,912	16,081	—	20,022	29.6	62,256	23,553
1919	246,176	36,182	—	63,048	40.3	115,452	31,494
1924	252,606	20,882	24,129	31,962	30.5	119,902	55,731
1929	235,602	18,937	26,762	32,452	33.2	99,378	58,073
1934	303,059	26,194	48,338	56,050	43.1	97,696	74,781
1939	492,861	43,706	91,995	165,903	61.2	110,721	80,536
1945	171,340	19,871	27,174	74,446	70.9	26,481	23,368

兵庫県	計	重工業				軽工業	
		化学	金属	機械器具	%	紡織	その他
1909	66,456	15,221	—	6,943	33.4	22,058	22,234
1914	100,685	20,033	—	20,478	40.2	33,756	26,418
1919	178,307	34,590	—	54,537	50.0	54,462	34,718
1924	153,495	23,950	6,301	28,299	38.1	57,131	37,814
1929	150,788	16,263	8,270	27,680	34.6	58,548	40,027
1934	166,733	17,191	34,019	42.5	55,517	40,386
1939	278,056	33,894	49,192	95,500	64.2	54,798	44,672
1945	117,632	16,208	16,767	49,533	70.1	17,186	17,938

出所：通商産業大臣官房調査統計部編（1961）

大戦の反動で戦後は不況がおとずれ，重工業比率はいったん低下した。この時期，急速な都市化が進み，農村からの移住者は低廉な都市労働力となった。こうした労働者階級の出現と折からの大正デモクラシーの影響で労働運動も盛んになり，阪神地域の工場でもストライキが頻発した。特に，キリスト教社会運動家の賀川豊彦らに主導された1919年の神戸の三菱造船所および川崎造船所での賃上げを要求する大争議は日本労働争議史上最大の規模となった。

大正時代に入ると一般家庭での電力使用が普及し，電灯需要だけでなく，電熱器や扇風機のような新しい製品が生まれ，これが後の家電産業の先駆けとなる。松下電器が電気器具を製造する町工場として出発したのは1918年である（Ⅳ-6）。京都市でも大正時代に，現在の京都を代表する島津製作所（創業明治8年，設立大正6年）や日本電池（現GSユアサ），日新電機などの電機・機械工業が生まれた。

好不況の波が激しくなると，経営に行き詰った企業を傘下に収めることで，財閥による産業支配が強まった。財閥とは，多種多様な産業を同族的に支配・経営する企業集団のことである。三井，三菱，住友，安田が四大財閥と呼ばれるが，住友財閥は大阪に本社を置き，住友金属工業，住友電気工業，住友化学工業，住友通信工業，住友機械工業など多数の重化学工業関連の会社を支配した。また，神戸や大阪では近代産業の勃興とともに中小財閥も多数生まれた。工業面で特筆すべきは，先の神戸の鈴木商店，清酒製造の西宮の嘉納家，日本毛織物を創設し，後に川西航空機を起こした神戸の川西家，精密機械の京都の島津家などである。

1923年の関東大震災は関西に直接の被害を与えることはなかったが，震災の余波となる1927年（昭和2）の鈴木商店破綻や台湾銀行休業により，全国で銀行取り付けが相次いだ。さらに1929年に発生したアメリカ発の世界大恐慌は昭和金融恐慌を引き起こした。川崎造船所も経営危機に陥り，従業員を整理した上で，1931年に和議開始を裁判所に申し立てた。こうした状況下で勃発した満洲事変（1931年）は軍需景気を

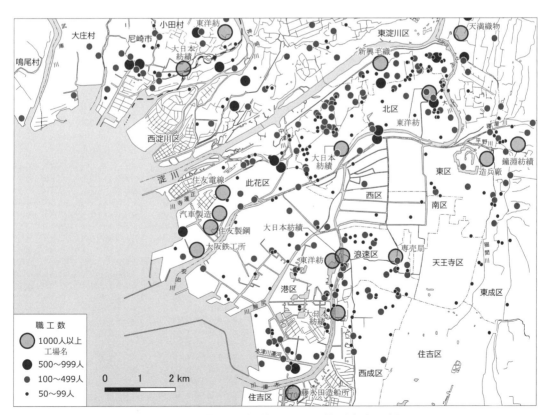

図1　大阪・尼崎間の職工数50人以上の工場の分布（1931年）

出所：町田編（1932）より作成。

もたらすと同時に，戦時統制を促し，重要産業統制法（1931年公布，1938年実施），戦時統制三法（1937年）などの経済・工業を統制する法律が次々と制定・公布された。川崎造船所も息を吹き返し，1936年には職工数が1万人を超えるまでになった。1938年に**国家総動員法**が制定されると戦争遂行のために民需生産は停止され，軍需・軍事生産優先となった結果，金属工業や機械工業などの重化学工業への産業転換が進んだ。特に綿紡業は中小企業が整理統合され，また大企業の工場であっても軍需転換された。1943年には軍需会社法が公布され，大工場の多くは軍の指定工場となった。零細工業も同様で，Ⅳ-8 で触れる堺の刃物工業も民需生産が不可能となり，軍刀生産を担うようになった。そして，戦争末期の空襲により阪神工業地帯の多くが灰燼に帰した（Ⅴ-4）。また，戦災を免れた工場の多くも戦後はGHQ（連合国軍最高司令官総司令部）により賠償指定工場の指定を受けた。

2　工場の分布

1868年（明治元），木津川と安治川の分流点である「川口」に外国人居留地が開かれた。しかし，川口の港は水深が浅くて大型船舶の利用には向かず，やがて神戸港が利用されるようになる（Ⅳ-2）。この問題を解決するための大阪築港第1次修築工事は，1897年から1928年まで続けられ，1903年に大阪築港の一部利用が始まった。この時，（九條）花園橋―築港埠頭間に大阪市電が開通した。同時に，新田地帯の運河・水路が整備され，安治川地域が商工業地区として発展をはじめる契機となった。大阪市電は1903年の第1期線では営業距離5kmにすぎなかった。それが1908年以降拡張され，1926年（昭和元）には90kmを超え，桜島（此花区）まで達した。こうしてのどかな農村地帯だった大阪の沿岸部は川沿いを中心に工業化が進んだ。

同じく明治30年代から郊外電車が続々と建設されると，工場は大阪市の周辺部にも進出し，工場のまわりには職工街が建設された。鉄道は労働者の足となっただけでなく，鉄道沿線での電力供給事業を行った。例えば東大阪地区では，大正期に大阪電気軌道（現近鉄奈良線）の開通に伴う電力供給により電動機や電気炉が普及し，沿線で工業化が進むことになる。

1931年（昭和6）時点で，比較的大規模な工場（職工数50人以上）は，最初に市制が施行された東西南北4区の中心部には分布が少ない（図1）。北は淀川と大川の沿岸部，西は安治川沿い，南は木津川や木津川運河，尻無川沿い，南は難波・今宮方面，東は寝屋川や猫間川，平野川沿いに集中している。さらに，北の神崎川沿いにも工場が分布している。また，現在の尼崎市域にも綿紡績工場だけでなく，鉄鋼，金属，化学工場などが立地するようになり，かつての

表3　近畿地方の職工数上位45工場（1931年）

順位	府県	工場名	主要生産品	職工数 男女計	男性(%)
1	兵庫	川崎造船所 製板工場	鋼塊，シートバー板	4,264	99.8
2	兵庫	三菱造船 神戸造船所	船舶	4,057	98.9
3	兵庫	川崎造船所 艦船工場	船舶	3,393	99.1
4	大阪	陸軍造兵廠 大阪工廠	兵器製造	3,308	96.8
5	滋賀	東洋レーヨン 滋賀工場	人造絹糸	3,284	47.7
6	京都	舞鶴要港部工作部	艦船の製造修理	2,712	97.6
7	滋賀	旭絹織 膳所工場	人造絹糸	2,636	48.3
8	兵庫	神戸製鋼所	製鉄，製鋼，諸機械製造	2,394	99.9
9	京都	日本レイヨン	人造絹糸	2,195	55.4
10	兵庫	川崎車輛	機関車	2,001	99.8
11	兵庫	播磨造船所	船舶	1,793	98.7
12	滋賀	昭和レーヨン 堅田工場	人造絹糸	1,736	47.4
13	京都	大阪地方専売局京都工場	煙草製造用材料	1,561	36.3
14	大阪	大阪鉄工所	造船鉄工	1,478	100.0
15	兵庫	ダンロップ護謨（極東）	タイヤ，中袋	1,464	62.0
16	大阪	藤永田造船所	船舶，車両	1,422	99.4
17	大阪	大阪地方専売局	口付紙巻・刻煙草	1,336	26.9
18	大阪	住友電線製造所	電線	1,241	83.2
19	大阪	住友製鋼所	鋳鍛鋼品	1,157	98.3
20	兵庫	鉄道省 鷹取工場	機関車客貨車の修繕	1,050	97.5
21	大阪	汽車製造	機関車，車両	1,015	99.6
22	兵庫	三菱電機 神戸製作所	電機諸機械	906	94.9
23	大阪	中山悦治	薄鉄板	857	100.0
24	大阪	住友伸銅鋼管	銅・真鍮板条棒	853	96.1
25	兵庫	三菱製紙 高砂工場	洋紙，和紙	831	87.5
26	兵庫	久保田鉄工所 尼崎工場	鋳鉄管	769	99.7
27	兵庫	川崎造船所 飛行機工場	飛行機	760	99.5
28	大阪	大阪機械工作所	各種機械	723	98.5
29	大阪	住友伸銅 鋼管工場	鉱鋼管	651	100.0
30	兵庫	大同燐寸 下澤工場	安全マッチ	629	17.6
31	兵庫	大同燐寸 平野工場	安全マッチ	590	4.4
32	兵庫	武川護謨	ゴム靴	499	16.6
33	大阪	大日本セルロイド	セルロイド生地	485	87.6
34	大阪	日本ゼネラルモータース	自動車	484	97.3
35	大阪	三国セルロイド	セルロイド加工	482	32.8
36	兵庫	大同燐寸 姫路工場	安全マッチ	480	36.7
37	兵庫	大平護謨	タイヤ，中袋	473	48.6
38	大阪	島田硝子製造所	各種ガラス	469	68.4
39	大阪	和気鉄線工場	亜鉛引鉄線	466	100.0
40	大阪	湯浅蓄電池製造	各種電池	451	81.2
41	大阪	新田帯革製造所	製革，調革	444	93.7
42	兵庫	川西航空機	航空機	438	97.5
43	大阪	日本染料製造	塗料，染料，助剤薬	425	100.0
44	大阪	大阪陸軍 被服支廠	軍用被服	423	43.7
45	大阪	森下仁丹 第一工場	売薬，歯磨	420	23.6

注：染織工業および新聞社関連を除く。
出所：町田編（1932）より作成。

新田地帯は一大工業地帯に変貌した。

やがて巨大な工場は，大阪市内やそれに隣接する尼崎市，神戸市内だけでなく，豊富な労働力，広大な敷地，水資源を求め，あるいは都市部の地価の高騰を避け，遠方にまで広がった（表3）。このように工業が盛んになるにつれて，職工だけでなく，多数の事務職員，すなわち「サラリーマン」というそれまで存在しなかった新しい中間層も生み出された。

3 大阪砲兵工廠

明治維新後，幕藩時代の城郭内の多くは陸軍関連の施設によって占拠されることになるが，大阪城もその例にもれなかった。**大阪砲兵工廠**は大阪城三の丸に設置された造兵司を起源とする。河川交通による重量物運搬の便がよい大阪城の北東，つまり淀川にほど近い平野川と猫間川の合流点に作られた大阪造兵司は，1872年には大砲製造所と改称された。大阪砲兵工廠と改称されても加農砲や臼砲など重火器の生産・修理を主として担った。一方，東京砲兵工廠は小火器やその弾薬の生産を分担した（なお，1923年になり「陸軍造兵廠大阪工廠」に改称されたが，ここでは「大阪砲兵工廠」に統一しておく）。

大阪砲兵工廠は軍需のみならず，旧淀川の対岸に位置する大阪造幣局とともに，大阪の重化学工業の発展をリードした。例えば，砲兵工廠では火器生産の材料となる鉄を国産化するためにヨーロッパから平炉技術を導入し，製鋼の研究・生産を行った。その過程で，大阪市参事会の依頼により，1892年からは水道管の鋳造も開始した。また，日露戦争は陸軍の自動車研究を促し，砲兵工廠では1909年にトラック用のエンジンの鋳造に成功している。これは後の民間の自動車産業興隆を後押しした。

大阪砲兵工廠の職工数は，多少の変動はあるものの明治10年代には1000人前後で推移した。近代日本の歴史は戦争の歴史でもあるが，戦争が勃発するたび砲兵工廠は拡張され，昼夜ぶっ続けで武器・弾薬を増産した。日露戦争の終わる頃には職工数は2万人を超え日本最大規模の工場に成長した。その後，大正時代の軍縮により1920年代に職工数は3000〜4000人にまで減少した。リストラされた職人の中から起業する者も現れる。

第2次世界大戦末期には一般工員のほかに動員学徒・女子挺身隊・一般徴用工員・朝鮮人徴用工員を合わせて6万4000人が働いた。敷地も拡張され，砲兵工廠は大阪城の北から東部にかけての広大な範囲を占めるに至った。さらに，砲兵工廠だけでなく，多数の民間工場も利用して兵器を増産した。

4 アジア市場への製品輸出

1933年に日本の綿布輸出量は，イギリスを抜いて世界一になった。植民地獲得は，必要な原料と製品の市場の確保という予防的な地理的拡大政策を意味した。実際，植民地化した朝鮮半島や満洲は，日本製綿糸や綿布の重要な輸出市場となった。また，第1次世界大戦後に中国が関税自主権を回復すると，三大紡を含む日本の紡績会社は，綿糸輸入関税を回避するために，上海，青島，天津など現地に競って工場を建設した。これらは「在華紡」と呼ばれ，1924年には工場数は35を数えた。ところが，満洲事変以降は日貨排斥運動に苦しめられることになった。

アジア市場を開拓したのは紡績業や織布業など近代的な大工業だけではなかった。明治時代の農商務省の「重要輸出品調査報告」にも，大阪府の場合もマッチ，メリヤス，刷毛，ガラス製品，洋傘，貝ボタン，石鹸，帽子，扇子，団扇などが挙げられている。これらは簡単な機械を利用した小規模かつ労働集約的な産業であり，粗悪で安価な雑貨製品である。日本の工業化が進むと，雑貨の輸出相手国も欧米諸国だけでなく，中国・インドをはじめとするアジア諸国に移行した。インナーシティを中心に**問屋制家内工業**として組織されたこれら零細な**雑貨工業**は大阪市や神戸市内およびその周辺部に分布した。刷毛は欧米にも輸出されたが，満洲や中国市場がメインであった。戦前に普及したこれら雑貨工業は今日でも大阪や神戸の地場産業として重要で，例えばボタン製造は，大阪市東成区，住吉区，生野区や八尾市，東大阪市，柏原市で今でも操業している。

（吉田雄介）

IV 工業

4 高度経済成長期の工業化の進展

敗戦後，政府は外貨や資源の乏しさを克服するため，1947年に特定の分野に資本・資源を集中させる傾斜生産方式を採用し，鉄鋼と石炭を重点産業として育成することとした。それもあり高度経済成長期には，造船，石油化学，鉄鋼，機械工業という重化学工業が輸出産業の花形になった。

1 高度経済成長

1950年に勃発した朝鮮戦争は戦争特需をもたらした。直後の「神武景気」（1954～57年）に始まり，1973年の第1次オイルショックまで続いた20年弱の期間を高度経済成長期と呼ぶ。低成長とデフレの現在からは想像しがたいが，この期間は途中に経済停滞期をはさみつつも10％前後という高い実質経済成長率を持続した。これを主導したのが，冷戦下の貿易立国・アジアの工場を目指した工業生産・輸出の成長である。例えば図1には主要国の粗鋼生産量の推移を示したが，日本は早くも1953年に戦前の生産水準を回復すると，1969年には鉄鋼輸出世界第1位となった。ただし，生産量でアメリカを上回るのは1980年になってからである。

日本は1956年に国連に加盟し，国際社会に復帰した。戦後の西側諸国は自由貿易を原則とするGATT-IMF体制を構築した。経済復興を果

表1 工業製品出荷額の推移（大阪府・兵庫県）

大阪府 (億円)

品目	1950年	60年	65年	70年	75年	%
食料品	190	1,463	2,621	4,395	8,186	6.7
繊維	638	2,833	3,760	5,896	8,424	6.9
衣服・その他	92	362	763	1,329	2,574	2.1
木材・木製品	33	314	645	1,502	1,943	1.6
家具・装備品	18	210	482	1,252	1,967	1.6
パルプ・紙類	66	747	1,431	2,623	4,225	3.4
出版・印刷	119	658	1,307	2,641	5,246	4.3
ゴム製品	69	240	335	590	1,206	1.0
皮革・同製品	32	127	219	350	727	0.6
その他	65	678	1,362	3,536	6,882	5.6
軽工業計	1,323	7,631	12,924	24,114	41,380	33.7
化学	370	1,796	3,220	6,806	12,933	10.5
石油・石炭製品	11	62	171	839	4,395	3.6
窯業・土石	82	510	943	1,581	2,300	1.9
鉄鋼	428	2,402	4,196	9,464	13,579	11.1
非鉄金属	–	1,158	2,002	4,311	4,460	3.6
金属製品	175	1,465	2,838	7,225	11,358	9.3
一般機械	227	2,130	4,064	10,188	14,742	12.0
電気機械	95	2,473	3,660	10,042	11,166	9.1
輸送用機械	143	1,229	1,656	3,216	5,433	4.4
精密機械	21	101	222	556	918	0.7
武器	–	–	–	–	–	–
重工業計	1,551	13,327	22,972	54,229	81,284	66.3

兵庫県 (億円)

品目	1950年	60年	65年	70年	75年	%
食料品	248	1,748	3,346	7,189	13,379	17.9
繊維	258	664	1,105	1,731	2,095	2.8
衣服・その他	8	63	114	305	750	1.0
木材・木製品	38	186	316	689	999	1.3
家具・装備品	4	35	112	303	606	0.8
パルプ・紙類	36	213	387	858	1,515	2.0
出版・印刷	14	80	155	334	750	1.0
ゴム製品	120	496	609	1,132	2,014	2.7
皮革・同製品	33	120	263	645	1,268	1.7
その他	23	257	573	1,117	2,036	2.7
軽工業計	783	3,862	6,978	14,305	25,412	34.0
化学	205	996	1,716	2,604	4,998	6.7
石油・石炭製品	2	83	194	466	3,422	4.6
窯業・土石	48	334	515	1,522	2,374	3.2
鉄鋼	547	2,868	4,329	9,134	14,704	19.7
非鉄金属	–	391	436	1,274	1,413	1.9
金属製品	50	312	739	2,271	3,927	5.3
一般機械	80	1,159	1,682	5,392	6,416	8.6
電気機械	44	769	1,336	3,538	5,017	6.7
輸送用機械	140	757	1,932	3,264	6,625	8.9
精密機械	2	32	57	164	361	0.5
武器	–	–	X	X	–	–
重工業計	1,118	7,700	12,937	29,630	49,258	66.0

注：1950年は「非鉄金属」「武器」の項目はなし。X は秘匿。
出所：『工業統計表』より作成。

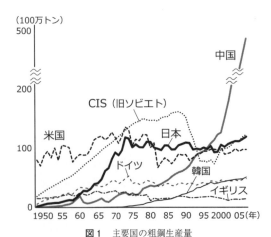

図1 主要国の粗鋼生産量
出所：日本鉄鋼連盟10年史編集委員会編（2008：431）より作成。

たした日本も，1963年にGATT11条国，1964年IMF8条国に移行し，同年OECD（経済協力開発機構）にも加盟した。産業構造も大きく変化して第1次産業就業者は激減し，都市人口が激増すると阪神工業地帯にも西日本一帯からの大規模な人口移動が生じた（Ⅷ-1）。

2　阪神工業地帯

表1には大阪府と兵庫県の工業製品出荷額の推移を示した。もともと阪神工業地帯は繊維を中心とする軽工業が主力であった（Ⅳ-3）。それが，高度経済成長期に入ると大阪湾臨海部に工業用地が造成されて，そこに鉄鋼や石油化学を中心にコンビナートが建設されることで重化学工業化が進んだ。阪神とはいえ大阪府と兵庫県では工業構造に違いがあり，大阪府では重工業のなかでも鉄鋼・金属関連工業や機械工業が大きく成長した。また機械工業のなかでも輸送機械や精密機械ではなく，一般機械や電気機械が中心だった。これは，重工業に分類されるものでも，家庭用電気機器（家電）のように人海戦術で部品を製造したり，製品を組み立てる軽工業的な性格の製品が多かったからである。

図2には1972年末時点の阪神間およびその周辺の従業者数1000人以上の事業所を図示した。大阪湾沿岸には，主として製鉄・製鋼や造船関連の大規模な工場が立地している。他方で内陸，特に大阪市のすぐ外側には家電関連の工場が立地するという分化がみられる。これはとりわけ大規模な工場のみの立地であるが，大工場の周囲には関連するおびただしい数の中小工場が集積している。

高度経済成長期最大の世界的なイベントが，いずれもアジア初の開催だった1964年の東京オリンピックと1970年の大阪万国博覧会だった。オリンピック前年の1963年には日本初の高速道路である名神高速道路のうち栗東―尼崎間が開通し，インターチェンジも複数設置された。なかでも豊中インターチェンジからは阪神高速1号線（現池田線）で大阪市内や大阪国際空港（1958年開港）まで接続された。また関西では万博開催にあわせて，総額6502億円という政府に

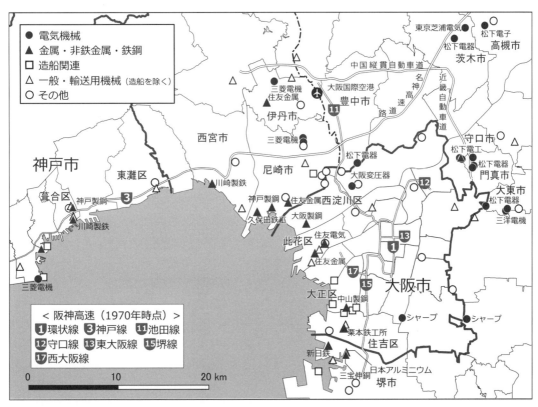

図2　阪神間の従業者数1000人以上の製造業事業所（1972年末）

出所：『全国工場通覧1974年』より作成。

よる巨額の万国博覧会関連事業が実施され，自動車道（中央環状線や中国自動車道など）や地下鉄といった交通インフラが整備された。図2には1970年までに開業した高速道路を示してある。家電製品を満載したトラックがこうした道路を使って大消費地である関東へとひた走った。

3 製鉄所の立地と変化

製鉄業は，産業革命期のイングランドやスコットランドあるいは北米ピッツバーグのように原料立地型工業の代表的事例であり，日本でも釜石鉱山（南部鉄山）の釜石製鉄所や筑豊炭田の八幡製鉄所が有名である。実際，第2次世界大戦以前には，欧米の海岸部には大規模な製鉄所は存在しなかった。

銑鉄を製造するためには，膨大な量の鉄鉱石，石炭，石灰石，電力，水などが必要となる。日本の鉄鉱石海外依存度は68.6％（1956年）から97.5％（1972年）に，鉄鋼業原料炭の輸入依存度は42.2％（1956年）から81.4％（1972年）に達した。したがって，原料を海外に頼る日本では，鉄鉱石や石炭を専用船で輸入するために湾岸に巨大な港湾を建設する点や，大量の工業用水を必要とする点から大消費地に近い市場地指向型・臨海型の立地になり，関西でも大和川や紀ノ川，加古川などの河口に製鉄コンビナートが建設された。

鉄はスクラップなどから再生することも可能であるが，酸化した鉄鉱石を高炉のなかでコークスを使って還元・融解し，銑鉄にする方法が効率的である。高炉から取り出された銑鉄は，転炉に運ばれ鋼に精錬される。さらに転炉から出た溶鋼を鋼片という半製品に加工し，鋼片を圧延や鍛造，プレスなどの方法でもって一次製品である鋼材（鋼板やH形鋼など）に加工する。以前は鋼材の製造に分塊圧延機を使用していたが，省エネのために1970年代以降は連続鋳造機を使用することが多くなった（図3）。例えば，コールドコイル（冷延鋼板）の1つのハイテン（高抗張力鋼）は，溶接性，加工性，強度性などに優れている。そのため，自動車の軽量化・燃費向上のためにプレス加工をしてボディに使用され，日本メーカーの競争力向上に貢献してきた。

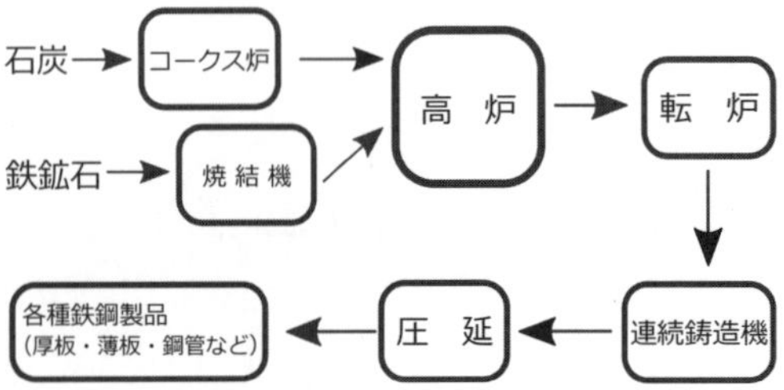

高度経済成長期以前は，銑鉄と屑鉄を外部の供給に頼って製鋼する平炉メーカーが主力であったが，関西平炉3社（川崎製鉄，住友金属工業，神戸製鋼所）も高度経済成長期に高炉を設置し，**高炉メーカー**となった。高炉メーカーとは，高炉を中核に製銑・製鋼・各種圧延を一貫工場で行うメーカーのことである（電炉メーカーは，製銑工程を持たず，鉄くずを原料に電炉によって製鋼する）。高度経済成長期およびその直後の1960～70年代に，いわゆる太平洋ベルト地帯の臨海部に大型の高炉を有する製鉄コンビナートの建設が相次いだ（図4）。

ところが1973年のオイルショック以降，鉄鋼業や造船業といった重厚長大な工業は不況に陥る。合理化策として業界最大手の新日鉄は関西の高炉を廃止した（図4）。さらに2002年以降には新日本製鉄・神戸製鋼所・住友金属工業などとの業務提携や株式持合いを強化し，2012年には新日鉄住金が発足した（2019年4月に日本製鉄に商号変更）。

ちなみに2012年時点では，炉内容積2000㎥以上の大型高炉は全世界で256炉あり，日本に27炉，中国95炉，台湾5炉，韓国10炉と中国の台頭が著しい（『鉄鋼統計要覧2012』）。

4 堺製鉄所の建設と休止

阪神間でも第2次世界大戦後に高炉の建設が相次ぎ，大阪湾岸および播磨灘に大規模な製鉄所が集中するようになった。例えば，神戸製鋼所は1959年に神戸市灘浜地区に高炉を建設し，さらに加古川河口の東部に約76万㎡の工場用地と，その近隣数ヶ所に社宅や厚生施設用地を取得し，1970年以降加古川に3基の大型高炉を建

図3 高炉製鉄のプロセス
出所：各種資料より筆者作成。

設した。

堺市では戦争により中断していた工業用地の埋立を再開し，関西有数の大海水浴場であった浜寺海岸を埋め立てて，鉄鋼・石油精製・石油化学・造船・電力などの素材供給型コンビナートを誘致した。主力工場は1961年に堺臨海工業地帯北部の広大な敷地（第2区）に進出した八幡製鉄（1970年に合併により新日鉄へ改称）である。それに隣接する形で，コークス炉の燃料として製鉄所から高炉ガスを購入し，製鉄用コークスを供給する大阪瓦斯や電力を供給する堺共同火力が誘致された。また，久保田鉄工（鋼管パイプ）や興国金属工業（棒鋼圧延），大和製鋼（線材コイル）など各種製鋼や圧延を行う多数の企業も進出した。南に隣接する泉北臨海工業地帯には石油化学関連の工場が多数進出し，石油化学コンビナートを形成した。

堺製鉄所の第1高炉は当初炉内容積が2005㎥（日産3000トン）という当時の世界最大級の計画でスタートし，1965年に大阪府知事や堺市長などが列席して火入れ式を挙行した。1967年には炉内容積2620㎥で当時世界最大の第2高炉も操業を開始する。協力会社従業員を含む堺製鉄所の従業員数は5085人（1965年），7899人（1970年），7258人（1975年）と推移した。ところがオイルショック後の高炉の合理化・生産調整に伴い1990年までに高炉および製鋼・連続鋳造工場などは休止された。

2007年にシャープは「21世紀型コンビナート」と銘打って，液晶パネルと太陽電池を生産する世界最大級の第10世代液晶工場の建設を発表した。亀山市のシャープ亀山工場のようなそれまでの内陸部という工場立地とは異なり，臨海工業地帯にある新日鉄堺工場の遊休地（127万㎡）の広大な敷地に2009年に液晶パネル工場を稼働させた。また，21世紀に入るとパナソニックも尼崎や姫路の臨海部に薄型テレビパネル工場を相次いで建設した。これらは，関西の主力産業の盛衰および立地の変化を示す好例といえよう（Ⅳ-7）。

（吉田雄介）

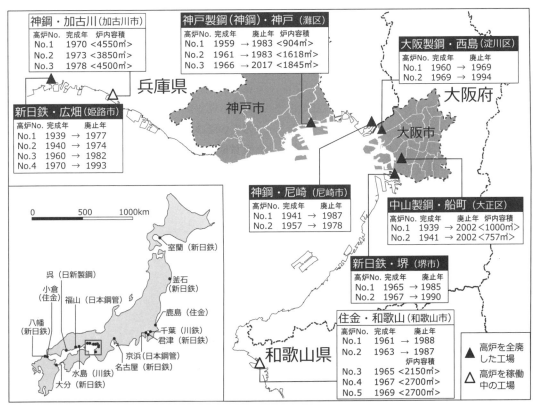

図4　阪神間の高炉製鉄所の盛衰

注：炉内容積の値は2000年3月末時点の値（なお，神戸製鋼神戸工場については廃止時の値）。また，小枠内は1972年末時点の全国の高炉製鉄所の所在地。
出所：各社の社史および新聞記事などより作成。

IV 工業

5 公害

1 大阪の公害

1967年の公害対策基本法（表1）で、公害は「事業活動其他の人の活動に伴って生ずる相当範囲にわたる大気汚染、水質の汚濁、騒音、振動、地盤の沈下及び悪臭によって、人の健康又は生活環境に係る被害が生ずること」（第2条）と定義された。

1969年12月には「公害に係る健康被害の救済に関する特別措置法」が閣議決定され、年末から施行された。この措置法では公害による疾病多発地域として全国6ヶ所が指定された。①水俣湾周辺（水俣病）、②新潟市の一部（第二水俣病）、③富山県の一部（イタイイタイ病）、④四日市市の一部（四日市ぜんそく）、⑤川崎市の一部（川崎ぜんそく）、そして⑥西淀川区の全域、である。このうち、いわゆる「四大公害病」とは①～④を指す。

高度経済成長期の公害も深刻なものであったが、いち早く近代工業が導入された大阪では大量に粗悪な石炭が燃料源とされたため、すでに明治10年代には煤煙・煤じんの被害が深刻化した。1888年（明治21）には「旧市内には煙突を立つる工場の建設を禁ず」という府令により、煙突のある工場を東成郡、西成郡などの周辺地域に強制移転させている。1932年（昭和7）には日本で最初の煤煙防止規則が大阪府令として公布されたが、工業生産優先の時代であったため、環境の改善には十分な効果があがらなかっ

た。また、地盤沈下や騒音、河川の汚濁などの問題も戦前から一部地域では深刻化していた。

2 大気汚染

第2次世界大戦後には重化学工業を中心とする工業化がさらに進み、阪神工業地帯全域で大気汚染が悪化した。その主たる汚染源は、石炭の燃焼時に生じる煤じんや粉じん、石油に含まれる硫黄による硫黄酸化物、自動車（ガソリン）やボイラー（重油）による窒素酸化物、自動車の排ガスに含まれる一酸化炭素などである。

煤じんの大規模な発生源は製鉄所と火力発電所であるが、1960年頃には石炭から石油への燃料の転換、集じん装置の普及により煤じん量は減少した。一方で、硫黄酸化物に対する取り組みは遅れ、目に見えない亜硫酸ガスが全国の工業地帯に多数のぜんそく患者を生んだ。

工場や自動車の排出する窒素酸化物や炭化水素は紫外線の作用を受けるとオキシダント（酸化性物質）などを発生させる。1970年代に入ると目に見えないが人体に深刻な健康被害を与える光化学スモッグの存在が知られるようになり、オキシダントの濃度に応じて光化学スモッグ注意報や警報が出された。1974年の大阪府のオキ

表1 高度経済成長期の公害関連の主要な法律

1956	工業用水法
1962	建築物用地下水の採取の規制に関する法律
1967	公害対策基本法（1993年環境基本法施行により廃止）
1968	大気汚染防止法、騒音規制法
1970	水質汚濁防止法、廃棄物の処理及び清掃に関する法律、海洋汚染及び海上災害の防止に関する法律
1971	環境庁設置法、悪臭防止法
1973	公害健康被害補償法

図1 煙を上げる尼崎臨海部の煙突群
注：奥から関西電力・尼崎第一発電所（1974年廃止）、第二発電所（76年廃止）、第三発電所（2001年に廃止され、その後パナソニックプラズマディスプレイパネル工場が建設された）。
出所：尼崎市立地域研究史料館提供写真。

シダント注意報発令日数は27日に達し東京都（26日）を上回り，兵庫県（19日）や京都府（17日）でも深刻だった。

淀川河口北岸に位置する西淀川区は，阪神工業地帯の公害問題の象徴といえる。この地区は，1931年の満洲事変後の軍需景気で急激に工業化が進み，戦後の高度経済成長期には大工場のみならず中小工場も密集するようになった。また，鉄鋼や発電業の盛んな尼崎市の東隣りという立地や阪神高速道路の交通量も追い打ちをかけた（図1）。特に慢性気管支炎（ぜんそく）の西淀川区の有病者率は大阪府の内で頭抜けて多かった。1991年以降順次和解に至った，いわゆる「西淀川大気汚染公害訴訟」は，1次（1978年）～4次（1992年）訴訟まで合計726人の原告が，関西電力や大阪ガス，住友金属工業，神戸製鋼所など企業10社を相手取った大規模裁判である。

大阪市内の大気汚染防止法対象工場等の原油・重油使用量は，1972年の284万キロリットルをピークにオイルショック後の省エネの取り組みと脱工業化で一貫して減少し，1989年には59万キロリットルまで減った。硫黄酸化物排出量も9万6000トン（1970年），4万4000トン（1972年），2000トン（1989年）と激減した。

3 地盤沈下の深刻化と対策

地盤沈下の主因は，地下水くみ上げによる軟弱粘土層の圧密沈下である。大阪の地盤沈下は戦前から発生し，大阪湾沿岸部では1m以上の沈下がみられた。そして，戦後の工業生産の増大とビルの冷房施設の普及によって地下水のくみ上げが急増すると，地盤沈下の規模と範囲が拡大した。地盤沈下はゼロメートル地帯を増やし，高潮被害を拡大する。実際，枕崎台風やジェーン台風，第2室戸台風の際には，大阪市の臨海部の大半が高潮被害を受けた（Ⅱ-2）。

行政は，巨大な防潮堤の建設を進めるのと同時に抜本的な対策も講じた。地盤沈下の最大の防止策となる地下水採取の規制である。国は「工業用水法」による規制に対応して建設される地盤沈下対策工業用水道事業に補助金を交付して事業促進を促した。大阪市や大阪府は地下水採取の規制・指導を実施すると同時に，代替となる工業用水道事業を推進した（表2）。地下水くみ上げ量は減少し，1970年代に入ると大阪市内では地盤沈下はほぼ止まったが，大阪府の北部と東部では地盤沈下が続いた（図2）。工業用水道が普及してきた1970年代後半に東大阪市や大東市の沈下も鈍化し，80年代に入ると泉大津市や岸和田市でも沈下はほぼ終息した。また，大阪のみならず尼崎市や西宮市といった地盤沈下の深刻な地域でも工業用水道事業が進められ，地盤沈下は沈静化した。（吉田雄介）

表2 工業用水法に基づく関西の地盤沈下対策工業水道（1978年1月末時点）

指定地域	工業用水道事業名	施行年度	給水能力（千㎥/日）
大阪市北部	大阪府営業（3期）	1964～69	400
大阪府東部	大阪府営業（4期）	1965～69	200
大阪市の一部	大阪市（2期）	1964～71	40
	大阪市（3期）	1959～63	160
	大阪市（4期）	1962～66	225
	大阪市（5期）	1963～67	95
大阪府泉州地区	大阪府営業（5期）	1976～79	40
尼崎市	尼崎市（1期）	1956～58	57
	尼崎市（2期）	1959～63	298
	尼崎市（3期）	1963～67	100
伊丹市	伊丹市	1963～66	50
西宮市の一部	西宮市（1期）	1962～64	30
	西宮市（2期）	1963～67	50
関西計			1,745
全国計			4,517

出所：公害問題研究会編（1979：119）より作成。

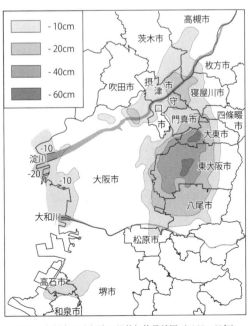

図2 大阪府下地盤沈下累積加等量線図（1965～68年）
出所：大阪府（1969：138）

Ⅳ 工業

6 松下電器からパナソニックへ

1 家電の王者，松下電器

　テレビを中心とする家庭用電気機械器具，いわゆる「家電」は日本の高度経済成長期をけん引し，大衆消費社会を生み出した。なかでも松下電器産業は家電メーカーの代表格であり，パナソニックへと名前を変えた今日でも従業員数は8万人近い（2015年）。連結子会社468社を含めれば，同社の総従業員は30万人を上回る。「松下電器産業はトヨタ自動車と並んで，戦後の日本産業界の二大成功モデルだった」（遠藤・前川，2001：148）と評されるように，同社は戦後日本企業の最大の成功モデルであり，終身雇用や年功序列，愛社精神など日本的経営の典型であった。1990年代以降でも日本の輸出企業のなかではトヨタに次ぐ第二の稼ぎ手であった。

2 松下電器の創業と門真への移転

　この巨大な松下グループは「経営の神様」と呼ばれた松下幸之助（1894〜1989年）を創始者とする。和歌山県生まれの幸之助は丁稚修業のために1904年（明治37）に大阪に出た。電化の進んでいた大阪の町で，幸之助は，電気製品の将来性に魅せられた。丁稚をやめて電灯会社で配線工事の仕事をした後，1918年（大正7）に大開町（現福島区）の借家を工場に改造して「松下電気器具製作所」を設立した。門真市にあるパナソニックミュージアムでは当時の作業場が復元されている。その才覚で配線器具や電熱器，ランプ，乾電池，ラジオなどをヒットさせて企業規模を急拡大させ，大開町とその周辺に工場を建設していった。

　1933年（昭和8）には，より広い敷地を求めて門真町（現門真市）の水田地帯に新しい本店と工場群を建設し，今に続く本拠地とした。1935年には松下電器製作所を改組して「松下電器産業株式会社」とし，さらに事業部門別に9つの子会社（松下無線や松下乾電池，松下電器貿易など）を設立した。松下電器がグループ企業を統括するスタイルが確立された。

　松下は船舶や航空機の製造を含め多方面に進出し財閥化した。中国大陸や朝鮮半島，マニラ，ジャワなどにも工場を建設し，軍需生産に傾倒した。その結果，第2次世界大戦後にはGHQによって松下電器は制限会社の，松下家は財閥家族の指定を受けたが，1950年までには解除され，自由な事業活動ができるようになった。

3 高度経済成長期における成長

　松下電器は，かつて「三種の神器」と呼ばれた洗濯機を1951年，白黒テレビを1952年，冷蔵庫を1953年から販売した（表1）。その直後から爆発的な家電ブームが起き，一般家庭に急速に普及したことで売り上げを伸ばした。

　1951年には従業員は5528人，販売高は56億円であった（図1）。オイルショックのあった1973年の時点では従業員6万6150人，販売高1兆408億円へと飛躍的に増加した。販売高はこの間に186倍になっている。そして，その勢いは1990年代まで維持されていく。

　家電産業の構造は，最終組み立てを行う大手電気メーカー（いわゆるセットメーカー）を頂点に，専門部品メーカー，さらに一次，二次下請，家内工業，家庭内職に至る裾野の広いピラミッド構造をなしている。松下電器のようなセットメーカーは主として部品を組み立て，最終製品

表1　松下電器による家電商品の販売開始年

年	販売が開始され始めた家電製品
1951	洗濯機
1952	白黒テレビ
1953	冷蔵庫
1956	自動炊飯器，掃除機
1957	トランジスターラジオ
1958	ステレオ，テープレコーダー，クーラー
1960	カラーテレビ，赤外線こたつ
1963	電子レンジ
1964	VTR

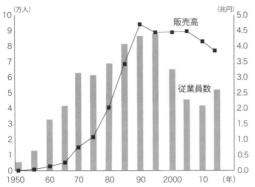

図1 松下電器（パナソニック）の従業員数と販売高
出所：松下電器産業株式会社社史室編（1978）および有価証券報告書による。

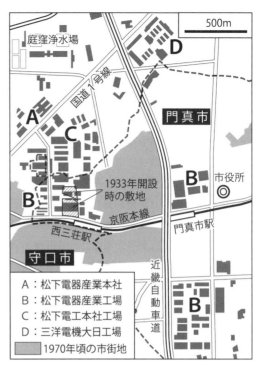

図2 門真市・守口市の松下電器関連工場（1970年代）

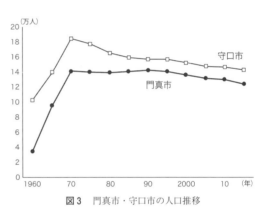

図3 門真市・守口市の人口推移
出所：国勢調査。

　を完成する。松下電器は松下グループ内での取引が多く，それを除いた外注率は1961年上半期の推定で20〜30％とされた。松下電器は，電子部品を生産する松下電工や松下電子工業などの子会社とのグループ内取引や，膨大な数の協力工場（下請企業）に依存していたのである。協力工場には松下本社から資金的な援助や借入保証を行い，下請の系列化を進めた。高度経済成長期には門真・守口市を中心に，大阪市東北部の城東・旭区，同市北部の東淀川区から尼崎市に至る広い範囲に多数の関連工場が立地した。

　松下電器本体は，戦後も門真市を中心に広大な敷地を買収し，既存の工場を拡充することで生産力の拡大をはかった。図2は1970年代におけるこの地区の工場群を示している。本社・中央研究所（A）は守口市域にあるが，登記上は門真市となっている。また松下電器の3つの工場（B）は門真市に，関連する松下電工本社工場（C）は守口市に立地した。近隣には三洋電機大日工場（D，守口市）もあった。両市はこれらの大工場によって発展した典型的な企業城下町であり，企業の事業展開の拡大とともに1970年頃まで人口が急増した（図3）。

　家電産業は，自動（OA）化やIC化が進む以前には労働集約型産業の典型であったため，低廉な労働力を大量に必要とした。需要の増加に対応するための工場用地や労働力の確保が関西だけでは困難になったため，松下グループは「1県1工場」を目標に全国に向けて，さらには海外に向けて，生産拠点を広げていった。日本の家電メーカーの中で中国への関与を積極的に進めたのも幸之助である。1978年には中国の最高指導者であった鄧小平が松下電器の茨木テレビ工場を訪問し，中国近代化の協力を要請された幸之助は翌79年に訪中した。同年には白黒テレビのブラウン管のプラントの輸出も行った。そして，1987年には北京にカラーブラウン管製造の合弁会社を設立した。

　松下電器は強力な販売網もつくりあげた。国内では家電営業所から地区販売会社・代理店を通じて数万店のチェーン店ないし地域店（いわゆる「町の電気店」）が置かれた。海外輸出は松下電器貿易が担当し，世界各地に販売会社を設立して独自の販売網を展開した。家電専門量販

表2　主要家電製品のシェア（1977年）

	第1位	%	第2位	%	第3位	%
カラーテレビ	松下電器	33	ソニー	20	日立製作所	18
電気洗濯機	松下電器	28	日立製作所	24	東芝	19
電気冷蔵庫	松下電器	29	日立製作所	25	東芝	22
ルームエアコン	松下電器	11	東芝	9	日立製作所	8.8
電気掃除機	松下電器	31	東芝	23	日立製作所	22
電子レンジ	松下電器	8.4	東芝	4.7	シャープ	3.7
ラジオ（ラジカセを含む）	ソニー	36	松下電器	32	東芝	14

出所：教育社編（1980：114）による。

店やディスカウントストアが台頭する以前には，全国に張り巡らせた販売網での売り上げが大きかった。こうした電気店は従業員1～2人の零細な「パパママ店」が多かった。

こうして松下電器はテレビや白物家電で圧倒的なシェアを得ていった（表2）。従業員は1995年に9万人に達し，販売高は1990年に5兆円近くなっている（図1）。しかしその勢いはこの後には減退していくこととなる。

4　20世紀末からの転換期

松下電器は1990年代から苦しい状況に置かれるようになっていた。2001年度には創業以来初となる損失を計上している。20世紀末はデジタル家電の出現時期であり，新たなテクノロジーを導入した魅力的な新商品を次々に開発する能力が必要となった。また，海外企業がより安価な商品を売るようになってきた。日本企業の強みであった垂直統合型生産では対応が難しい時代になったのである。松下電器は従業員の大規模なリストラや国内各地の工場の統廃合を進めざるを得なくなった。同社もまた，日本における脱工業化の潮流に逆らうことはできなかったのである。

この時代には新たなテクノロジーとともに，安い労働力を求めて国外の工場をさらに増やし，より広い市場を求めて世界各地で商品を売り込むなど，さまざまな手段をグローバルに講じる必要がある。国内外の消費者にブランドイメージを浸透させ，魅力的な商品として認められるには機能だけでなく個性的なデザインを創出することも重要である。新技術や広告，デザインなどに関わる多様な人材と，安価な労働力とが要求されるようになったのである。

かつて総合家電メーカーと呼ばれた松下電器，三洋電機，シャープの3社は，いずれも大阪を拠点とした。このうち，松下電器は2008年にパナソニックへと改称された。2010年にはパナソニック，関連子会社のパナソニック電工（旧松下電工），そして三洋電機との間で大幅な組織の再編が実施されることが決まり，三洋電機は2011年にパナソニックに吸収合併された。図1で従業員数が2010年以降に増加しているのはそのためである。三洋電機もまた厳しい状況に置かれており，大日工場の敷地はそれ以前の2006年にはイオンモール大日などに生まれ変わっていた（図2，VI-10参照）。またシャープは2016年に台湾の鴻海（ホンハイ）に買収された。関西の家電メーカーは大きく変容してきたのである。松下電器からパナソニックへの社名変更は，同社が変容してきたことの象徴的な出来事であった。

5　パナソニックへ：東京シフトと海外進出

1980年代後半から「東京シフト」が開始される（表3）。1989年に国際財務機能が門真市の本社から東京支社に移管されたのは「官庁や銀行，証券の国際金融部門，世界各国の税制に詳しい弁護士や公認会計士など『国際財務業務に必要な機関や人材が東京に集中しているため』」

表3　パナソニック関連略年表

年	事項
1955	輸出用スピーカーに「PanaSonic」ロゴ使用
1989	東京情報通信開発センター開設計画 国際財務機能を門真本社から東京本社へ移設
1992	情報通信システムセンター開設（東京）
2001	宣伝・広報部門を東京シフト
2002	パナソニックセンター（東京）開設
2003	海外でのブランド名をパナソニックに統一 ブランドスローガン「ideas for life」発表
2004	パナソニックセンター大阪開設（OBP内）
2008	パナソニックに社名変更，ナショナル廃止
2011	パナソニック電工（旧松下電工），三洋電機を完全子会社化
2013	パナソニックセンター大阪移設（OBP→グランフロント大阪） 創業100周年に向けた新しいブランドスローガン「A Better Life, A Better World」発表
2016	テレビ用液晶パネル生産からの完全撤退
2017	ギガファクトリー（リチウム電池工場）稼動（米国ネバダ州，テスラとの合弁） 社内カンパニーCNS社，東京へ本社移転
2018	創業100周年 パナソニックミュージアム（門真）リニューアル

出所：各種文献，新聞記事による。

（朝日新聞1989年11月28日）だとされた。また，マルチメディア開発の拠点として1992年に開設された情報通信システムセンターも「販売先が集まり，ハード，ソフトの情報が集中している」（同上1992年10月23日）という理由で東京に置かれた。東京で広告すれば世界中に情報が伝わるとの考えから，2001年には全社の宣伝・広告部門の7割を占めていた「パナソニック」ブランド部隊を門真から東京へ移管した（読売新聞2001年3月29日）。これは東京を中心にグローバルに情報発信していたソニーのイメージ戦略を追随する動きだとされた。関西の代表的なメーカーであった松下電器も，ついに東京一極集中の一翼を担うようになったのである（表3）。門真市の人口は2000年以降では減少に転じているが（図3），松下電器の東京シフトも影響していよう。

東京（2002年）と大阪（2004年）に置かれたパナソニックセンターは「総合情報受発拠点」と位置づけられ，「お客さまから直接ご意見，ご要望をいただくコミュニケーションの場」（同社HP）とされた。商品開発には消費者の声をリサーチすることが重視されるようになっているのである。

そして，社名が「パナソニック」へと変更された。もともと同社のブランド名は「松下」ないし「ナショナル」であった。これらの名称に対し，パナソニックとは，輸出用高級スピーカー用に1955年に考え出されたロゴに起源を持つ。2003年には海外でのブランド名がパナソニックに統一され，ついには2008年，国内においても松下やナショナルを捨ててパナソニックへと社名変更された。国民を志向したナショナルから海外を意識したパナソニックへと社名を変更したことは，同社の姿勢が大きく変化したことの象徴である。

2010年代におけるパナソニックでは，三洋電機の完全子会社化，テレビ用液晶パネル生産の失敗などさまざまな出来事があった。2017年には電気自動車の生産で知られるテスラ社との合弁でリチウム電池工場をアメリカ合衆国で稼働し始めた。同年にはソフトウェア・IoT部門の社内カンパニーであるコネクティッドソリュー

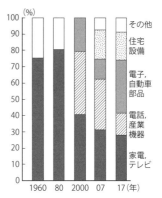

図4 パナソニックの売上高の内訳
（各年3月期）

注：1960年，80年の「家電・テレビ」には電子部品なども含む。そのため，この図では，各項目の年次間での厳密な比較は困難である。
出所：朝日新聞（2018年2月25日）による。

ションズ社（CNS）が「門真限界論」を唱えながら本社を東京へ移した。パナソニックはもはや家電製造を中心としておらず，また門真市や関西に必ずしも固執していないのである。

6　家電とB2B：100年の変遷

図4は同社の売上高の内訳を示している。子会社の合併などによって企業全体の動きが変化している部分もあるとはいえ，家電やテレビなどの比率が低下していることは明らかである。

同社では「家電」はなおも重視されているが「住宅」や「車載」＝自動車関連部品も大きな比率を占めるようになった。さらに同社では「B2B」＝「Business to Business」，つまり企業間取引が重要となっている。それは一般消費者向けの「家電」とは異なる性格の事業を意味する。2013年には「A Better Life, A Better World」という新ブランドスローガンが決められた（表3）。2003年から使われていたブランドスローガンである「ideas for life」が明らかに家電を意識したものであったのに対し，より広範な対象をグローバルに展開する姿勢が示されている。

松下電気器具製作所は1918年に発足した。パナソニックへと社名を変更した同社は，2018年に創設100周年を迎えた。そのため，創業50年記念事業で門真工場の一角に設けられていた企業博物館をリニューアルし，パナソニックミュージアムを開所した。　（吉田雄介・山口　覚）

Ⅳ 工業

7 家電生産のグローバルな立地変動

1 空洞化の進展

　戦後における日本メーカーの海外進出は1970年代から東南アジアを中心に進出が活発化していた繊維産業に始まる。電機の進出も早く，特に1985年のプラザ合意以降，現地生産が加速化した。近年では高度な家電産業についても工場が日本国内から海外へ移転しており，産業空洞化が進んでいる。また，デジタル家電の価格下落に対応できないメーカーは経営の危機にさらされるようになった（Ⅳ-1）。なかでも松下電器，三洋電機，シャープの総合家電御三家の苦境は関西経済に深刻な影響を与えた（Ⅳ-6）。

　代わって海外市場において存在感を高めたのが韓国や中国の製品である。今や世界の工場となった感のある中国において家電製品の生産が爆発的に拡大したのは1990年代以降のことである（表1）。

2 家電のデジタル化とものづくりの変貌

　かつての日本メーカーの強みは，**垂直統合型生産**と呼ばれる方式にあった。つまり，設計・開発から生産・製造，さらには販売までの各部門が一体化された方式である。ただし部品については自社製造だけでなく，系列化した多数の下請企業が製造することも珍しくない。

　技術が「陳腐化」した製品は，次第に東南アジアや東アジアの工場で量産されるようになり，さらに20世紀末になるとデジタル家電の出現と時を同じくして**水平分業型生産**（モジュラー型生産）という新しいものづくりが出現した。デジタル家電製品は陳腐化が早く，急速に価格が下落する。最新技術であっても性能や品質による製品差がなくなり，価格でしか比べられない状態になること，つまり**コモディティ化**しやすい。そのため，技術を自社内に抱え込むよりも，他社から部品やモジュールを購入する分業化した生産のほうがコスト的に有利である。

3 テレビ生産の現状

　1960～80年代初めにかけて，テレビは家電製品のなかで最大の生産額を占める家電の王様であった。総合家電メーカーのみならず，電子機器専門メーカーのソニーや日本ビクター，総合電機メーカーである日立，東芝，三菱電機なども盛んにテレビの生産・輸出を行った。テレビは日米貿易摩擦の象徴となり，80年代末までにアメリカのメーカーは市場から姿を消した。

　現在の薄型テレビはモジュラーの組み合わせで製造される。モジュラーとは，標準的な設計思想で製造された規格化されたユニット，例えば，液晶パネルや電源，画像処理チップ，チューナー，HDDなどのことである。このうち，テレビの小売価格の3割前後の金額を占めるの

表1 中国の主要家電製品の生産高

(万台)

年次	エアコン	カラーテレビ	家庭用冷蔵庫	家庭用洗濯機
1980	1.3	3.2	4.9	24.5
1985	12.4	435.3	144.8	887.2
1990	24.1	1,033.0	463.1	662.7
1995	682.6	2,057.7	918.5	948.4
2000	1,826.7	3,936.0	1,279.0	1,443.0
2005	6,764.6	8,283.2	2,987.1	3,035.5
2010	10,887.5	11,830.0	7,295.7	6,247.7

出所：ジェトロ編『中国データ・ファイル』（2009年版・2013年版）より作成。

表2 大型液晶パネルと薄型テレビの世界ランキング

大型液晶パネル（出荷額）

順位	2014年	%	2016年	%
1	LGディスプレー（韓）	26.0	LGディスプレー	28.9
2	サムスン電子（韓）	21.0	サムスン電子	17.0
3	群創光電（Innolux）（台）	17.7	友達光電	15.0
4	友達光電（AUO）（台）	16.1	群創光電	13.6
5	シャープ	5.7	京東方科技集団(BOE)（中）	11.9

薄型テレビ（販売額）

順位	2014年	%	2016年	%
1	サムスン電子	28.3	サムスン電子	28.0
2	LG電子（韓）	15.8	LG電子	13.6
3	ソニー	7.9	ソニー	8.5
4	ハイセンス（中）	5.7	ハイセンス	6.2
5	TCL（中）	4.7	TCL	5.3

注：元は米ディスプレイサーチおよびHISテクノロジー調べ。
出所：日経産業新聞2015年7月6日，2017年6月26日。

が液晶パネルモジュールである。

　表2中でパネルとテレビの両方を生産する垂直統合型のメーカーは韓国の各社とシャープのみである。なお，2020年に韓国の2社はテレビ向け液晶パネルの国内生産からの撤退を発表した。ただ，その後のパネル価格高騰により撤退を延期した（日本経済新聞2021年6月8日）。

4　韓国，台湾，中国メーカーの成長

　韓国や台湾のメーカーは日本企業から技術やライセンスの供与を受けて，大型液晶パネル（TFT-LCD）の製造を始めた。台湾の企業は1999年の量産開始から数年で世界的な液晶パネルメーカーに成長した。

　なお，液晶パネルの工場は「世代（G）」が上がるほどガラス基板のサイズが大きくなる。5Gは1.0m×1.2m，10Gは2.8m×3.1m程度である。基板が大きいほど一度に多数のパネルを切り出すことができ，生産が効率化する。ただ，巨額の投資が必要となるため，今やこうした投資が可能なのは中国メーカーに限られる（図1）。

　成長著しい中国メーカーのなかでも最大手のBOEは，韓国ハイニックスから2003年に液晶パネル事業を買収してパソコンモニター用のパネル生産でノウハウを蓄積すると，2005年に大型液晶パネルの製造工場を北京で稼働させた。さらに，2017年12月にはそれまで世界最新鋭だったシャープ堺工場（10G）を上回る10.5Gの液晶パネル工場を稼働させた（日本経済新聞2017年12月22日）。BOEを含む中国メーカーはさらに有機ELパネルへの投資も積極的である。

5　関西メーカーの苦境

　21世紀初頭には，薄型テレビは将来有望な産業とみなされ，松下電器やパイオニア，日立は液晶よりもプラズマ方式を重視するなど，日本メーカーはさまざまな方式のテレビパネルの研究・開発や製造に鎬を削っていた。

　大阪湾岸はパネル工場が集中し，21世紀初頭には「パネル・ベイ」とも呼ばれた。だが，需要がなければ巨額の投資は過剰投資となり，経営を圧迫する。実際に2008年のリーマン・ショックに起因する世界的な景気後退や2011年の家

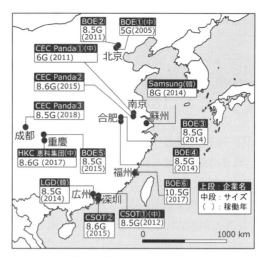

図1　中国の大型液晶パネル生産工場（2018年）
出所：各種新聞資料等より作成。

表3　パナソニックの薄型テレビパネルの生産工場

1．パナソニックプラズマディスプレイ株式会社
　　（松下プラズマディスプレイ2000年設立）

工場名	投資金額	稼働→生産終了	備考
茨木第一	300億円	2001→12年	2007年に生産停止後，試作工場に転換
茨木第二	600億円	2004→12年	茨木第二は2012年に組立生産停止。茨木第一・第二工場の敷地の大半は2014年に大和ハウス工業に売却
尼崎第一	950億円	2005→11年	尼崎工場の跡地については，Column 3を参照
尼崎第二	1800億円	2007→13年	
尼崎第三	2100億円	2009→11年	

2．パナソニックプラズマディスプレイ上海有限公司
　　（上海松下プラズマディスプレイ有限公司2001年設立）

工場名	投資金額	稼働→生産終了	備考
上　海		2002→12年	パネルからテレビの組立までの一貫生産工場だったが，パネル生産は2011年に中止，12年に組立生産も停止

3．パナソニック液晶ディスプレイ株式会社
　　（2004年日立液晶TVディスプレイ設立，2010年商号変更）

工場名	投資金額	稼働→生産終了	備考
姫　路	2350億円	2010→16年	テレビ用撤退後も医療用液晶パネル生産は継続したが，21年に完全撤退を予定

出所：パナソニックのプレス資料および新聞資料より作成。

電エコポイント制度の廃止などによる需要の低迷，継続的な価格の低下，韓国や台湾メーカーとの競争により，稼働から数年で生産を停止した（表3）。パナソニックやシャープは最後まで垂直統合型生産を貫いたが，2009年に操業を開始したシャープ堺工場は，2012年以降はEMS最大手の鴻海社との共同運営になり，2016年にはシャープ自体が鴻海の傘下に入った。パナソニックも自社でのパネル生産を諦め，他社から購入してテレビを製造するようになった。

（吉田雄介）

Ⅳ 工業

8 　地場産業・伝統産業

1　一般的な定義

　地場産業や伝統産業は，自然条件や歴史的な条件，零細性，産地・産業集積などの諸点で地域との結びつきが深い産業である。

　「地場産業とは，一口でいうなら，"ある特定地域において存在する伝統的な工業"」（兵庫県産業情報センター編，2002：2）と理解される。また「わが国の伝統産業とは，歴史的に伝承され形成されてきた特定の産業をさすものであり，これは同時に特定の地域を形成しているものであるから地場産業ともいえよう」（日本伝統産業研究所編，1976：10）とされる。こうした，さまざまな定義については上野（2007）も参照されたい。

2　地場産業

　1980年に中小企業庁が定めた地場産業実態調査等事業実施要領では「地場産業」を，①地元資本をベースとする中小企業が一定の地域（概ね県内）に集積しつつ，②地域内に産出する物産等を主原料とし，または蓄積された経営資源（技術，労働力，資本等）を活用して他地域から原材料を移入し，③これらを加工し，④その製品の販路として，地域内需要のみならず域外需要をも指向する産業，と規定している。

　この要領に基づき，各都道府県で地場産業振興を目的とする実態調査が実施された。大阪府の地場産業は，プラスチック製品や印刷，金型，ネジなど多種多様な品目を含み，府下の各地に分布している。後述する堺の刃物もその１つである。もっとも，近年その多くが事業所数と出荷額を減らしている。

3　伝統産業

　大量生産・大量消費という高度経済成長期のものづくりに対する反省を背景として1974年5月に制定されたのが「伝統的工芸品産業の振興に関する法律」（伝産法）であり，これに基づいて経済産業大臣が指定するのが「経済産業大臣指定伝統的工芸品」（伝産品）である。近畿では1975年に信楽焼，彦根仏壇（滋賀県），大阪欄間（大阪府），高山茶筌（奈良県）の４つを皮切りに2018年までに合計38工芸品が指定を受けた。なお，全国では2017年１月までに225の工芸品が指定されている。

　これとは別に，各都道府県も独自に伝統的工芸品を指定している。兵庫県の場合，県内において製造される工芸品で歴史と地域の風土に培われたものを，「兵庫県伝統的工芸品」として指定する制度が1992年度に創設された（表１）。

表１　兵庫県伝統的工芸品の指定状況

指定年度	工芸品名	製造地域（指定当時）
1992年	有馬の人形筆	神戸市
	有馬籠	神戸市，西宮市
	兵庫仏壇	加古川市ほか
	杉原紙	加美町
	明珍火箸	姫路市
	姫路白なめし革細工	姫路市
	姫革白なめし革細工 （現在は，姫革細工）	夢前町
	城崎麦わら細工	城崎町
	丹波布	青垣町
1993年	名塩紙	西宮市
	美吉籠	吉川町
	赤穂雲火焼	赤穂市
1994年	姫路仏壇	姫路市ほか
	しらさぎ染	姫路市
1995年	和ろうそく	西宮市
	姫路独楽	姫路市
	姫路張子玩具	香寺町
	王地山焼	篠山町
	丹波木綿	西紀町
1996年	三田鈴鹿竹器	三田市
	播州鎌	小野市，三木市，滝野町，加古川市，西脇市，加西市
	播州山崎藍染織	山崎町
	淡路鬼瓦	西淡町
2007年	赤穂緞通	赤穂市
	稲畑人形	丹波市
2015年	皆田和紙	佐用町

出所：『兵庫県の地場産業地場産業実態調査報告書（平成14年版）』。2007年・2015年指定は兵庫県のサイトより。

表2　刃物関連の組合所属の刃物業者数の推移

業者＼年	1910	1954	1973	1989	1999	2008
鍛冶	117	30	40	40	37	20
刃付	83	79	128	86	78	33
鋏	96	21	20	16	16	10
木柄	38	16	12	9		
問屋	不明	50	65	66	65	33
合計	－	196	265	217	196	96

出所：樋口（2009），川村（2010）より作成。

4　伝産品の事例：堺刃物

　堺は，関（岐阜県）や三条（新潟県）と並び日本を代表する刃物産地である。たばこ包丁や鉄砲鍛冶との関係が指摘されるように古い歴史を有する。1982年には堺打刃物が国の伝統的工芸品に指定され，用件を満たした庖丁とハサミには「伝産マーク」が付けられるようになった。

　堺刃物の生産形態の最大の特徴は，①問屋を中心とした，②鍛造業者（鍛冶），③刃付業者，④木柄業者の分業体制にある（表2）。地場産業の特徴の1つは業者の零細性にあるが，堺刃物もまた零細な業者が狭い範囲に集積している（特に図1の北旅籠町から神明町に至る「七町」に集中。なお，江戸時代には七町の中でも中浜筋のみに庖丁づくりが許された）。①問屋は，②鍛造業者から無刃物を購入し，③刃付業者に加工をさせて，④木柄業者から柄を仕入れて自ら柄付加工を行う。戦後は問屋の支配力が弱まったこともあり，鍛造業者や刃付業者でも完成品に仕上げて販売までこなす業者がいる。

　鍛造業者は，地金（軟鉄）と刃金（鋼）を熱し，たたいて鍛接してから庖丁の形状に整形する。整形が終わると「焼きなます」（徐々に冷やすこと）。そこからさらにたたくことで庖丁を鍛え，歪みをなくして刻印を打つ。焼きむらをおさえるために泥を塗り，加熱した庖丁を一気に水に入れて冷ます（焼き入れ）。庖丁を再び熱し，焼き戻しと泥落としの作業を経て，槌でたたいて歪みを直す。この時点ではまだ刃のない状態である。

　刃付業者は，鍛造業者から無刃物を購入し，複数の砥石で砥いで，刃を付ける。最後に，木柄業者から仕入れた柄を付けて完成する。鍛造や刃付の作業は今では機械化・動力化が進んで

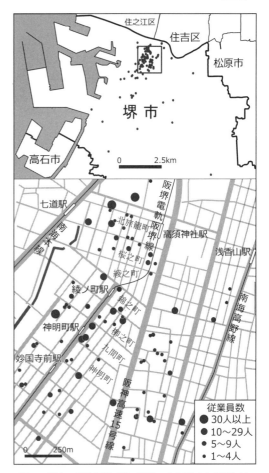

図1　堺市の刃物関連工場・問屋の分布図（1979年時点）
注：図中の町名は，江戸時代に庖丁づくりが許された堺七町。
出所：堺市商工農政部商業課編（1980）より作成。

いるが，それでも熟練職人の勘と経験が品質を左右する点は今も昔も変わりはない。

　堺刃物の主要製品は庖丁とハサミに分けられる。庖丁は柳刃や出刃，薄刃，はも骨切庖丁などたくさんの種類が製造され，特にプロ用の高級料理庖丁では圧倒的なシェアを持つ。ただ，生産数量は84万7000丁（1999年）から42万8000丁（2006年）に激減している（川村，2010）。そこで最近では，庖丁の焼き入れの技術を転用することで，耐久性の高いフライパンなどの鉄製調理器具を生産する試みも進んでいる。また和包丁の技術を応用した高級ペーパーナイフなども製作しているという（日経流通新聞2012年5月9日）。あるいは，世界的な和食ブームを背景に堺の高級和包丁の輸出が増えており，ドバイやニューヨークなどで紹介イベントを開き，積極的に販促PRを行っている（日本経済新聞2013年3月2日）。

（吉田雄介）

9 酒造業と地域

1 灘五郷における酒造業

　阪神間の西宮市・神戸市東灘区・灘区沿岸部には酒造業関連施設が点在し，地域の伝統的産業としてよく知られている（図1）。

　この地域での酒造の歴史は室町時代に始まるとされるが，全国的に有名になったのは，廻船によって江戸への輸送（江戸積）が行われるようになった江戸時代中期以降である。戦国時代末期から江戸時代初期にかけては，在郷町の伊丹や池田が生産の中心であったが，幕府の規制緩和により阪神間でも酒造業が発展した。当初は現在の西宮市今津から神戸市中央区の三宮や元町周辺にかけての広い地域で生産が行われたが，明治時代以降は今津・西宮・魚崎・御影・西郷（新在家／大石）が中核となり「灘五郷」と称されるようになった。

　灘五郷は，内陸の伊丹・池田とは違い沿岸に位置していたために江戸積が容易であったことに加え，背後に位置する六甲山地を源とする夙川や住吉川，石屋川，都賀川などが形成する扇状地の扇端部分にあたり，豊富な地下水が得られるという好条件を有していた。なかでも，西

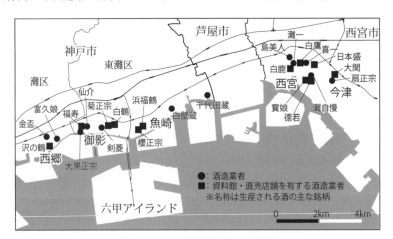

図1　灘五郷の酒造業者（2018年現在）

表1　丹波杜氏出稼ぎ先一覧

	杜氏総数	灘区	東灘区	西宮市	伊丹市	明石市	篠山市	兵庫県内	その他
1936年	469	35	130	83	12	8	15	50	136
1994年	90	9	9	21	2	3	8	11	15

注：人数は現在の市区に変換して算出。
出所：『続　丹波杜氏』編纂委員会編（1995）

表2　水稲の作付割合（2017年）・清酒生産量順位（2016年）

（単位：％）

	全国平均	兵庫県	京都府	新潟県	秋田県	埼玉県
清酒生産量順位（2016）	—	1位	2位	3位	4位	5位
うるち米（醸造用米，もち米を除く）	94.7	80.8	96.1	92.0	93.3	99.4
醸造用米	1.4	17.0	1.4	2.0	1.1	0.1
もち米	3.8	2.2	2.5	6.0	5.6	2.1
全国の醸造用米作付面積に占める割合	—	29.4	1.0	11.0	4.5	0.1

出所：米穀安定供給確保支援機構「平成29年産　水稲の品種別作付動向について」および国税庁資料。

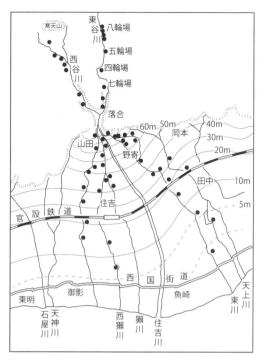

図2　住吉川水系の水車（1885年頃）
注：●は水車場を表す。
出所：田中編（1984）を参照して作成。

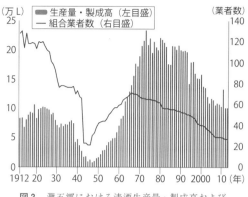

図3　灘五郷における清酒生産量・製成高および所属組合業者数
注：1887～1995年は生産量、1996～2013年は製成高を示す。
出所：原他編（1997）および西宮市統計書。

宮に湧く地下水は「宮水」と呼ばれて最も酒造りに適した水として知られており、西宮以外の灘五郷でも使用されている。

灘五郷では、酒造りに必要な大量の醸造用米（酒米）の精米を、六甲山地から流れてくる各河川に設置した水車で行えるという利点もあった。もともと水車は綿の実などから灯り用の油を絞るためのものであったが、酒造業の興隆とともに主に精米に利用されるようになった。現在、精米は機械化され、こうした水車は現存しないが、図2のように住吉川には江戸後期から昭和初期にかけて数多くの水車が存在し、酒造りのための精米が行われていた。

2　周辺地域への影響

灘五郷の発展は、周辺地域にも影響を及ぼしている。その1つが酒造業者から酒造りを請け負う杜氏と呼ばれる生産管理者である。杜氏は夏季には農業を営んでいるが、農閑期でかつ酒造りが行われる冬季になると灘五郷に出稼ぎにきた。彼らは、出身地域ごとに団結し、酒造りの技術を独自に伝承してきた。灘五郷では江戸時代には播磨地方からの杜氏もいたというが、明治時代以降は内陸の丹波地域（特に現在の篠山市）からの「丹波杜氏」が多く、ここでの酒造りを支えた（表1）。

ただし近年では、酒造りの機械化が進み、杜氏の数が減少している。また、出稼ぎではなく、酒造会社の正社員となった杜氏も目立つようになっている。

醸造用米は六甲山地北麓の神戸市北区や三木市や西脇市などの播磨東部を中心に兵庫県で多く生産されている。表2に2017年度産水稲の作付割合を示したが、兵庫県は全国平均に比べ醸造用米の作付が圧倒的に多いことが確認される。品種も灘五郷の酒造りで伝統的に利用されている「山田錦」が8割以上を占める。このように灘五郷の酒造業は、工場の立地する場所やかつて水車があった近隣地域のみならず、より広域の経済や社会に影響を及ぼしている。

3　近年の動向

灘五郷での清酒生産は、第2次世界大戦中の減少期を経て1960年代に急増し、70年代には年間20万リットルを超えるまでになった。その後は、日本酒の消費量が減少し、生産もピーク時の半分以下まで低下している（図3）。近年では、酒造業者の廃業・工場の閉鎖が相次ぎ、跡地はマンションや大型商業施設に再開発されている。その一方、灘の酒を紹介する資料館や試飲ができる直売店舗などが設けられ、地域の特産品として観光資源にしようとする動きもみられるようになっている。

（金子直樹）

V 近代都市

1 概説

1 近代都市の誕生と拡張

Ⅳ章でみた工業の発達は，**近代都市**をつくりだす原動力の中心となった。近代以前にもものづくりはあったが，近代工業が生み出した**大量生産大量消費**というスタイルは，それまでの社会や都市のかたちを大きく変えていく。商品を生み出す大工場，商品が取り引きされる商業地，そして商工業を支える膨大な数の人々を抱え込むことで，近代都市はそれまでの都市とは大きく異なる姿へと変貌したのである。

近代都市ではさまざまな産業が誕生し，そこで働く人々は遠近の農山漁村，さらに海外からもやって来た。近代初頭では市街地の狭い範囲に工場や住宅が集中して建てられ，都市の居住環境はしばしば劣悪であった。「労働者の住居，否しばしば中産階級の住居もまた鉄工場，染料工場，ガス工場，さては鉄道の切崩しの崖に鼻つきあわせて建てられた。……明けても暮れても廃物の悪臭，煙突からは真黒な煤煙を吐きだし，がんがん叩いたりぶんぶん唸ったりする機械の騒音などが，毎日の家庭生活の同伴者であった」（マンフォード，1974）。そのため良好な居住環境を求めて**郊外**へ転出する人々が出てくる。

近代とは鉄道や自動車といった新たな交通手段が発達した時代でもある。交通網の結節点となった**都心**には多くの企業や商店が集まるようになるため，需要のある土地の値段（地代）は上昇していき，都心に住み続けることは難しくなる。都心からは住民が減り，**郊外**の居住者が増加する人口の**ドーナツ化現象**が生じる。住民が減っても都心には行政機関やオフィス，小売店や飲食店などが集まっており，多くの来訪者がやって来る。そのため，一般に都心の昼間人口は夜間人口よりもはるかに多くなる。

2 近代都市と同心円地帯モデル

近代都市の代表例の1つはアメリカ合衆国のシカゴである。19世紀末から20世紀初頭のシカゴでは農作物の取引や鉄鋼業を中心とした商工業が発展し，国内外から流入してきた大量の人々が住みついた。1840年にはほとんど誰も住んでいなかったこの土地は，1880年に50万，1890年に100万，1920年に250万の人口を数えた。シカゴの急激な人口増加，すなわち**都市化**は人々を驚かせ，「衝撃都市」とも呼ばれた。

シカゴ大学の都市研究者たちはこの状況を理解しようと努めた。その中で1925年に生み出されたのが**同心円地帯モデル**（図1）である。このモデルではシカゴにおける都市空間の広がりや，その中での人々の社会階層別の**居住分化**（セグリゲーション）が図示された。Ⅰ～Ⅴの同心円＝ゾーンはそれぞれ異なる性格の地域であることを示している。Ⅰは**中心業務地区**（C.B.D.：Central Business District）であり，都心を意味する。Ⅱは工場地帯と低賃金労働者の居住地から構成され，住民の入れ替わりが激しいために**遷移地帯**と呼ばれる。Ⅲ～Ⅴは，そこに居住する人々の社会階層別の居住地を示しており，Ⅲは**労働者居住地帯**，Ⅳは中流階層の**住宅地帯**，Ⅴは**通勤者地帯**という。

このモデルは近代都市が成長した結果を示しているので，時間的な変容の過程からこの図を描き直したものが図2である。Aは日本の城下町のような前近代の市街地の時期である。近代になり，もともとの市街地であるⅠの周辺に工場地帯が形成され（B），労働者が集まってきて市街地が拡大する（C）。Ⅰでは，産業の発展や交通網の整備によってオフィスや小売業が卓越する中心業務地区としての機能が強まっていき，大規模な建築物の新築や更新が

図1　バージェスの同心円地帯モデル

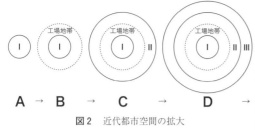

図2　近代都市空間の拡大

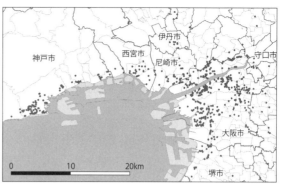

図4　1930年頃の主要工場
注：ベースマップは1920年と2016年。太線は現在の市境。

多くなる。都心では地代が上昇するし，人々が密集した場所では居住環境が悪化する。こうして郊外へ向かう人々が増加していき，Ⅲ，Ⅳ，Ⅴというように外部に向けて新しい郊外住宅地が階層別に作られていく（D）。アメリカ合衆国では交通費が企業から補助されず自己負担となるため，富裕層ほど都心の職場からは離れているが良好な土地に住める。諸説あるが，Ⅴの「通勤者」は一般的な郊外住宅地であるⅣの居住者よりも裕福な人々を意味する。

他方で都心のⅠと近郊のⅢに挟まれたⅡには，郊外（アウターシティ）の内側にあるという意味でインナーシティとも呼ばれる低賃金の工場労働者の町が形成される。住宅は年とともに老朽化していくが，低賃金の人々が多い地域では適切な補修がなされる機会は少ない。仮に賃金が上昇しても，古い家屋を修築するのではなく，少しでも居住環境のよいⅢなどへ転居することが多い。居住環境が改善されず，健康問題や犯罪といった社会状況も悪化している場合にはインナーシティ問題といわれる。

同心円地帯モデルでは，都心からの距離に応じて土地利用や居住階層が異なることが示されている。このモデルは日本の都市を説明するために作られたものではないが，都心，工場地帯，郊外住宅地の位置関係を理解する上では有用である。大阪市を例にみてみよう（図3）。大阪市は1889年に大坂城の城下町であった大坂三郷（北・南・天満組）を中心に成立した。当初はこの界隈に工場が作られたが，より大きな工場はその周辺の土地に建設されていく。図では1902年（明治35）の職工（工場労働者）数から各地の工場の規模を推測できる。さらに後年には，大阪市に隣接する尼崎市の新田地帯（Ⅲ-7）などが巨大な工場地帯へと変化する。尼崎市や堺市のような周辺都市は**工業都市**として成長していくことになる。図4では現在の神戸市兵庫区・長田区の工場集積も確認できる。そして大阪・神戸では，こうした工場地帯を取り巻くように**郊外住宅地**が形成されていく。

ところで，都市空間の拡張や住み分けについての一連のプロセスは，人々の社会・経済活動によって説明可能であるとされていた。これは**人間生態学**的な説明といわれ，個々人の経済活動や社会関係を前提にしながら都市全体の状況を示そうとする考え方である。

しかし実際には，行政機関による都市計画の実施，不動産会社や住宅建設の公的機関（例えば**日本住宅公団**）によるオフィス・住宅地の建設など，個々人の活動を超えるより大きな動きによって都市が変容してきた部分も大きい。例えば大阪市では1897年（明治30），1925年（大正14）の2度にわたって市域を拡張し，いわゆる**大大阪**が誕生した。広域に及ぶ都市政策を打ち

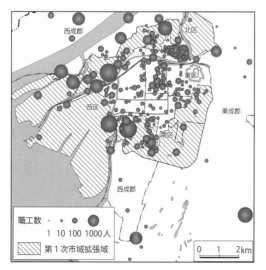

図3　大阪市の第1次市域拡張（1897年）と職工数（1902年）

立てて，大阪市とその周辺の都市空間を適切に管理しようと試みたのである(V-2)。

3 田園郊外としての郊外住宅地の形成

バージェスのモデルでは郊外を目指した人々の動機は理解できる。ただし，多くの場合には，不動産開発業者（デベロッパー）が郊外に土地を取得して整地・造成し，住宅を建設してはじめて住宅地になる。第2次世界大戦以前の日本では，良好な居住環境を目指して開発された郊外住宅地に対し**田園都市**（garden city）という言葉がしばしば使われた。この言葉はイギリスからもたらされたものである。

イギリスで郊外（suburb）という言葉が最初に使われたのは14世紀のことだというが（スミス，2013），今日の意味での郊外住宅地が最初に開発されたのも産業革命後のイギリスであった。ロンドン北部の住宅地セント・ジョンズ・ウッドの開発計画は1794年に始まっている。世界に先んじて産業革命が起こり，それによって都市化が急激に進んだ「イギリスでは都市破壊が典型的な形をとり，そして破壊的建設に反抗するもっとも決定的な反作用がはじめて生じたのも，やはりイギリスであった」（マンフォード，1974）。その代表例が**エベネザー・ハワード**の田園都市計画である。

ハワードの『明日の田園都市』刊行翌年の1903年には，ハワードの計画に沿って，人口過密や煤煙などによって居住環境が悪化していたロンドンから約55km離れた場所に第1田園都市**レッチワース**の建設が開始された。ここでは良好な居住環境の田園地帯に工場などの職場を誘致することで**職住近接**が目指された。1920年にはロンドンから約35kmの距離に第2田園都市ウェルウィン（ウェリン）が建設される。

同じ時期には，ロンドンへの通勤を前提とした郊外住宅地の建設も始まっている。大都市の都心から切り離された田園都市ではなく，朝には職場へと通勤し，夕方には帰宅するという**職住分離**を前提としたベッドタウンであり，これを**田園郊外**（garden suburb）と呼ぶ。その最初はロンドン都心から約10kmのハムステッドに1905年に建設された。日本では田園都市の名でまとめて語られることが多いものの，田園都市と田園郊外は職住の関係の点で相違する。

日本で主流になったのは田園郊外であった。鉄道会社が，都心を起点とした鉄道線の沿線に郊外住宅地を建設したからである。1910年には，のちに**阪急電鉄**となる箕面有馬電気軌道創始者の**小林一三**によって**池田室町住宅**が建設され，日本における田園郊外の走りとなった。もっとも，その時に語られたのは田園都市という言葉であった。「小林一三は，欧米の田園都市に理想を見い出し，まず，住宅地に適した郊外の鉄道開発に着手。その沿線に街を開き，良質な住まいを作り，商業施設を作ることで，その地域に住まう人が快適に暮らせる良好な住環境を創出」した（『SUUMO　首都圏版』，2010）。同様の住宅地としては1918年に開設された**田園調布**（東京都大田区）が有名だが，京阪神にも多数の田園郊外が建設された。甲子園，香櫨園，甲風園，武庫之荘，千里山といった郊外住宅地は，いずれも鉄道駅近くに立地する(V-3)。

4　膨張する近代都市とその管理

第2次世界大戦後のイギリスでは1946年にニュータウン法が制定され，ハワードの田園都市計画でうたわれた職住近接の理念が法的にも目指された。他方，日本では職住近接が達成されることがほぼないままに，大規模なベッドタウンであるニュータウンが建設されていく。

日本政府は第2次世界大戦後の住宅地不足解消に「42万戸政策」を打ち出した。そのうち16万戸分の建設については政府が率先して取り組むことになり，1955年には**日本住宅公団**が設立された。公団が建設した「団地」のうち最初に入居が開始されたのは1956年の金岡団地（堺市）と東長居団地（大阪市住吉区）であった（日本住宅公団20年史刊行委員会編，1981）。公団はその後，郊外に広大な土地を取得して大規模なニュータウンを作っていく。その代表例が日本最初の大規模ニュータウンとされる**千里ニュータウン**（1962年入居開始）である(V-5)。

神戸市のニュータウン開発もよく知られている。「山，海へ行く」といわれたように，山地を切り崩してニュータウンをつくり，その土砂は人工島の

造成に利用された V-6 。京都市でも洛西ニュータウン（1976年入居開始）などの大規模ニュータウンが開発されている。

図5は京阪神のニュータウンの分布と事業開始年度を示している。大阪市内には少なく，市外の南部や東部，北西部（川西市・宝塚市）に集中している。神戸市から三田市にかけては六甲山系の北斜面に多数のニュータウンが並んでいる。

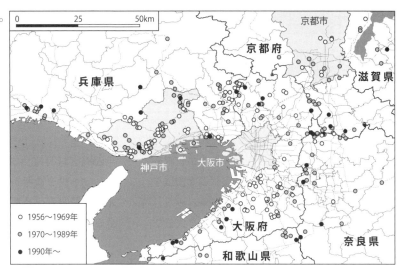

図5 京阪神におけるニュータウンの分布と事業開始年度
出所：国土数値情報「ニュータウン第1.1版（平成25年度）」（国土交通省「全国のニュータウンリスト」）。

ニュータウンの多くでは，社会における平等の達成や多様な人々の協働の実現を目標に，社会階層や年齢層が異なる人々の**ソーシャル・ミックス**（社会的混住）が試みられた。これは近代の重要な理念である平等の達成だけでなく，住宅地の維持・発展のためにも重要である。例えば同じ年齢層の人々ばかりのニュータウンでは，住民の高齢化が明確に表れる V-5 。そのため，年齢層が多様になるような住民構成を考慮することが必要となる。

図6は芦屋市南部に建設され，1979年に町開きした芦屋浜シーサイドタウンの例である。このニュータウンはほとんど同じ形態の52の住居棟から構成されているが，4つの事業主が対象とする社会階層は異なっていた。民間企業連合のアステムの住居棟は高所得者をターゲットとしていたのに対し，日本住宅公団と兵庫県住宅供給公社は中所得者，兵庫県営住宅（公営住宅）は低所得者向けであった。実生活においては社会階層の違いを意識せざるを得なかったり，補修・改修・改築工事をめぐる意見の相違から住民間でトラブルが生じることもある。芦屋浜では「差別を子どもたちからなくすために，県住とか，公団とかアステムという表現をやめて，4の1とか，7の2とか，棟の番号で呼ばせるようにしてい」（佐藤，1980）たという。

郊外の開発が常に計画的だったわけではない。高度経済成長期には無計画で無秩序な市街地の拡張を意味する**スプロール現象**が生じていた。そのため，都市圏の適切な開発を目標に，1968年には**新都市計画法**が策定された V-7 。

このⅤ章では，京阪神の都市が近代都市としてどのように成長し，変化してきたのかを見ていく。大阪市の第1次市域拡張がなされた19世紀末の1897年（明治30）頃を起点に，第2次世界大戦や高度経済成長期（1955～73年）を経て，脱工業化の状況が明らかになってくる1970年代頃までを対象とする。

（山口 覚）

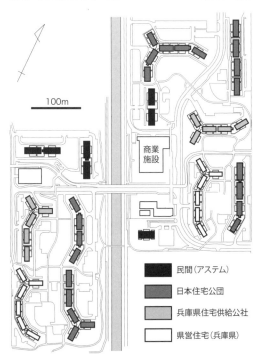

図6 ソーシャル・ミックスの例（芦屋浜シーサイドタウン）

V 近代都市

2 大大阪

　およそ270万人の人口を擁する現在の大阪市には北区や中央区など24区があり，キタ・ミナミと呼ばれる大きな繁華街がある。**御堂筋**はキタとミナミを結ぶ南北軸のメインストリートである。もっとも，かつては市街地の東に位置した大坂城（図1のA）が重要だったため，東西軸の方が重視されていた。南北方向の道路に付された「筋」という名称は，より重要であった東西方向の「通」を横切る二次的な道路を意味した。前近代の「大坂」も大きな町だったが，現在の大阪市はその時代よりもはるかに巨大化した。大阪市は**大大阪**時代に大変化を遂げた。

1　大大阪：2度の市域拡張

　大阪市の成立は，1888年（明治21）に公布され，翌1889年に施行された**市制及町村制**による。市制施行時の大阪市の市域は，北・南・天満組から構成されていた江戸時代の「大坂三郷」の範囲に相当する。この時点で海に面していなかった大阪市は，市制施行後に2度にわたって市域を拡張していく。

　第1次市域拡張（1897年）は海を目指すものであった。明治初年の大阪港は安治川をさかのぼった川口波止場（B）にあった。大阪湾の水深は浅かったため，当時の大阪港には大型船が入港できなかった。そこで日清戦争（1894～95年）後に大規模な築港が急務となる。市域拡張と同じ1897年に天保山（C）で築港工事が開始され，1903年には大桟橋が完成し新しい港が開かれた。なお，同じ1903年には市営の路面電車も開業している。

　当初の市域の周辺部に多くの工場が立地するようになり，それにあわせて多数の労働者も流入するようになった大阪市は南北方向にも拡大していく。初代の国鉄大阪駅は大阪―神戸間の鉄道開通にあわせて1874年に開設されたが，当時の住所は西成郡曽根崎村であった（図1のD，1901年に現在の位置に移転）。また当時の大阪市周辺の町村では，上水道の整備も含めて，大阪市への合併を望む声が多かったという（Ⅱ-5）。つまり市街地が市域の外部にまで拡張していったため，新市街地を含めた都市のあり方が問われるようになっていたのである。

　この時代の大阪市を語る上で重要なのは，都市計画学者として知られ，第7代大阪市長となった**関一**（図2）である。関は東京商業高等学校（現在の一橋大学）の教授職を1914年（大正3）に辞任して大阪市助役となった。1917年には関を委員長とした都市改良計画調査会が発足し（1921年に都市計画調査会へ改組），都市改造のための法律制定を国に働きかけて1919年に**都市計画法**と市街地建築物法を成立させた。関は1923～35年までの大阪市長在職中に，第2次市域拡張や御堂筋の拡幅，地下鉄や築港の建設など多方面で業績を残した。

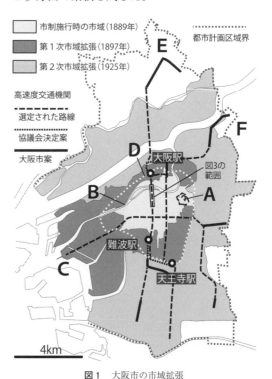

図1　大阪市の市域拡張
注：図中央の環状の白点線は現在のJR大阪環状線を示す。

図2　関市長顕彰碑（中之島公会堂前）

大阪市の第2次市域拡張は1925年（大正14）に実施された。無秩序な市街地膨張を抑制して良好な住宅地を形成するため、周辺の農村地帯を市域に組み入れる総合的な都市計画を立案し、大阪市を適切に運営しようとしたのである。大阪市はこの時の市域拡張によって面積では名古屋市を抜き、人口では関東大震災（1923年）の影響で人口減少していた東京市を抜いて、いずれも日本一となった。大阪市は大大阪、グレート大阪などと呼ばれ、日本一の都市とみなされるようになる。

2　大阪市の範囲をめぐる議論

第2次市域拡張によって市域が決定されるにあたって、どこまでを「大阪市」に組み入れるかが議論された。すでに市街地を形成していた堺や八尾、豊中までを含める案や、それらの既成市街地は含めないものの、理想的な住宅地として今後開発の余地のある千里山（吹田市）を含める案などがあった V-3。図1における都市計画区域界とは、関たち大阪市関係者が、同市をまとまりのある「有機体」として適切に開発することを想定した範囲を示している。Eの千里山、Fの守口などを大阪市と合併することが想定されていたのである。しかし第1次拡張時の大阪市域から遠く隔たっているとして、千里山などを含める案は認められなかった。

こうした議論は大阪市営の高速度交通機関、すなわち地下鉄の設置計画時にもなされた。高速度交通機関の計画のうち（図1）、特に大阪市案（図中の太実線）では、第2次市域拡張の範囲を大きく越えて、やはり千里山方面にまで鉄道線を延長することが考えられていた。この案は、最終的には、日本国内の鉄道を管轄していた当時の鉄道省によって、私鉄の郊外路線を保護するという名目で否定された。しかし大阪市の空間的範囲をどこまで広げるか、その内部のインフラ整備をいかに進めるかは激しく議論されたのである。

3　御堂筋の整備

大阪市では都心部における市街地の整理、特に道路の拡幅も急務であった。いわゆる**市区改正**（＝都市計画、都市改造）である。当時の道路幅は広いところでも幅8mに満たなかった。そこで梅田と難波を結ぶ南北幹線道路として御堂筋の建設が計画され、1926年に着工、1937年に完成した（図3）。かつては淡路町通を境に南北で異なる道だった旧御堂筋と旧淀屋橋筋を結び、幅員も24間＝43.6mへと大幅に拡幅した。地下鉄御堂筋線の工事も並行して行われ、1933年には日本初の公営地下鉄が梅田―心斎橋間に開通している。

大大阪の時期には商店街が発達するとともに、商店街やターミナル駅には百貨店が建設された。「心ぶら」（心斎橋筋でのぶらぶら歩き＝ウィンドーショッピング）のような新たな消費行動も登場した。大阪市では都市の変貌と時期を同じくして経済や文化においても新たな動きがみられたのである。

現在の御堂筋では景観が変化しつつある。御堂筋沿いの建築物の高さは、市街地建築物法（1919年）の百尺（約30m）規制が適用され、容積率 V-7 を重視する建築基準法（1950年）の策定後も、御堂筋については百尺規制が維持されてきた。しかし**都心回帰** VI-4 が進むなかで高さ制限が緩和されていく。1995年には50m、2007年には本町3丁目交差点のみ再生特区として140m、そして2013年には条件付きで建築物の後背部が140mへと規制緩和されたのである。　　（山口　覚）

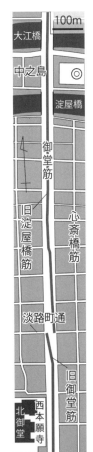

図3　御堂筋の拡幅と旧道
注：御堂筋を通る細い実線は旧道を示す。原図は1900年頃のもの。市役所は1921年から中之島に立地する。

V 近代都市

3　郊外住宅地の形成

1　郊外住宅地の形成

　近代都市空間を考える上で同心円地帯モデル（V-1）は役に立つ。都心の中心業務地区（C.B.D.）から周辺の工場地帯や労働者の居住地，さらに離れた郊外住宅地というように，中心からの距離によってそれぞれの場所は異なる特徴を持っている。

　日本でも郊外化のプロセスの中で，まずは富裕な人々が都心を離れた。1874年（明治7）に官営鉄道（現JR）東海道線の大阪―神戸駅間が開通し，住吉駅（現神戸市東灘区）が設置されると，1900年頃には住吉―御影界隈に関西財界人の邸宅や別荘が作られ始めた。1928年（昭和3）には高級住宅地として知られる六麓荘（芦屋市）でも宅地開発が始まっている。こうした場所は，大阪の都心では得られない，きれいな空気や水のある健康な土地として人気を呼んだ。図1のように郊外住宅地が建設されたのは主に丘陵地であり，一部海浜地帯にもみられた。いずれも良好な住環境が売り文句であった。

2　阪急電鉄の小林一三モデル

　都心から郊外に向けて鉄道を敷設し，あわせて郊外の良好な環境の地に中流階層向けの住宅地を建設するという私鉄各社の動きによって，郊外に住まう人々はさらに増加する。箕面有馬電気軌道，現在の阪急電鉄を率いた小林一三は，郊外居住者の生活様式を創り出した。箕面有馬電気軌道が誕生した1910年（明治43）の池田室町（池田市），翌1911年の桜井（箕面市）を皮切りに，鉄道沿線に数多くの住宅地を建設し，住宅購入には月賦方式も採用した。阪急は，郊外には教育機関を積極的に誘致し，さらに住宅地とともに遊園地や少女歌劇などを，都心には百貨店を用意した。

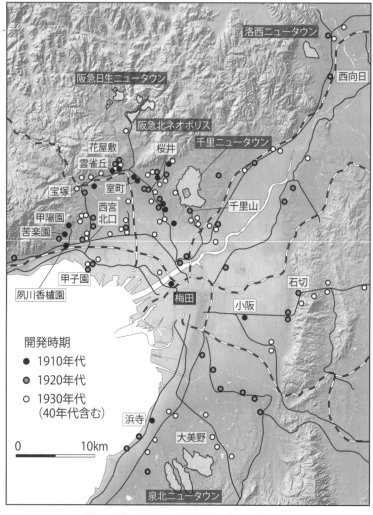

図1　戦前に建設された鉄道沿線の主な郊外住宅地

注：この図で示した住宅地は相対的に大規模で，立地と開発時期が判明しているものに限定される。
出所：ベースマップは地理院地図の色別標高図であり，海岸線は1920年代の状況を示す。水内他（2008）などにより作成。

阪急の動きに影響され、関西の他の鉄道会社も主に1920年代以降に郊外住宅地の建設に乗り出していく。沿線各地を開発した阪急とは違い、阪神電鉄は主に**甲子園**（西宮市）を一極集中的に開発した（1928年）。ここには住宅地だけでなく球場やホテルなどのスポーツ・娯楽施設が併置された。西宮市内に作られた甲子園、香櫨園（遊園地1907年→住宅地1918年）、甲陽園（1918年）、苦楽園（1919年）、甲東園（1923年）、昭和園（1927年）、甲風園（1930年）という7つの郊外住宅地は、後に「西宮七園」と呼ばれるようになる。図2は昭和園と甲風園を示している。古くから農村集落であった高木とは異なり、計画的に作られた住宅地であることがまちなみから理解される。現在では駅に近い甲風園南部は商業地区となったが、甲風園北部や昭和園では開発当時の様子が今でもいくらか確認できる。

大阪電気軌道、現在の近畿日本鉄道は、阪急電鉄とは経営方針が異なっていた。住宅地開発よりも伊勢神宮や橿原神宮などの寺社仏閣をめぐる観光客の輸送を重視したのである。しかし1920年代からは住宅地開発や遊園地、百貨店経営を進めるようになった。それ以前に住宅地開発が重視されなかった理由として、沿線が大阪市東部の低平な土地だということもあった。同社の沿線で最初期の郊外住宅地である東大阪市小阪（1917年）は、長瀬川（大和川の旧河道）の自然堤防の上、つまり微高地に立地する。健康によいとされた高燥地が郊外住宅地として好まれたからである。それ以降に開発された近鉄関連の郊外住宅地は生駒山系に多かった。例えば石切住宅地（東大阪市）の販売にあたっては、大阪市の「喧騒・煤煙・不衛生」に対して「涼気・眺望・清潔」な土地だと宣伝された。

3 郊外住宅地の特徴

日本の郊外生活者の多くは**職住近接**ではなく、**職住分離**の生活を営んでおり、都心にある職場への通勤には鉄道が用いられることが一般的だった。つまり郊外住宅地は日本におけるベッドタウンの先駆けである。また郊外住宅地はジェンダー化された空間であり（Ⅷ-1）、昼間の地域活動は主に女性によって担われた。

郊外住宅地には、欧米の郊外住宅地を模してロータリーや並木道を持つものが珍しくない。図3は**千里山住宅地**（吹田市）を示している。北大阪電気鉄道（現在の阪急千里線）は、1920年代に大阪住宅経営株式会社が開発したこの住宅地を「気候温和にして風光明媚、近郊無比の住宅好適地」と宣伝した。この時には**大大阪**（V-2）の郊外であることが意識されており、実際に大阪市から住宅建築資金の貸付を受けている。しかし墓地利用の名目で土地を安く購入し、高額な宅地に造成したという側面もあったという。千里山ではレッチワースなどのイギリ

図2 昭和園と甲風園（1935年頃）
注：街路の原図は現在のものである。

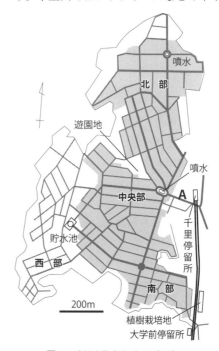

図3 千里山住宅地（1935年頃）
注：昭和10年頃の広告による。

図4　千里山住宅地の噴水

図7　西向日住宅地の噴水公園

図5　レッチワースロードの標識

図8　西向日住宅地の並木道

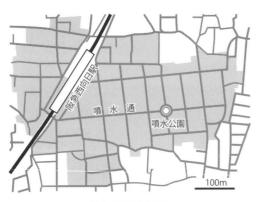

図6　西向日住宅地

図9　開発100周年を迎えた雲雀丘住宅地（2016年）

ス田園都市を参考に計画され，街路の配置は放射状で，駅前など数ヶ所には噴水広場（図4）やロータリーが作られている。この住宅地のメインストリートは，現在では「レッチワースロード」と呼ばれる（図3のA，図5）。

　千里山住宅地の近隣には関西大学千里山キャンパス（1922年開設）がある。郊外住宅地の多い西宮市には関西学院大学上ヶ原キャンパス（1929年開設）が立地する。これは偶然ではない。鉄道会社は，朝夕の通勤客だけでは列車が「片道輸送」になってしまうことを危惧し，通勤客とは反対方向の需要を創り出すために郊外への学校誘致を積極的に行ったからである。

　京都府向日市の西向日住宅地（1929年，図6）のように，現在でも住民たちの手で積極的に景観保全がなされている場所もある。2012年には自治会に設置された「西向日の桜並木と景観を保存する会」が「桜並木のまち憲章」をまとめた。「西向日住宅地は，昭和四年に田園都市の思想にもとづくまちとして，長岡京の跡地に誕生しました。噴水公園（図7）とロータリーを擁した昭和モダンな街並みは，その端正な面影はそのままに，幾多の年月を経て熟成を重ね，現在に至っています。私たち住民は，西向日のまちが歴史と文化に育まれた良好な住環境と，まちのシンボルである，桜並木，そして，このまちの暮らしを後世に引き継ぐために，みんな

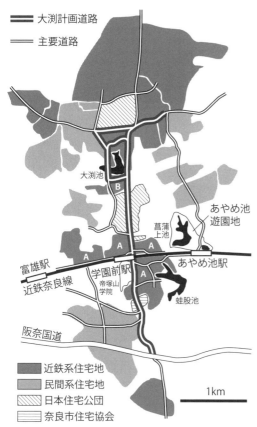

図10 学園前住宅地の開発（1980年代まで）
出所：松田敦志氏の原図による（山口・松田，2012）。

図11 登美ヶ丘1丁目

で守るまちづくりの理念を『桜並木のまち憲章』としてまとめ，発信します」。

千里山住宅地に「植樹栽培地」が設けられたように（図3），郊外住宅地では緑地や並木が重視された。図8のように狭い道路の両端に成長した並木が見られるところは，戦前に開発された郊外住宅地である可能性が高い。こうした道路は自動車交通には不向きだが，良好な住環境のシンボルとして大切にされることが多い。

郊外住宅地の中には良好な環境を維持しつつ開発から100年以上経過するものもある（図9）。

4 郊外住宅地から大規模開発へ

戦後，特に高度経済成長期の1950年代後半からは各地でニュータウンが建設され，千里ニュータウン V-5 は1962年に，泉北ニュータウンは1967年に入居が開始されている。しかしニュータウン開発が始まるまでは戦前型郊外住宅地が作られていた。その代表例が近鉄の開発した**学園前住宅地**である（図10）。1950年に学園前駅周辺の開発が始まり，50年代に図10のAの区画が完成した。特に重要なのは1960年に開発されたB区画の登美ヶ丘1丁目である（図11）。ここには戦前の多くの郊外住宅地でみられたロータリーが配置され，一戸あたりの面積は学園前住宅地の中では突出して大きい。近鉄は「新しい芦屋」としての開発を目指しており，登美ヶ丘1丁目は良好な高級住宅街のイメージを創り出す役割を担った。近鉄は登美ヶ丘1丁目の写真を広告に利用しながら，大規模な開発を南北方向へ進めていく。

他方では日本住宅公団の開発地（1959～67年）や他の民間事業主の住宅地も建設されていった。学園前住宅地は戦前型郊外住宅地にニュータウンが接合されるかたちで巨大化していく。ただし，開発の開始時期が**モータリゼーション**が本格化する1960年代よりも早く，メインストリートの大渕計画道路を除けば自動車交通に対応できておらず，通勤・通学の時間帯には各所で激しい渋滞が生じていた。学園前地区の新たな玄関口として，2006年に住宅地北部に近鉄けいはんな線の学研奈良登美ヶ丘駅が新設されるなどの対策によって交通渋滞は緩和された。

日本の郊外住宅地はイギリスの田園都市をモデルに開発が進められてきた。しかし V-1 で強調したように，その多くは私鉄会社によって開発された職住分離の田園郊外であり，このベッドタウン開発は戦後のニュータウン開発へと引き継がれていく。そしてニュータウンは戦前の郊外住宅地よりもさらに標高の高い土地に建設されることになる（図1）。

（山口　覚）

V 近代都市

4 戦災と復興

1 第2次世界大戦末期の空襲による被災

太平洋戦争（1941～45年）末期にはアメリカ軍の爆撃機による空襲が日本の多くの都市を襲った。大阪市ではB-29爆撃機が100機以上で飛来した「大空襲」が8回，小規模な爆撃を含めれば50回以上の空襲があった。最初の大空襲は1945年3月13日夜で，被災戸数14万戸弱，被災者数50万人，死者4000人であった。8回の大空襲による死者は計1万3000人に達し，図1のように空襲による被災地は都心部から臨海部に至る広域に及んだ。全滅状態の浪速区や港区では住民がほとんどいなくなった。

神戸市も大小100回以上の空襲があり，死者は6000人以上であった。1945年3月17日の夜間大空襲では神戸市の西半分が焼け野原となり，6月5日の空襲では市域東部が被害を受けた。

京都市は空襲がなかったかのように語られるものの，実際には1945年に5回の空襲があり，死者も出ている。6月26日の第5回空襲を最後に爆撃が止んだのは，京都市が原爆投下候補の1つであったからだとされる。

2 終戦後におけるGHQの進駐とヤミ市

1945年8月15日に終戦を迎えると，日本は連合国軍最高司令官総司令部（GHQ）の管理下に置かれ，進駐軍が日本各地に駐留すると，主要な公共施設や企業のビルなどがGHQ関連の施設や駐屯地として接収された。例えば日本海軍の鳴尾飛行場（現西宮市南部）も駐屯地となった（図2）。サンフランシスコ講和条約が1952年に発効するまでは，日本はGHQの支配下に置かれていたのである。

都市は戦災によって荒廃しており，多くの人々は疎開していた。またGHQは1946年3月に「都会地転入抑制緊急措置令」を勧告し，人口10万人以上の都市への必要とされない疎開者の復帰を禁止した。こうして各都市の人口は戦前よりも減少したとはいえ，なおも多くの人々が都市に残り続けており，流入者も少なくなかった。

終戦直後の物資のない厳しい状況では，生き抜くことが多くの人々にとって重要と

図1 大阪市の戦災焼失区域と不良住宅地区
出所：水内他（2008：242）など。

図2 鳴尾飛行場跡
出所：地理院地図（空中写真，1945～1950年）。

なる。この時代，価格等統制令（1939年）や物資統制令（1941年），戦後の物価統制令（1946年）によって物資は国が管理し，配給するものとなっていた。しかし戦時中には日常品の生産量が落ち込んでいた上に，生産設備や交通網は空襲によって破壊されたので，物資不足は深刻であった。そのため，人々は独自に物資を集め，時に粗製乱造し，その時々の取引価格で売買した。交通の結節点である鶴橋や阿倍野，大阪，三宮などの駅前にはヤミ市が登場し（図3），多くの人々で賑わった。しかしヤミ市は違法のため，大阪府では1946年8月1日に警察官5000人が動員されてヤミ市が閉鎖され，1500棟もの建物が取り壊された。しかし物資不足が収まらないので，その後もヤミ取引は公然と続けられた。ヤミ市を起源とする商店街の例もある。

3　戦後復興

日本は少しずつ社会・経済的な安定を取り戻していき，戦後復興も本格化していく。

1945年11月には日本政府が戦災復興院を設置し，115の罹災都市において，土地区画整理と，土木・水道などに関する戦災復興事業が実施されることになった（図4）。大阪市では戦前からの都市計画の継続も含め，都心部での道路網や公園の整備が重視された。特に道路の整備に関しては放射路線の新設も考えられたが，実際には既成市街地の建築物が障害となったため，既存の道路の拡幅が中心となった。戦災復興事業区域に指定された場所以外では一般都市計画事業によって整備が進められた。港湾については港湾地帯整備事業区域が指定された。都心部からの利便性や冬季の西風による荷役作業への支障対策などのため，大阪港ではそれまでの外港方式から内港方式がとられるようになり，埋め立てによって大正区などの海岸線は大幅に変容していく。高潮被害や地盤沈下への対策として港湾地帯の多くでは盛り土もなされた。

図1では1954年に調査された不良住宅地区も示している。戦前期に形成された低賃金労働者の住宅地で，戦災をあまり受けなかった天六（A），長柄（B），海老江（C），伝法（D），空堀（E），東成区（F），京橋（G）などである。戦前期からの不良住宅地区が空襲によって壊滅的な戦災を受けた浪速区や港区，西成区のように，焼失区域内でいち早く形成されたバラックが不良住宅地区とみなされた例もある。不良住宅地区は都心部を取り囲むように立地していた。

その後，ヤミ市の一部は商店街となり（例えば Ⅷ-4 図1のA），不良住宅地区の一部は再開発の対象地となっていく（Ⅵ-3）。戦中・戦後の影響は現在まで続いている。　　　（山口　覚）

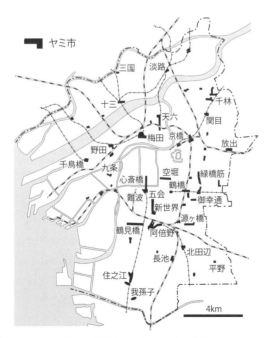

図3　大阪市におけるヤミ市の立地

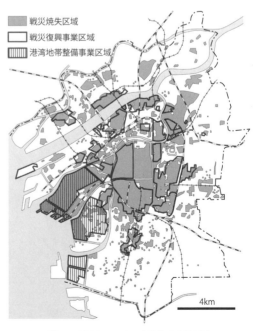

図4　大阪市における戦災復興事業区域

V 近代都市

5 千里ニュータウンの開発

1 千里ニュータウンの開発

1950年代後半以降の高度経済成長期には，都市人口の増加による過密化や公害の拡大による居住環境悪化など，さまざまな都市問題が深刻化した。この解決策として，1960年代以降，日本の大都市郊外で1000haを越える大規模ニュータウンの開発が相次いで行われた。その先駆けとなったのが大阪府企業局によって建設された千里ニュータウンである（図1）。

千里ニュータウンは1957年に開発計画が策定され，1961年に着工，翌1962年から段階的に入居が始まり，1970年に工事がほぼ完成した。わずか10年足らずで面積1160ha，人口10万人（計画人口15万人）の住宅都市が吹田市と豊中市にまたがる千里丘陵に出現した。この地が建設用地として選ばれたのは，大阪市の都心から近く，かつ住宅開発の「余地」があったためとされる。しかし，千里丘陵には古くから集落が立地して農地が拓かれていたため，もとからの住民は土地買収に激しく抵抗した。既存の集落があった上新田地区は早い段階でニュータウン計画地域から除外されたが，1958年に始まった用地買収は完了まで実に11年間を費やした。

千里ニュータウンの開発計画は住宅地開発のみに特化するのではなく，住宅地開発による人口増加で必要となる都市基盤を併せて総合的に計画した点で，従来の郊外住宅地とは大きく異なる。千里ニュータウンでの"実験"をふまえて，1963年に**新住宅市街地開発法**が施行され，大規模ニュータウン開発にあたっては，**マスタープラン**に基づいた公共施設（道路，公園，上下水道），公益施設（学校，医療施設，官公庁，購買施設），特定業務施設（雇用機会確保のための事務所や事業所）などの都市基盤整備がなされることになった。一方で，この法律はニュータウン開発のための用地買収に土地収用権を付与し，その後の全国的な大規模ニュータウン開発を後押しすることとなった。

2 千里ニュータウンの空間構成

千里ニュータウンの計画には，欧米で実践されたさまざまな都市計画の蓄積が取り入れられた。戸建住宅と集合住宅を組み合わせる多様な住宅構成，住宅地と業務地区を近接させる職住接近，グリーンベルトの設置などは，イギリスの都市計画の影響である。学校や公園，商業施設などの配置は，1920年代のアメリカでC．A．ペリーによって体系化された**近隣住区理論**をもとに計画された。

図2と図3から，ニュータウンの空間構成を見てみよう。ニュータウンは12の近隣住区に分けられる。図2の「新千里○町」が豊中市域，「○○台」が吹田市域の住区である。近隣住区は小学校区に相当する人口1万人規模の住宅地で，戸建住宅と集合住宅を組み合わせて構成される。近隣住区には，児童公園や近隣公園，日用品を供給する小規模商業施設をまとめた**近隣センター**が配置される（図3）。

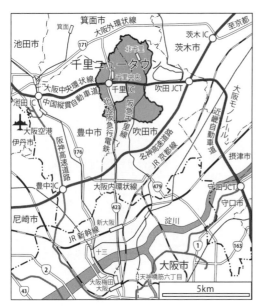

図1　千里ニュータウン位置図

3～5の近隣住区を合わせて1つの地区として，**地区センター**や地区公園が配置される。北千里と南千里の地区センターには，それぞれ鉄道駅，バスターミナルがあり，スーパーや専門店街からなる商業施設や市役所の出張所などが設置されている。地区センターの中で最も規模が大きい中央地区センター（千里中央）には，デパート，大型スーパー，ショッピングモールなど，より大型の商業施設や中心業務機能を持つオフィスビルが立地する。

ニュータウンの周囲には，市街地開発を抑制するための**グリーンベルト**（周辺緑地）が設けられた。グリーンベルトは当初幅100～300mで計画されたが，住宅用地をできるだけ多く確保するため大幅に縮小され，結局は急斜面などの造成困難地がグリーンベルトとされた。

1963年には名神高速道路が開通し，さらに1970年の大阪万国博覧会開催に合わせて大阪中央環状線，国道423号線（新御堂筋），北大阪急行などが整備され，千里丘陵はわずか10年余りで交通至便の住宅都市へと変貌した（図1）。

3　ニュータウン開発による影響

「住宅都市の理想」を追求した千里ニュータウンであったが，高度経済成長に後押しされた大規模開発は，周辺の土地囲い込みや地価高騰を招き，さらなる開発や都市化を進める要因となった。人口増加による上下水道の需要やゴミの増加は，周辺自治体に新たな負担をもたらすこととなった。千里中央の中心業務機能は規模が小さく，「職住近接」は部分的なものに留まった。ニュータウンは巨大な「ベッドタウン」となり，交通渋滞や通勤ラッシュを拡大させた。また，住宅地開発による雑木林や水田のかい廃で千里丘陵の保水力が低下し，1960年代後半には下流域で水害が頻発した。

千里ニュータウン建設以降，大規模ニュータウンが大都市郊外に数多く建設され，都市の人口が中心都市から郊外へ移動する**郊外化**が進展し，都市圏の範囲は拡大した。

（水田憲志）

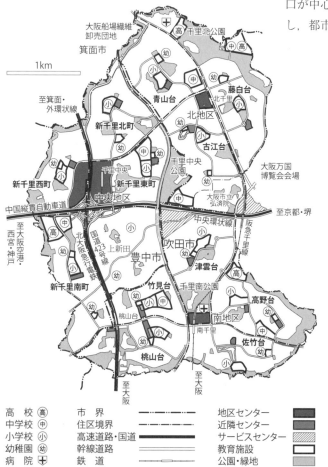

図2　千里ニュータウンの空間構成（1970年頃）

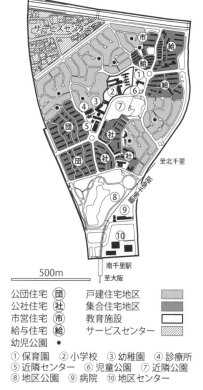

図3　津雲台近隣住区の空間構成（1970年頃）

V 近代都市

6 神戸市の「山，海へ行く」

1 神戸市の住宅地開発

海と山に特徴づけられる神戸市は平地に限りがある。図1の白い部分は標高100m以下の土地を示しているが，かなり狭いことが理解されよう。現在では150万人以上の人口を擁する神戸市が新たな土地を確保するには，海を埋め立て，山を切り開く必要があった。

図2は神戸市の模式図である。海岸部には7区が並び，六甲山系の北部には北区・西区がある。市役所のある中央区西部は都心＝三宮界隈，東灘〜長田区の臨海部には工業地域や港湾施設が続き，六甲山系以北・以西の郊外にはニュータウンが立地する（V-1 図5）。

臨海部では明治期から埋立が進められたが，周辺海域は比較的水深があって埋立が難しく，大規模開発は戦後になされた（図1）。

「裏山」と呼ばれた六甲山系では，扇状地の緩傾斜地は近代以前から開発され，集落が立地していた（IV-9）。しかし1938年の阪神大水害（II-4）の影響や景観保全への考慮から戦前には南斜面の急傾斜地の大規模開発はなされなかった。他方で傾斜がなだらかな北斜面では開

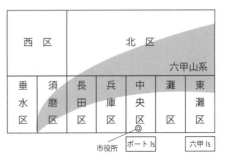

図2 神戸市の模式図
注：図中の「Is」は「アイランド」を示す。

発が進められ，例えば1928年に開業した神戸有馬電気鉄道（1949年に神戸電気鉄道へ改称）は同年から鈴蘭台（図1）の開発に着手している。「関西の軽井沢」と呼ばれた鈴蘭台は当初は高級な郊外住宅地や別荘地として売り出されたが，戦後の1964年以降になると，その周辺の山林や田畑が大規模なニュータウンに造成される。

2 「山，海へ行く」：戦後の大規模開発

神戸市における大規模開発は戦後，特に原口忠次郎市長の任期（1949〜69年）に行われた。積極的に開発を進めた神戸市行政はデベロッパー神戸などと呼ばれることになる。

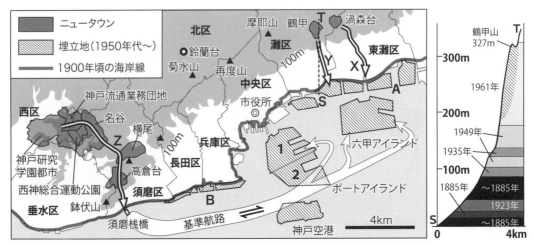

図1 神戸市におけるニュータウンと埋立地，時期別・高度別の住宅地化（S-T間）
出所：右図の年次は開発初年を示している（「〜1885年」を除く）。楠田（2003）の図5-1などを参照して作成。

図3 住吉河中道路（住吉川，図1のX）
注：地下水を利用していた酒造会社が地下ベルトコンベアを認めず，ダンプカーで土砂を運んだ。現在は遊歩道となっている。

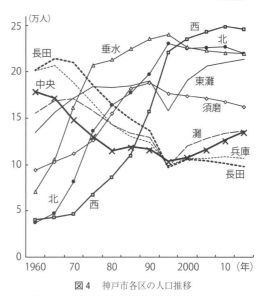

図4 神戸市各区の人口推移
注：1980年には生田・葺合区の合併で中央区が設立され，1982年には西区が垂水区から分割された。1980年以前の数値は組換による。
出所：国勢調査。

　主に工業用地を得るために1953年には東部海岸（図1のA），1957年には西部海岸（B）の埋立が開始された。鶴甲山（標高327m）と渦ヶ森を削って土地を造成し，団地を建設するとともに，そこから海へ大量の土砂を送るために鶴甲山地下ベルトコンベア（1960年，図1のY）と住吉河中道路（1962年，図1のXおよび図3）が設置された。「山，海へ行く」と呼ばれる開発手法が確立されたのである。

　神戸市による大規模ニュータウンの先駆けは1960年以降に開発された垂水区の東舞子地区だとされる。1964年には須磨ベルトコンベア（Z）が設けられ，山と海でのさらなる大規模開発が目指された。高倉台，横尾，名谷など6団地から構成される**須磨ニュータウン**（計画人口11万3000人）が造成され，その土砂が須磨桟橋に運ばれた。図1には**ポートアイランド第1期**と**六甲アイランド**が造成された時期の「基準航路」も示している。土砂を積んだ艀（バージ）が往来した海上の通路である。須磨ベルトコンベアはさらに延長され，神戸研究学園都市などを含む**西神ニュータウン**（計画人口約30万人）の建設にもつながる（1972年～）。ここでは「日本最初の**職住近接**のニュータウン」が目指され，神戸流通業務団地や西神工業団地などの商工業用地も確保された。1971年に着工された神戸市営地下鉄西神線・山手線は順次延伸され，須磨・西神ニュータウンと都心の三宮（中央区）を結んでいる。

　図4で神戸市各区の人口推移をみてみると，1960年代以降に郊外区の人口が急増していることがわかる。ニュータウン開発の影響である。他方，中央区の都心では**ドーナツ化現象**が生じていた。また工業地域という性格の強い区では，高度経済成長期には人口が増加し，脱工業化（Ⅳ-1）の進展とともに人口が減少している（Ⅵ-1）。

　図4に関して近年の動向を付け足すと，人口の**都心回帰**（Ⅵ-4）と郊外各区での人口の停滞ないし減少が確認できる。

3　海上のニュータウン：2つの人工島

　人工島のポートアイランド，六甲アイランドも「山，海へ行く」の手法で開発された。ポートアイランド第1期は1966年着工，1981年竣工で，記念行事としてポートピア'81という博覧会が開かれた。六甲アイランドは1972年着工，1992年竣工で，竣工当時は日本最大の人工島であった。いずれも商工業や港湾の機能を持ち，職住近接を目指したニュータウンを備え，前者は計画人口2万人，後者は3万人であった。ポートアイランド第2期は1987年着工，2010年竣工で，神戸空港は2006年に開港した。ポートアイランドは第2期工事によって日本最大の人工島となった。近年では，P&G日本本社の三宮への移転（2016年）のように六甲アイランドのオフィス・商業機能には衰退が見受けられる。

（山口　覚）

V 近代都市

7 新都市計画法と用途地域

　日本の都市に景観の統一性を感じることはあまりない。しかし景観を構成する建築物の高さや土地利用の用途をめぐる規制はある。特に1968年に策定された**新都市計画法**では，市街地の範囲，市街地内部のさまざまな地域の用途や建築物の高さなどが定められている。ここでは新都市計画法とそれに付随する**用途地域**制度の概要を見ていこう。

1　新都市計画法

　新都市計画法が策定されたのは高度経済成長期の1968年であった。この時代には都市に流入した膨大な数の人々を収容するために市街地が拡張し，無秩序な市街地の拡張を意味する**スプロール現象**が各地で生じていた。都市近郊の農地が無計画に切り売りされて住宅地と混在するようになり（Ⅶ-3），適切な道路が敷設されないことも多かった。あるいは市街地内部でも工業地，商業地，住宅地の混在がみられた。こうした無秩序な市街地形成を解消するために定められたのが新都市計画法である。

　まず**市街化区域**と**市街化調整区域**の境界が決められた（図1）。市街化区域には既成市街地とともに，これから市街地になることが認められた土地が含まれた。それに対して市街化調整区域とは，今後とも市街地になることが認められない土地を意味している（ただし一定基準以上の大規模開発は許可される）。市街化区域内の農地は宅地として売却できるが，市街化調整区域ではそれができない（Ⅶ-3）。そのため，両区域の線引き（区域区分）の際にしばしば問題が生じた。

2　用途地域制度

　市街化区域の内部は用途地域で細分される。表1はそれぞれの用途地域の「用途」をまとめたものである。住宅地・商業地・工業地のいずれであるか，特定の用途専用か否か，そこに建てられる建築物は低層か中高層かといったことが用途地域ごとに定められている。

　それぞれの用途地域では**建ぺい率**と**容積率**，場所によっては建築物の高さの規定も設けられる。図2はこれらの模式図である。用途地域に関わる各種の都市計画図では，例えば図2のAの上部にある円のような表示が各所に示されている。この円が示すのは当該地域で認められる用途，建ぺい率と容積率の数値，**高度地区**指定の有無である。この図では仮に建ぺい率25％，容積率100％とする。

3　建ぺい率・容積率・高度地区

　建ぺい率とは，当該物件の敷地全体に対して建築物が占める面積の割合を意味する。建ぺい

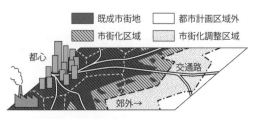

図1　市街化区域と市街化調整区域

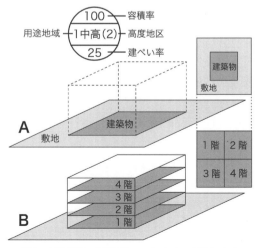

図2　用途地域の凡例と建ぺい率（A）・容積率（B）
注：建ぺい率25％，容積率100％の例。

率の上限が25％の用途地域では，敷地の25％までの面積の建築物を建てられる（図2のA）。次に容積率だが，これは実際には「容積」ではない。敷地に対する建築物の延床面積（すべての床面積の合計）の割合を示している。容積率の上限が100％の場合には，建築物の延床面積は敷地面積と同じ大きさまで許される（図2のB）。しかし建築物の面積は建ぺい率によって制限されている。建ぺい率が25％の場合，階数を増やして容積率100％を達成することになる。容積率を建ぺい率で割ると，その地域で建てられる建築物のおよその階数が判明する。この例では100÷25＝4階建てとなる。

計算の上では，建ぺい率の上限よりも小さな面積の建築物にすれば，その分だけ高層化できるはずである。しかしこれでは建築物の高さが不揃いになってしまい，景観の統一性が損なわれる。したがってそれぞれの自治体は，建築物の高さを制限するために高度地区という規定を設け，各地域での高さを制限することがある。

図3は用途地域の具体例である。左側には大学のキャンパスがある。用途地域制度の細目によって大学キャンパスから30mの範囲までが第1種中高層住居専用地域・第2種高度地区となっており，15mという高さ制限がある。これよりも右側は第1種低層住居専用地域・第1種高度地区であり，高さ制限は10mである。この集合住宅は2つの用途地域の境界上に位置しており，境界の左側は5階建て，右側は3階建てとなっている（図4）。

なお，実際の規定は多岐にわたり，ここでの説明は基礎的なものである。また，各市町村が

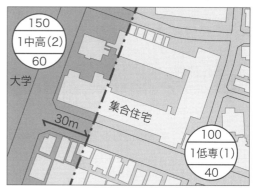

図3 用途地域の一例（西宮市）

図4 用途地域の境界上にある集合住宅（西宮市）

「都市計画マスタープラン」を策定することを定めた1992年の都市計画法の改正など，同法は改正が続けられ2018年には用途地域に田園住居地域が加えられた（Ⅶ-5）。

日本の都市に景観の統一性はないとしても，都市計画法によって市街地の範囲，地域における用途，建築物の規模は規制されているのである。なお，こうした各地の用途地域は「マップナビおおさか」（大阪市）や「にしのみやWeb-GIS」（西宮市）といった各市の都市計画法関連のホームページで確認できる。　（山口　覚）

表1　都市計画法における用途地域

用途地域	用　　途
第1種低層住居専用地域	低層住宅のための地域。小規模店舗や事務所をかねた住宅，小中学校も可。
第2種低層住居専用地域	主に低層住宅のための地域。小中学校や150㎡までの店舗も可。
第1種中高層住居専用地域	中高層住宅のための地域。病院，大学，500㎡までの店舗も可。
第2種中高層住居専用地域	主に中高層住宅のための地域。病院，大学，1500㎡までの店舗なども可。
第1種住居地域	住環境を守るための地域。3000㎡までの店舗，事務所，ホテルなども可。
第2種住居地域	主に住環境を守るための地域。店舗，事務所，ホテルなども可。
準住居地域	道路沿いの自動車関連施設などと，これと調和した住環境を守るための地域。
近隣商業地域	周辺住民の日用品購入のための地域。住宅や店舗，小規模の工場も可。
商業地域	銀行，映画館，飲食店，百貨店など。住宅や小規模の工場も可。
準工業地域	主に軽工業の工場やサービス施設など。住環境に悪影響のある工場は不可。
工業地域	工場のための地域。住宅や店舗は可。学校，病院，ホテルなどは不可。
工業専用地域	工場のための地域。それ以外の用途は不可。

Column

3 工場の他用途への転用

かつて工場は都市の活力の源泉であり，ありふれた景観であった。それが今では大規模工場は大阪市内からほぼ姿を消し，阪神間やその周辺の主要都市でも激減した（表1）。ここでは，工場の閉鎖・移転による他の用途への転用を本書に関係の深い事例から確認する。

1 住宅地

カネボウ淀川工場は1982年に長浜に移転し，その跡地には「ベルパークシティ」が開発された Ⅵ-3 。その北にあった敷島紡績の工場跡地にも団地群が建設された。同様に淀川や神崎川，木津川などの川沿いの工場も多くが住宅群に変貌した。

また，神戸を代表した脇浜の川崎製鉄や神戸製鋼の大工場の多くも，今では海沿いに壁のように並ぶ団地群や商業施設に変わった。

2 商業施設・複合施設・テーマパーク

工場用途と商業用途では建ぺい率に大きな差があり，後者では土地のより効率的な活用が可能になる Ⅴ-7 。例えば，梅田駅西隣のダイハツディーゼルの工場跡地は1990年から再開発され，高さ173mの梅田スカイビルをランドマークとする新梅田シティができた。

守口市と門真市一帯にはパナソニックや三洋電機を含む多数の工場が集積していた Ⅳ-6 。大日駅の東の三洋電機工場跡地には，2006年にショッピングセンターが開業し，隣接してマンション群も建設された。2017年にパナソニックは，南門真地区のAV機器部門の拠点を移転・閉鎖し，三井不動産に売却することで合意した。大型商業施設が建設される予定である。

尼崎市でも工場数の減少が著しく，ショッピングモールになったものもある Ⅵ-10 。また，関西屈指の観光施設であるUSJについては Ⅸ-7 を参照されたい。

3 大　学

工場等制限法は2002年に廃止されたが，シャープ堺工場のように巨大工場を新設した事例は稀である Ⅳ-4 。代わりに交通の便のよい駅周辺の工場跡地には，大学キャンパスが移転し始めた Ⅵ-9 。例えば，2002年にユアサが高槻工場（蓄電池等を製造）の廃止を発表すると，2005年に関西大学が跡地での新キャンパス構想を発表した（2010年開設）。また，2008年に閉鎖されたサッポロビール大阪工場（茨木市）には，2015年に立命館大学が新キャンパスを開設した。

4 流通・ロジスティクス

ネット通販の拡大などの理由から物流拠点の需要が高まり，広大な敷地とインターチェンジへの近接性から工場跡地の取得が目立つ。茨木市松下町のパナソニックプラズマディスプレイ茨木工場の跡地には，大和ハウス工業がヤマトおよびアマゾン向けの物流施設を2017～18年にかけて開業した。同じく同社の尼崎第三工場跡地は2015年に物流会社が取得，第一・二工場跡地は2017年に別の物流会社が取得し，物流施設が建設された Ⅳ-7 表3）。

（吉田雄介）

表1　従業者数300人以上の工場数

		1971	2014			1971	2014
〈大阪市〉				〈大阪府の主要都市〉			
1	西淀川区	16	3	1	堺市	45	23
2	東淀川区	15	2	2	門真市	21	7
3	大正区	14	3	3	東大阪市	19	9
4	城東区	13	-	4	八尾市	15	8
5	大淀区	12		5	高槻市	14	7
6	此花区	10	7	6	茨木市	13	5
7	住吉区	10	-	〈兵庫県の主要都市〉			
8	都島区	8	-	1	神戸市	42	26
9	東成区	8	4	2	尼崎市	61	17
10	福島区	6	1	3	姫路市	26	24
	その他	40	13	4	明石市	19	13
	大阪市計	152	28	5	伊丹市	18	14
				6	西宮市	18	7

注：東淀川区から分離した淀川区の3工場（2014年），住吉区から分離した住之江区の4工場（2014年）は「その他」に含む。
出所：『工業統計調査』各年度より作成。

4 京都市の琵琶湖疏水を歩く

1 琵琶湖疏水と三大事業

かつて日本の都がおかれた京都は、1869年（明治2）の東京遷都によって活力を失っていく。琵琶湖から京都まで導水するという**琵琶湖疏水**は、京都を近代工業都市へと起死回生させるための大事業として計画された（Ⅲ-8）。

第1琵琶湖疏水は1885年（明治18）に着工され、1890年（明治23）に竣工した。途中の長等山トンネル（2436m）は当時では日本最長のトンネルだった。大津、京都、伏見、淀川を結ぶ水運が当初の主目的だったが、発電、上水道にも利用された。蹴上発電所で作られた電気は京都市に日本初の市電を走らせるとともに、電灯や工場の動力にも利用された。ここは現在でも発電と上水道に利用されている。

第2琵琶湖疏水は1912年に完成し、夷川発電所が1914年に建設された。第2疏水および発電所の設置、上水道の完備、道路拡幅と市電敷設は「京都市三大事業」と呼ばれた（Ⅱ-5）。

2 琵琶湖疏水を歩く

近代京都を知るために琵琶湖疏水を歩いてみよう（図1）。京阪電鉄の神宮丸太町駅または三条駅をスタートして夷川発電所のダムを見学する。疏水に沿って歩くと、第4回内国勧業博覧会（1895年）のパビリオンとして建設された平安神宮に出る。この博覧会は京都の建都1100年を記念するための大事業であった。

さらに東に歩いた琵琶湖疏水記念館では疏水や三大事業について学べる。同館は1989年開館、2019年にリニューアルオープンした。そこから蹴上浄水場、関西電力蹴上発電所を横にみつつ蹴上インクライン（傾斜鉄道）の廃線跡を歩く。これは、蹴上と岡崎の2つの船溜りの間にある35mの標高差を克服するために船を台車に乗せて移動するものであった。当初は水車動力で、後に電動となる。疏水を使った舟運は第2次世界大戦後に廃止された。京都市上下水道局の蹴上浄水場（1912＝明治45年竣工）は日本初の急速濾過式浄水場であり、ヨーロッパの城館を思わせる建屋が付設されている。蹴上発電所（第1期）は1891年（明治24）に運転開始した日本初の発電所である。現在残っている建物は1912年（明治45）に建設された第2発電所のものである。

インクラインの上部付近で東山山麓を北流する支流（疏水分線）が分流する。コースに気をつけて疏水分線沿いに歩くと南禅寺の境内に入る。ここで水路閣を見てみよう。長さ93m、幅4m、水路幅2.4mの赤レンガ造りのアーチ構造による水路橋である。建設当時には景観破壊との声もあったとされるが、今では観光名所である。京都市内では知恩院の山門に次ぐ南禅寺の巨大な山門（三門）もみておこう。

ここから松ヶ崎浄水場若王子取水池の北に出て、疏水分線を眺めながら哲学の道を歩いていくと銀閣寺（慈照寺）界隈にたどり着く。

（山口　覚）

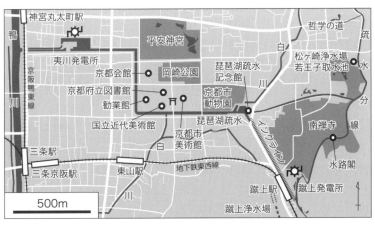

図1 琵琶湖疏水（蹴上〜夷川発電所）

Ⅵ 現代都市

1 概　説

1　タワーマンションと空き家問題

　2000年代以降，各地の駅前や都心で巨大なマンションを見かけることが多くなった。タワーマンション（図1）とも呼ばれる巨大な超高層住宅が次々と建設されている。かつて都心から人口が流出するドーナツ化現象が問題視されていたのとは反対に，都心での人口増加を意味する**都心回帰**が語られるようになってきた。その象徴がタワーマンションである（Ⅵ-5）。

　その一方で，都心の近くであっても，山間部の過疎地と同様に，**高齢化や空き家問題**（Ⅵ-7）について耳にすることが多くなった。近代都市空間を特徴づけてきた郊外のニュータウンでも人口減少や高齢化が語られる。

　図2は1955年に設立された**日本住宅公団**（Ⅴ-1）関連の物件の立地を示している。中流層向けに建設された公団住宅は都心から郊外まで広く分布する。しかし郊外の広い範囲で開発が進められた1980年代までとは異なり，90年代以降には郊外での開発が減少し，全体としても開発数を減らしていく。同公団は1981年には住宅・都市整備公団，1999年には都市基盤整備公団，そして2004年には**都市再生機構**（UR）へと改組されていく。「住宅」から「都市再生」へという名称の変遷が示すように，住宅地開発，都市のインフラ整備から**都市再生**（urban restructuring）へと事業の中心を変化させてきたのである。都市再生機構は新規の住宅地開発をほとんど手がけず，既存物件の維持管理と都市再開発を主な事業とする。

　現代都市ではタワーマンションと空き家が同時に増加し，都心回帰と郊外の衰退が同時に現れる。その原因の1つはⅣ章で触れた**脱工業化**である。この章では，工業の発展や郊外化によって特徴づけられた近代都市から変容しつつある現代都市についてみていきたい。

図1　メガシティタワーズ（JR久宝寺駅前）
注：旧国鉄操車場跡地の再開発の一部で，2棟で1499戸という関西最大規模のタワーマンションである。

2　神戸市各区の人口推移

　ここではまず，神戸市の各区を例にして，現代都市空間における人口推移を確認しよう（Ⅴ-6　図4）。人口はその土地の社会・経済状態を測るバロメーターとなる。

　神戸市域には三宮（中央区）を中心とした都心から郊外までが含まれる。各区の特徴を簡単にまとめてみると以下のようになるだろう。まずは同市の都心（中心業務地区）といえる中央区西部がある。工場の多い中央区東部〜灘区，兵庫〜長田区がこの都心を取り巻いている。都心周辺のこれらの場所は**インナーシティ**と呼ぶことができるだろう。さらにその周辺には比較的早い時期から住宅地化が進められた東灘・須磨・垂水区がある。中央区より東にある灘区と東灘区は大阪市に近くなるので，西部の各区とは少し性格が異なる。六甲山系の北麓にある西・北区は郊外としての性格が強い。

　1995年の阪神・淡路大震災が人口変動に与えた影響は小さくなかったが，長期的な人口推移は別の要因による部分が大きい。高度経済成長期に人口の多かった長田区と兵庫区は，その後，大幅に人口を減少させている。高度経済成長期に人口が急増した郊外的性格を有する各区のうち，須磨・垂水・北区は1990年代に，西区も2010年代に人口減少に転じている。都心的性格

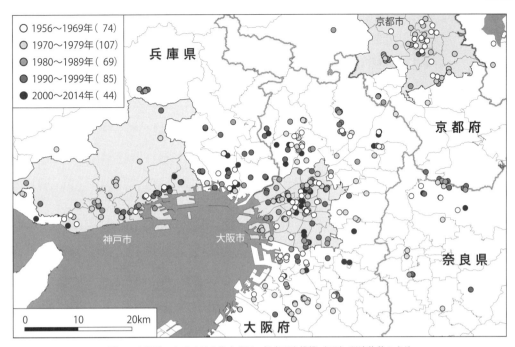

図2 京阪神における日本住宅公団〜都市再生機構（UR）関連物件の立地
出所：由良北斗氏のデータによる。凡例のカッコ内は各年次に建設された物件数を示している。

の強い中央区，そして灘区・東灘区では2000年代以降，持続的な人口増加を経験している。これは**都心回帰**といえる現象である(VI-4)。

このように脱工業化時代においては，工業地域的な性格の強い区では人口が減少し，郊外住宅地として成長してきた場所でも人口の停滞・減少傾向が確認される。それに対し都心では人口が増加するのである。

3　脱工業化時代におけるものづくり

工業を中心とした近代産業は**都市化**，つまり都市の人口増加をもたらしてきた。都心は中心業務地区としてビジネスや商業の機能を強めていく。その周辺には工業地帯と労働者の住宅地が作られる。すると富裕な人々を中心に，よりよい生活環境を求めて郊外へ転居する人々が増えていく。前章でみた同心円地帯モデルは，こうした近代都市空間の成り立ちを説明するものであった(V-1)。

近代都市は工業生産の拡大とともに成長し，第2次世界大戦後も成長は続いた。戦後のもの（商品）不足や，テレビ・洗濯機といった新しい電化製品の登場は，同じものを大量に作れば作るだけ売れる状況をもたらした。すなわち，**少品目大量生産大量消費**の時代である。都市も

またこの経済成長にあわせて大きくなっていった。阪神工業地帯はその代表例だといえよう。

敗戦国である日本や西ドイツは1950年代に新鋭工場を建設しながら復興していく。日本などから良質で安価な製品が流入するようになったアメリカ合衆国やイギリスでは工業部門がダメージを受ける。例えばイギリスでは，工業の衰退やそれによる失業率の上昇，貿易赤字の増大という複合的な経済不況が「英国病」（British disease）と呼ばれた。アメリカ合衆国では1960年代に都市騒乱が増えたが，その原因の1つは経済不況にあった。さらに，大量生産された商品が日本を含む先進国全体に行き渡ってしまうと，商品は総じて売れなくなっていく（**有効需要の限界**）。先進国ではものづくりが難しくなり，工業を中心に成長してきた多くの都市が，産業の衰退や人口減少（**反都市化**）を経験することになる。

脱工業化とはいっても，ものづくりが無用になったわけではない。しかし同じものを大量に生産／販売してきたメーカーは，これまでと同じ方法では利益を上げられなくなっていく。そこで，より使いやすいとか，ハイテクのとか，デザインに優れているといった付加価値の高い商品を少しずつ次々に作れば，人々の購買意欲

図3 キャベツ畑人形
出所：https://middle-edge.jp/articles/1lovV

を高められると考えられた。**多品目少量生産少量消費**の時代，あるいは商品を選択する消費者が企業活動に強い影響を及ぼす**消費社会**が到来したのである。

商品開発のキーワードとして差異という言葉が注目され，差異のある商品を次々に生み出すための**研究開発**（Research & Development：R&D）部門が重視されるようになる。

1983年頃にアメリカ合衆国を中心に世界的に爆発的な人気を呼んだ商品がある。「キャベツ畑人形」である（図3）。「従来の人形と違い，コンピューターによって顔，目の色，髪の毛，ドレスなどが，どれ1つとして同じように作られていない」（朝日新聞1984年1月11日夕刊）この人形は，「まさに差異性そのものの商品化である。……従来差異性を生み出すためにはそのたびごとに新たな商品を考え出していかなければならなかった資本主義にとって，いわば極限的な差異創造の方法を示している」（岩井，1984）。キャベツ畑人形は差異化の手法における究極的な商品であったが，消費社会に直面したメーカーには，この人形と同じように差異化された多品目の商品を次々に創り出していく必要が出てきたのである。

商品開発の強化傾向は特許数の推移に現れている（図4）。新商品を生み出す必要に応じて多くの特許が申請されるようになる。1970年に約13万件だった特許出願数は2000年に44万件にまで増加する。登録数も増加し，1970年の3万件から2010年の22万件となった。出願から登録に至るプロセスも効率化されつつある。

商品を売るための方法は差異化だけに限らない。より安いものを提供できれば，買い換えというかたちで商品が売れるかもしれない。ものを安く作るため，工場は，労働者の賃金が日本よりも安いアジア諸国などへ**海外移転**された。また，購買意欲をそそるための宣伝に力を入れるという手もあるし，これまで商品を売ってこなかった場所で売る**市場開拓**という方法もある。いずれもグローバル化と関わる現象である。

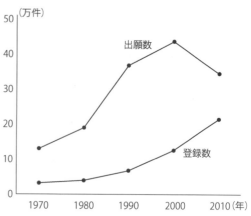

図4 日本の特許出願数・登録数の推移
出所：『日本国勢図会』各年分。

ものづくり以外で利益を上げることも試みられるようになる。商品開発や市場開拓に充てていた資本（お金）を，別種の金もうけ手段に投じて利益を得ることが重視されるようになっていく。例えば土地を買ってより高く売るという不動産投資はその例である。1980年代後半のバブル経済は，主には大都市都心の土地に対する過剰な売買によって生じたものであった。脱工業化時代には不動産投資を含め，株式市場を中心とした金融業が重要性を高めていく。

4　場所のマーケティング，プロモーション

産業の大規模な再編は都市形態にも大きく影響する。研究開発部門が重要になると，**クリエイティブ・クラス**（フロリダ，2009）と呼ばれる優秀な人材が求められるようになる。優秀な人材をグローバルに集めるには，高い賃金とともに，安全で快適な生活環境を提供する必要が出てくる。また，アメリカ合衆国のシリコンバレーのようなICT企業の集積地が生まれたり，日本政府の主導で大阪・京都・奈良府県境付近に建設された**関西文化学術研究都市**（けいはんな学研都市）や筑波研究学園都市（茨城県）のような「学研都市」も創り出されていく。「知的創造活動の拠点」としてグランフロント大阪に開設されたナレッジキャピタル（2014年）や大学の都心回帰 Ⅵ-9 も，こうした動きと結びついている。

新たな都市が生み出される一方で，**インナーシティ**では多くの工場が縮小され，ついには廃止されていくようになる。**産業空洞化** Ⅳ-7

である。他方，ものづくりに代わる新たな産業として都市観光（ツーリズム）が盛んになる。たとえば神戸市中央区のハーバーランドのように，かつて工場や倉庫だった場所が観光地や商業地として再開発される（Ⅵ-3　Ⅸ-7）。このような観光地化の動きには，観光産業からの直接的な利益以外にも利点がある。多くの観光客が来訪するような魅力的な都市であることは，全国から，さらには世界中から優秀な人材を集めることにつながる。魅力的な土地であるというアピールは不動産投資の点でも役に立つ。こうして，都市が観光地として魅力的であることはさまざまな側面から重要となる。住環境が良好で観光地や商業地としても魅力があること，人気の高い不動産があることが，脱工業化時代におけるあるべき都市像として立ち現れてくるのである。

つまり脱工業化時代とは，経済活動の一環として，それぞれの都市，それぞれの場所の差異＝個性が強く問われる時代である。場所それ自体が商品としての意味を強く持つようになり，**場所のマーケティング**，**場所のプロモーション**が積極的になされるようになる。現代都市では職場までの交通利便性，安全で清潔な住宅地，新しい博物館や美術館，巨大でデザインに優れた建築物（Column 5），美味しいレストラン，あるいは歴史的なまちなみ（と見えるような景観整備）が重視される。都市は環境や景観を良好なものに作り替えながら新たな産業を創り出し，人口を再び増加させることを目指す。すなわち，脱工業化時代における都市再生である。

5　都市間競争の激化

先進国の多くの都市が同じような状況に置かれているため，**都市間競争**が激しくなり，競争の中で生き残りに失敗する都市も出てくる。都心の周辺のインナーシティに建設された工場や倉庫などが撤去され，その土地が新たな商業地や住宅地になることは珍しくないが，そうした再開発が必ず成功するという保証はない。また，新たな産業が導入されたとしても，それまで工場労働者として働いてきた人々が新たな産業に容易に対応できるとは限らず，失業してしまうか，低賃金のサービス業に従事するかという限られた道しか残されていない。成功する人々とそうでない人々の**社会的格差**が拡大するのもこの時代の特徴である。

こうした一連の動きはグローバルな競争の拠点である**世界都市**においてこそ明瞭にみることができる。

大阪市を中心とした京阪神が有するグローバルな競争力は小さくないものの，東京との間には大きな差がある。例えば新しい商品の宣伝を行う場合，どこで宣伝をすれば効果的かが問われる。大阪府門真市に拠点を置いてきた松下電器産業（現パナソニック）は，宣伝・広告部門の「東京シフト」を2001年に開始し，2003年には完全に東京へ移動した（Ⅳ-6）。この当時には「グローバルの松下」が目指されており，「"関西"の冠がつくことに拒否反応」があったという（読売新聞2001年3月29日）。こうして東京シフトを果たした宣伝・広告部門では「都内に集中するメディアへの"営業"を強化。さっそく築いた人脈を通じてテレビの人気番組に紹介された食器洗い乾燥機が一時，シェアを12％伸ばした」（朝日新聞2004年1月23日大阪夕刊）。他方で松下電器と直接取引のあった下請けの広告代理店は関西だけで30社ほどあったとされ，同社の東京シフトの影響は大きかった。大企業が東京へ向かえば，関連する多くの中小企業にも影響が出るのである。

本社や研究開発部門の集中，不動産投資の規模拡大，新商品のグローバルな宣伝効果など，いずれの点でも東京（首都圏）が卓越した地位にある。脱工業化の時代は**東京一極集中**（Ⅵ-2）の時代でもある。反対に，近代工業の発展が牽引してきた京阪神都市の経済や社会は，概して厳しい状況にある。もっとも，京阪神の各都市や各地域の中にも違いはあり，なおも成長し続けている場所もあれば，そうでない場所もある。この章では，都心回帰やインナーシティの再開発，空き家問題などに注目しながら，現代における京阪神都市の変容を追ってみたい。

日本では，高度経済成長期が1970年代に終焉し，脱工業化に伴う都市再生事業が同時期からみられだす。そのため，ここで対象とする時期も主に1970年代以降とする。　　　　（山口　覚）

Ⅵ 現代都市

2　東京一極集中

1　転入超過数からみる東京一極集中

図1は日本の三大都市圏（東京圏・大阪圏・名古屋圏）における人口の転入超過数の推移を示している。ここでいう大阪圏とは大阪・兵庫・京都・奈良の2府2県を指す。また転入超過数とは，ある年に圏外から転入した人数と，圏外へ転出した人数の差を意味する。

第2次世界大戦後，特に**高度経済成長期**（およそ1955～73年）には三大都市圏のいずれでも大規模な転入超過が生じていた。1960年頃には東京圏で1年当たり約40万人，大阪圏で約20万人の転入超過が確認できる。産業の発展に伴って，多くの人々が日本各地から大都市圏を目指したのである。

しかし三大都市圏の転入超過傾向は高度経済成長期の終焉をまたずして弱まっていく。さらに1973年以降になると大阪圏では基本的にずっと転出超過傾向が続いている。

三大都市圏の中では東京圏においてのみ，1980年代や90年代以降にもかなり大規模な転入超過が生じている。人口動態は社会・経済活動のバロメーターである。東京圏，特に東京都は日本の中心地としてさまざまな点で他を完全に圧倒するようになったのである。これを**東京一極集中**と呼ぶ。東京一極集中の裏面には大阪圏をはじめその他の地域の衰退がある。

2　バブル経済と東京一極集中

東京一極集中の要因は複合的なものだが，1980年代に**バブル経済**と結びつけて一般的に語られているのは次の説である。

アメリカ合衆国はこの当時，巨額の軍事費や貿易赤字によって財政難に陥っており，1985年には日本に対して円高ドル安の為替レートを受け入れるよう圧力をかけた（プラザ合意）。これによって日本では輸出産業が低迷するなど**円高不況**が生じ，日本銀行は不況を脱するために金

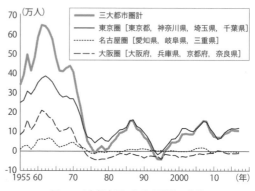

図1　三大都市圏の転入超過数の推移
出所：住民基本台帳。

利の引き下げを行った。その結果，不動産や株式への投資が重視されるようになる。これと同じ頃，海外の金融企業が日本の金融市場へ参入することを認める**規制緩和**がなされ，東京にオフィスを求める海外企業が増加した。東京はグローバル経済の拠点である**世界都市**として脚光を浴びるようになり，国内外からの人々が集まるようになる。これが東京一極集中の要因として一般的に語られていることである。東京という都市に注目が集まる中で生じた過剰な不動産取引の結果，バブル経済が引き起こされていく。

3　脱工業化と東京一極集中

東京一極集中が生じた理由として，脱工業化によって産業の在り方が大きく変化したことも挙げられる（Ⅵ-1）。高度経済成長期を通じて市場の飽和（有効需要の限界）が広まり，「作れば売れる」という時代から，いかに商品を売るかが問われる時代へと転じていく。

例えば，新機能や優れたデザインを持った新商品を次々に開発する必要のため，**研究開発(R&D)部門**が重要となる。多くの人々の消費志向を把握し，高い技能やセンスを有する人々が集まって知恵を絞るのである。人口が多く，大学や研究機関，アーティストが集まる都市ほどその条件を満たすことになる。R&Dの「R」はリサーチであり，多くの消費者の声を聞くこ

とも含まれる。より多くの人口を抱えた大都市は人々の意識を捉える場所として適当である。

商品を安く売ることで消費意欲を喚起する方法もある。この場合には生産拠点（工場）を地方や海外に移して賃金や原料のコストを下げるという手段が採られる。各地の工場を統括する企業の本社（ないし中枢機能）は全国，全世界と結びつきやすい情報網の拠点である世界都市に置く方が効率がよい。R&D部門をそこにまとめるといっそう効率的であろう。

さらに，多くの企業が近くに集まっていれば，企業間の連携による**集積効果**も強化される。

東京は以上のいずれの条件にも見合っている上に，好条件がまだある。日本国内で商品を売る場合には**中央省庁**から許認可を受ける必要がある。必要に応じて特許申請もしなければならない（Ⅵ-1 図4）。新商品を次々に開発したいのであれば，中央省庁の集まる首都・東京に拠点を持っていた方が都合がよい。

田辺三菱製薬の会長の話からは以上の動向が読み取れる。「新しい薬を治療に使えるようにするための手続きで当局（＝省庁）と話し合うことが多い部門の一部は，以前から東京（＝東京本社）に置いています。新薬を生み出すための研究所は，多くの研究者が集まり，情報を集めやすい首都圏の横浜と埼玉県の戸田にあります。……海外への出張が多い担当者は東京にいて，成田空港を使います」（朝日新聞2015年6月24日）。

こうした話もある。新商品を宣伝しようと大阪で発表しても，その情報はほとんど関西で流通するだけでそれ以外へは流れない。ところが各種メディアが集積している世界都市・東京で発表すれば国内外に広く発信できる（Ⅳ-6）。

東京は，世界との結びつき，人口規模，中央省庁や関連他社との関係，宣伝活動のどれをとっても，日本の他の都市を圧倒している。脱工業化時代にモノを作り，売るためには，まず東京を目指すことで有利になるのである。

4　東京一極集中と関西の企業

関西の大学に通う学生でも，就職活動を始めると東京まで出る機会が増えるだろう。なぜなら日本の企業の大半は東京に本社を置いており，

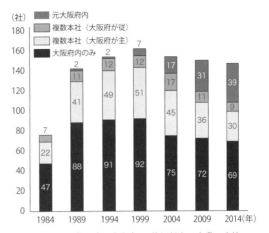

図2　大阪府関連の資本金100億円以上の企業の本社
注：図中の「元大阪府内」については，以前には本社が同府内にあったものの，すでに他所へ移転した企業を指す。

就職活動の最中でも，あるいは就職後でも，東京を意識する必要があるからである。2013年度のデータでは，資本金100億円以上の企業は日本に1119社あり，その61％が東京都に立地している（1995年は55.5％）。大阪府は8.8％と1995年の14.4％から減少した（町田，2015）。

もともと大阪で創業したものの，本社を東京へ移したり，本社を創業地以外にも設置する**複数本社制**を採る企業が増えている。大阪と東京の双方に本社を置く**東西二本社制**は珍しくない。

図2は大阪府における資本金100億円以上の企業の本社数の推移を示している。

1984年には6割の企業が本社は1つだけで，それを大阪府内に置いていたが，この時点でも4割の企業は複数本社制を採っていた。その後，複数本社制を採用する企業は増加したものの，1999年をピークに減少していく。反対に，大阪府内の本社を廃止して他所に移転した企業は確実に増えている。2014年に本社が1つだけでそれを大阪府内に置いている企業は5割弱になった。すべてではないにせよ，複数本社制を採用したり，本社を移転した場合，移転先の多くは東京都やその周辺であろう。

先に見た田辺三菱製薬は，実は2018年までは大阪本社を中心に動いていた。その理由は「関西は関東に比べ，都市部からバイオ関連の研究機関が集まる地区が近い」からであった。もっとも，同社は，大阪本社を残しながらも，2018年には経営戦略の機能を研究・営業の拠点のある東京本社に移している。

（山口　覚）

VI 現代都市

3 インナーシティの再開発

1 インナーシティの再開発

　JR大阪環状線の周辺のように，都心と郊外の間にある一帯はインナーシティと呼ばれる。1950年代に国によって認定された**不良住宅地区**もその一帯に多かった（V-4 図1）。不良住宅地区のような**密集市街地**や，**脱工業化**の中で増加した工場跡地は再開発の対象とされていく。1969年に制定された**都市再開発法**では，既存住民や店舗の権利を考慮しつつ，既存建築物の高層建築物への集約化によって余剰の土地や床面積を増やし，それらの売却益を事業費用とすることが目指された。同法では，再開発で新設される物件を利用するか，地区外に転居するかという**権利変換**を全権利者について確定した上で事業が進められることになっていた（第1種市街地再開発事業）。しかし全権利者の意向を尊重するこの方法では進捗に時間がかかるため，1975年には**第2種市街地再開発事業**の方針が定められ，行政などの事業施行者には対象地区内の建物・土地を一括して買収・収用して事業を進める強い権限が与えられた。そして，希望する住民は再開発後の建築物に優先的に入居できるとした。

　図1は1990年を目標として1977年に策定された大阪市総合計画基本構想における「都市再開発必要地区」を示している。梅田や天王寺などでは都心機能の強化が目指され，他方で環状線周辺の**密集市街地**は環境改善地区に指定された。日本最大級の再開発事業が行われた阿倍野地区（X）や，1990年代に「若者の街」になっていく中崎町界隈（Y）は，大きな戦災を免れた密集市街地であった。

2 阿倍野地区市街地再開発事業

　JR天王寺駅の南西に位置する阿倍野地区には，かつて10町会に2800世帯7000人が生活して

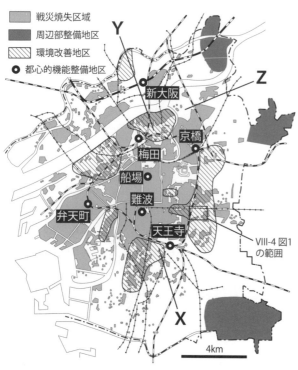

図1　都市再開発必要地区（1977年）

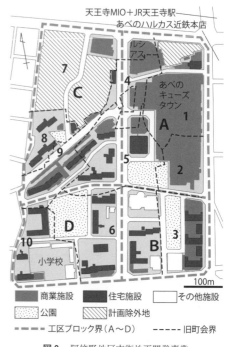

図2　阿倍野地区市街地再開発事業
注：計画除外地の大半は大阪市立大学の敷地である。

いた（図2）。大きな戦災に遭わなかったこの地区には老朽化した木造狭小住宅が多く，大阪市が1969年に再開発計画案を発表した時点では1950年以前からの住民が75%を占めていた。宅地の高層建築物への集約，道路や公園の増設が立案され（表1），商業地である天王寺地区の一角という立地のため，新規参入する小売業者への土地の売却益で事業が進められる計画であった。しかし住民には賛否両論があった。図2の3，8，9，10町会は計画案に賛成したが，A工区内の町会では補償金への不満などから住民の約半数が反対した。1976年には日本初の第2種市街地再開発事業としてB・C工区を対象に都市計画決定がなされたものの，A工区を中心に，再開発事業はなかなか進まなかった。

この事業は大阪市による用地買収によって進められた。その時期は地価の高騰した1980年代の**バブル期**に重なり，巨費を要した。他方で大阪市から民間企業への土地の売却は予定通り進まず，**バブル崩壊**後の売り値は買収額より安かった。A工区の土地については，分譲ではなく，東急不動産との間で賃貸契約が結ばれ，キューズタウンが開業したのは2011年であった。大阪市は「無理のある事業だった」（朝日新聞2009年6月25日）と認め，この事業での損失は1961億円に上ると公表した（朝日新聞2017年2月3日）。

3　工場・貨物駅跡地の再開発

インナーシティの再開発には工場跡地を対象としたものも多い。例えばカネボウ（現クラシエ）はかつて鐘淵紡績という紡績会社で，大阪市都島区で淀川工場を稼働していた（図1のZ，図3）。1982年に滋賀県の長浜工場へ機能を移転すると，跡地はカネボウや三井不動産などによって住宅地へ再開発され，1987年に入居が開始された。このベルパークシティは都心の梅田地区に近いため，人気が高い。なかでもG棟は，常住のタワーマンションとしては日本で初めて100mを超える高さを誇った。

ショッピングモールへ再開発される工場跡地もある（VI-10）。物流形態の変化によって廃止された貨物駅跡地なども同様で，神戸では貨物支線の湊川駅(1985年廃止)と三菱倉庫がハーバーランド（IX-7）に，大阪では梅田貨物駅（2013年廃止）がグランフロント大阪などに再開発されている。工場や労働者街，貨物駅の変容は，近代都市から現代都市への移行の象徴である。

表1　計画対象地区の土地利用(㎡)

用途	事業計画時の現況	計画
道路	56,600	111,600
公園	4,300	24,900
宅地	208,500	132,900
計	269,400	269,400

出所：山田・前田（1977）表3

4　ジェントリフィケーションの発現

密集市街地の再開発は，老朽化した建築物の更新や道路の拡幅による住環境の改善，火災対策などのためには必要な事業であるし，都市再開発法は既存住民の権利を考慮するとしている。しかし，すべての既存住民の意見が再開発計画に反映されるわけではなく，場合によっては無条件に立ち退きを強いられることもある。

低賃金の労働者階級が住まう老朽化した住宅地が高級住宅地へと改変され，以前よりも高所得の人々が居住するようになる現象を**ジェントリフィケーション**と呼ぶ。高級住宅地に変化すると周囲も含めて地価・家賃が上昇するため，そこに住み続けられない人々が出てくる。相互扶助を必要とする低賃金労働者のコミュニティを維持することも難しくなる。ベルパークシティのように人気の高い居住地が開発された場合，その周辺でも地価が上昇する可能性は高い。再開発事業に関しては，美化された景観に隠れた側面を理解する必要がある。

（山口　覚）

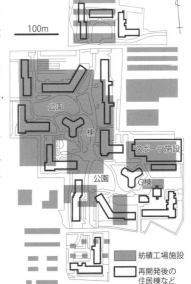

図3　カネボウ大阪淀川工場とベルパークシティ

VI 現代都市

4 都心回帰

　一般に，近代都市の都心はオフィスや商業施設，行政機関が集まる**中心業務地区**（C.B.D.）へと特化し，居住地の多くは鉄道会社が創り出した田園郊外や戦後のニュータウンのような郊外に求められてきた（V-1 V-3）。常住人口の点で，都心では人口減少が，郊外では人口増加が生じるという**ドーナツ化現象**がみられ，その動きは1980年代のバブル期に強まった。

　対して1990年代以降には**都心回帰**という言葉を聞くことが増えた。都心回帰はドーナツ化とは反対の現象であり，都心では，それまでの人口減少から人口増加へと傾向が一変した。

1 郊外化から都心回帰へ

　近代都市の郊外化に対しては，早くも1920年代には都心について考慮すべきとの批判が聞かれた。「大勢の人々が田園都市でよい住居をもつであろうが，毎日，同じ時刻に都市の中心に戻らなければならないことを思いだすべきだ。田園都市の創設による住居の改善は，都市の中心の問題を全く忘れさせる」（ル・コルビュジエ，1967）。この批判にあわせて提唱されたのが，機能を集約した高層建築物を都心に集め，その近隣を公園や緑地にするという「垂直の田園都市」論であった。日本では1990年代にこうした議論が現実味を帯びてくる。

　図1，図2は1980年以降の大阪市各区の人口増加率を示している。都心3区（中央・北・西区）のうち，西区の微増以外，中央・北区では1980〜95年には人口減少傾向にあったが，その後は急激な人口増加に転じている。こうした傾向は都心3区に次ぐ都心区である浪速・天王

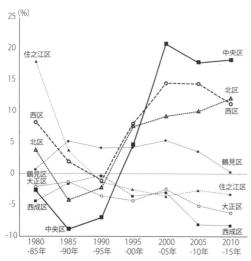

図1 大阪市の都心3区および鶴見・住之江・大正・西成区における人口増加率（1980〜2015年）
出所：国勢調査。

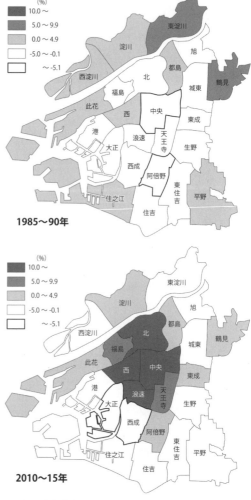

図2 大阪市各区における人口増加率（1985〜90年／2010〜15年）
出所：国勢調査。

表1　神戸市・京都市各区の人口増加率（％）

神戸市			京都市		
区	2005-10年	2010-15年	区	2005-10年	2010-15年
中央	8.4	7.0	下京	5.1	4.4
灘	4.2	2.0	中京	3.1	3.8
東灘	2.1	1.6	上京	-0.3	2.0
垂水	-1.0	-0.4	南	0.6	1.1
兵庫	1.2	-1.2	右京	0.3	0.6
西	2.3	-1.4	左京	-0.5	-0.2
須磨	-2.4	-3.0	山科	-0.5	-0.6
北	0.4	-3.1	伏見	-1.0	-1.2
長田	-2.1	-3.6	西京	-1.2	-1.4
			北	-1.8	-2.0
			東山	-4.6	-4.0

出所：国勢調査。

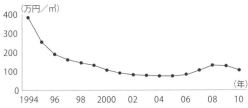

図3 大阪市の都心3区における地価公示平均価格の推移（1994〜2010年）

図4 『都心に住む』創刊号（リクルート，2001年）

寺・福島区でも確認される（あわせて「都心6区」とも呼ばれる）。これに対し，郊外住宅地という側面のある住之江区や鶴見区，あるいはインナーシティの工業地域という側面を持つ大正区や西成区は，いずれも都心区とは異なる傾向を示している。

各区の人口増加率を表した図2をみると，1985〜90年では主に都心区で人口減少しているが，2010〜15年では都心区において明確な人口増加傾向が読み取れる。

神戸市では中央区，京都市では下京・中京区などの都心区において人口増加傾向が見受けられる（表1）。その他の多くの区では人口減少が生じており，特に神戸市長田区や京都市東山区の減少率が高くなっている。

2　バブル崩壊と地価下落

1990年代以降に人口の都心回帰をもたらした要因として，1990年代初頭の**バブル崩壊**による土地価格（地価）の大幅な下落と，それに対する政府の政策が挙げられる。1980年代から90年代初頭には，中心的な対象地を都心とする不動産投機ブームによって，地価が本来あるべき価格よりもはるかに高くなった。いわゆる**バブル経済**である（Ⅵ-2）。ところが1990年代初頭の世界的な経済不況に加え，そもそも適正な地価をはるかに超えてしまったことで土地が売れなくなる（＝バブル崩壊）。土地は急激に値を下げていくとともに（図3），都心には未利用の土地が数多く生じた。

地価が下落した都心ではマンション供給量が増え，都心居住が容易になる。また**都市再生**を求めた政府の後押しも大きく，タワーマンションなどの大規模住宅の建設を容易にするために1997年以降には建築基準法を改正し（Ⅵ-5），都心での工場や大学キャンパスの新設を制限してきた**近畿圏工場等制限法**も2002年に廃止した。現在では大学キャンパスの都心回帰も珍しくない（Ⅵ-9）。さらに不動産業界は都心生活の利便性や楽しさを喧伝して都心回帰を推奨し，首都圏では2001年に『都心に住む』という雑誌が創刊された（図4）。

3　ジェントリフィケーションの景観

脱工業化時代には消費活動が重視される。不動産業界は通勤の利便性とともにさまざまな商品やサービスへのアクセスのよさに訴えて，都心生活を売り込んできた。小売業界は都心回帰の進展に合わせて都心を重視するようになった（Ⅵ-10）。富裕な高齢者の中には都心へ移動する者も増えている。他方で，多くの郊外住宅地では人口減少が進み，それによって商店などが減少して生活上の困難が生じている。

こうした現象の背後で，貧困な人々が都心から排除されるようになっている。富裕層の動向に伴う貧困層の排除である（ジェントリフィケーション，Ⅵ-3）。大阪市の都心にタワーマンションが増えた一方で，大阪城公園や中之島公園などの都心部の公園では野宿者の強制退去が徹底して行われた（朝日新聞2006年1月30日など）。タワーマンション（Ⅵ-5）が林立する都心の景観は，貧富の格差が拡大している現代都市を象徴している。

（山口　覚）

Ⅵ 現代都市

5 タワーマンションの展開

　都心や駅前では21世紀に差し掛かる時期から巨大なマンションを目にすることが多くなった。高さ60mないし20階建て以上の建築物は超高層建築と呼ばれ，それがマンションであれば超高層（タワー）マンションと呼ばれる。都心の人口が増加に転じる**都心回帰**（Ⅵ-4）に対して，「タワーマンションは都心回帰の原動力・代名詞」（繁治，2008）ともいわれている。東京を中心とした首都圏で2001年から発行されている雑誌『都心に住む』（リクルート）（Ⅵ-4）で扱われる物件の多くもタワーマンションである。

　60mを超えるタワーマンションは大阪大都市圏だけで数百棟ある。図1は大阪市，神戸市および周辺都市で確認される80m以上のタワーマンションの立地を示したものであり，竣工（完成）年別に1977〜2000年（51棟）と2001〜15年（175棟）に区分している。

1　脱工業化とタワーマンション

　1977年に竣工した「ジョイプラザ新長田」（神戸市長田区）は日本で初めて高さ80mを超えた集合住宅だとされる。これは駅前に立地する物件であるが，2000年以前ではJR環状線の周辺や「芦屋浜シーサイドタウン」（1979年，Ⅴ-1 図5），六甲アイランドあるいは阪神間の鉄道駅付近に多く確認される。言い換えれば，2000年以前のタワーマンションの大半は大阪市や神戸市の都心からはやや離れた場所に建設された。

　タワーマンションはしばしば，**脱工業化**（Ⅳ-7 Ⅵ-1）の流れの中で生じた工場跡地などの再開発地にみられる。1980年代後半に開発された「ベルパークシティ」（大阪市都島区，Ⅵ-3 図3）は関西におけるそうした事例の先駆である。「ベル」とは化粧品で知られるカネボウ（元鐘淵紡績，現クラシエ）を意味し，紡績工場の跡地が日本初の高さ100m以上のタワーマンションの立地する住宅地に生まれ変わったのである。あるいは2010年代に竣工した「メガシティ・タワーズ」（八尾市のJR久宝寺駅前，Ⅵ-1 図1）の敷地はかつて竜華操車場という貨物列車の拠点であった。ここは2棟で1499戸

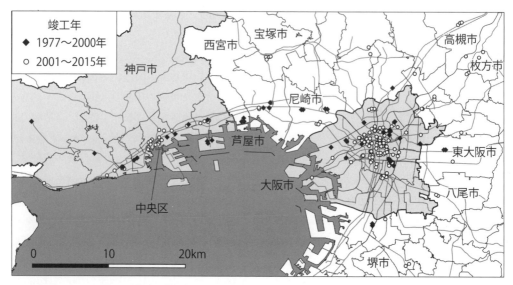

図1　大阪市，神戸市および周辺都市におけるタワーマンション（80m以上）
出所：中谷（2016）「Blue-style.com」および現地調査などによる。

という関西最大規模のタワーマンション物件である。

2 バブル崩壊と都心のタワーマンション

2001年以降になると大阪市のJR環状線の内側や神戸市中央区の三宮界隈といった都心，あるいは大阪市から伸びる鉄道の沿線でタワーマンションが増加している。都心で激増した理由として1990年代初頭の**バブル崩壊**による土地余りと，タワーマンション建設を誘導する政府の諸政策が挙げられる（Ⅵ-4）。バブル崩壊によって地価は下がったものの，土地の買い手が確実に見つかる保証はなかった。また地価が下落したとはいえ，住宅地としてはなおも高かった。そこで政府は土地の新たな活用を目指してマンションの容積率（Ⅴ-7）の制限を緩和し，都心にタワーマンション建設を誘導した。

容積率の緩和については，**公開空地**（建築物に付随する小規模公園）を設置すれば容積率の緩和を認める「特定街区制度」(1961年)，複合的な開発と公開空地の設置によって容積率を緩和する「総合設計制度」(1970年) がすでにあった。1997年以降には，こうした既存の制度の活用とともに，さまざまな方法で容積率の「ボーナス」（加算）が認められるようになっていく。1997年には建築基準法が一部改正され，建築物における共用の廊下や階段などが容積率の算定から除外されることになった。2002年の**都市再生特別措置法**では都市再生緊急整備地域，特に都市再生特別地区が指定され，建築基準法の改正もあって商業地域では容積率が1000％から1300％へ，中高層住居専用地域では300％から500％へ引き上げられた。

さらに不動産業界は，都心や駅前に住むことの利便性や，高層階の眺望のよさを宣伝した。利便性の高いマンションや眺望のよい高層階の人気は高まっていき，そうした物件への投資の有効性もうたわれた。希少価値のある高層階の部屋，あるいは最寄り駅から徒歩5分圏内のマンションは，中古住宅市場でも高値で取引されている（山口，2012a）。1980年代以降には高層階の価値が急上昇したが，その火付け役となったのは，芦屋浜シーサイドタウンH棟を抜いて日本一の超高層マンションとなったベルパークシティのG・J棟であったと思われる（図2）。後者の30階以上の部屋は希少性が高く，高価格を付けて販売されたのである。

時間の経過とともにかえって価格が上昇する「ヴィンテージ・マンション」と呼ばれる物件もある。希少性や利便性の高いマンションは資産運用の点でも注目されているのである。夜なのに，いつ見ても真っ暗なままの部屋がある。それは売れ残っているのではなく，資産運用のために購入された部屋かもしれない。

2018年時点で日本最高のタワーマンションは大阪市にある「ザ・北浜タワー」(2009年竣工，高さ209m) である。大阪市営地下鉄直結の三越百貨店跡地に作られた。分譲戸数435戸のうち最低価格の部屋は3000万円，最高は300㎡の部屋で5億8000万円とされ，次のようにいわれている。「東京や海外の資産家から『セカンドハウスとして購入したい』という希望が目立つという。開発にかかわった別の業者の担当者は『もっと高くても買うという声もある。「高さ日本一」が，ステータスを求める富裕層を強く刺激した』とみる」（朝日新聞2007年10月5日）。タワーマンションはこのように，バブル崩壊後の諸政策，不動産業界や富裕層の思惑によって建設されてきたのである。　　（山口　覚）

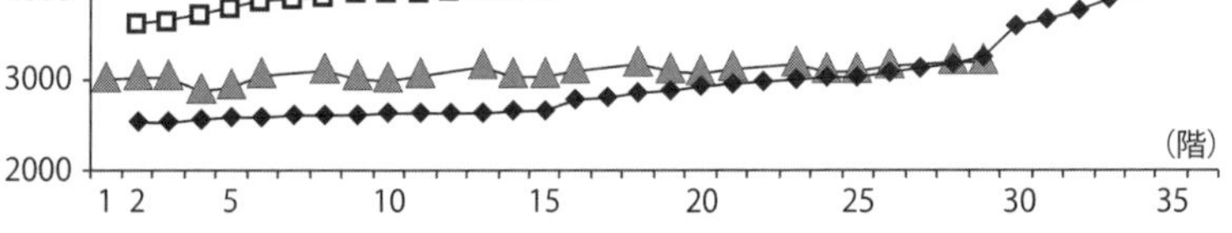

図2　タワーマンションの部屋の分譲価格と階数

注：芦屋浜シーサイドタウンH棟(1979年竣工，29階建)，ベルパークシティJ棟(1989年竣工，36階建)の物件を対象とした。後者については65.6㎡，83.8㎡の部屋を取り上げた。

VI 現代都市

6　阪急不動産の空間戦略

1　鉄道会社と不動産事業

　日本の郊外住宅地は土地（不動産）会社だけでなく鉄道会社によって開発されることも多かった（V-3）。特に1910年に開業した箕面有馬電気軌道、のちの**阪急電鉄**は、鉄道の敷設とともに住宅地の建設に乗り出した（V-1）。

　同社では「沿線地域の発展は電鉄グループのすべての事業の基本」とされ、沿線が重視されてきた。もちろんこうした姿勢は鉄道会社に共通するものであろう。いったん建設された鉄道は移設が難しいため、沿線開発を重視せざるを得ないからである。もっとも、鉄道線それ自体は動かせなくても、利益を上げるために資本（お金）を別の場所に投じることもあろう。

　ここでは阪急電鉄の関連企業である阪急不動産の住宅地開発を対象に、沿線から関西広域、首都圏、さらには海外へという同社の空間戦略を見ていく。時代は1950年代にさかのぼる。

2　阪急不動産の設立と沿線開発

　箕面有馬電気軌道の時代から沿線での住宅地開発で知られた阪急電鉄は、第2次世界大戦後も不動産事業を積極的に行っていく。1952年には経営の合理化や住宅政策、住宅需要に対応するため、完全出資の子会社として阪急不動産を設立した。なお、阪急不動産とは別に阪急電鉄住宅事業部という組織も本社内にあり、やはり沿線での住宅地開発を進めていた。1950年に**住宅金融公庫法**が制定され、住宅購入資金の長期・固定・低利での貸し付けが始まると、多くの人々が住宅購入を考えるようになった。

　1950～60年代には「阪急電車の阪急不動産」というコピーで沿線を重視する姿勢が強調されていた。図1は1954年造成の中山経営地（図1のA、宝塚市）から1962年までの住宅地関連事業を示している。当初は住宅を建設せず自社所有地の分譲を行う「経営地」や、土地の分譲を

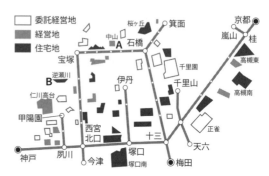

図1　阪急不動産の経営地と住宅地（1954-1962年）
出所：阪急不動産株式会社10年史編纂委員会（1964）の図を一部改変。

委託される「委託経営地」が多かった。しかし1956年の逆瀬川住宅地（B、宝塚市）開発を皮切りに「住宅地」の建設が主な事業となる。

　図1では、宝塚―今津駅以西では小規模な経営地や委託経営地が多く、住宅地がほとんどみられない。高度経済成長期では都市部への人口集中が激しくなった上に、「住宅地開発が早くから進んできた……阪神間では軒並地価が高くなり、しかもまとまった開発適地が少なくなっていた。……同社の住宅地開発は、分譲価格を抑えていく必要から地価の割安な阪急宝塚線や今津線、それに京都線に広く求められるようになった」（阪急不動産株式会社社史編纂委員会編、1998）。

　阪急不動産の住宅地開発として、1970年に造成工事に着手した阪急長岡高台（京都府長岡京市、約14万㎡）以降、さらに大規模な住宅団地の開発が増えていく。阪急池田伏尾台（76万㎡、分譲開始1971年）、阪急宝塚逆瀬台（67万㎡、同1973年）はこの時期の代表的な開発地である。

　他方で1967年からは阪急電鉄の駅に比較的近い場所に「郊外型マンション」を建設するようになり、「職住近接」がキャッチフレーズとして使われた。ここでいう「職住近接」とは、駅に近いマンションに住み、阪急電車を使えばすぐに都心の職場に到着するという意味であろう。いずれにせよ、住宅団地であれマンションであ

れ，この時期の住宅地の多くは都心から離れた郊外の沿線で開発された。

3　沿線開発を超えて

　阪急不動産は1980年代から，阪急電鉄住宅事業部は1990年代から，阪急沿線以外での開発に積極的に乗り出していく（小原，2006）。特に**都心回帰** Ⅵ-4 現象がみられるようになってからは，利便性の低い場所の開発は敬遠される傾向にある。かつて鉄道会社が積極的に開発してきた郊外住宅地のうち，都心から離れていたり，駅から遠い不便な土地の人気は低迷し，反対に都心は人口増加に転じた。

　例えば千里ニュータウンの北部に2004年に開設されたニュータウン「彩都（さいと）」は，阪急沿線ではないものの，阪急グループが中心的な事業主体となっている。もともとは**都市再生機構**（UR）などとの共同事業であったが，URは2008年に彩都での事業縮小を決定した。計画では5万人とされた彩都の人口は2013年にようやく1万人を越え（朝日新聞2013年1月18日大阪版），2018年に1万5000人強となった。

　鉄道沿線の開発，あるいは郊外住宅地の建設といった既存の方法が有効でなくなってきた現在の関西にあって，鉄道会社の住宅部門は都心や駅前での開発と，関西から離れた場所での事業展開という2つの側面を強めていく。

　阪急不動産のタワーマンションである「ジオタワー」は主に都心や駅前に建設されている。なかには阪急電鉄のライバルであるJRの駅前に建てられたジオタワー高槻（大阪府高槻市）のように，阪急電鉄の利用増にはならない不動産開発の例もみられるようになった。

4　阪急不動産の再編と首都圏進出

　脱工業化時代には人口の**東京一極集中**が進んでいる一方で，関西では人口流出が続き（Ⅵ-2 図1），鉄道の利用客数も減少してきた（朝日新聞2004年6月2日）。こうしたなか，2002年には阪急グループ全体での事業の合理化・再編が行われた。阪急不動産は阪急電鉄の完全子会社となり，阪急電鉄住宅事業部の事業を合併した新しい阪急不動産が誕生した。

　事業再編以前の2000年から阪急電鉄住宅事業部は首都圏に営業部を置き，翌2001年には首都圏で最初のマンションを完成させた。首都圏への進出は「新」阪急不動産の重点事業として年々強化されている。「阪急電鉄は全国の私鉄で初めて沿線での住宅分譲に乗り出し，沿線人口を増やす私鉄経営の先駆となった。長引く不況が深刻な近畿圏だけでなく，市場規模の大きい首都圏に注目。大手不動産各社と提携することで，今後の収益源としたい考えだ」（朝日新聞2000年6月15日大阪版）。

　阪急不動産の首都圏での事業は，2000年代には三井不動産や東急不動産など他社との合同が多かった。しかし2010年からは「ジオ・シリーズTOKYO進出本格化」をうたい，単独事業が中心となった。池田室町住宅地の開発から100年目のことである。阪急不動産は首都圏において，阪急電鉄と同様に「田園都市」を語りながら住宅地開発を行ってきた東急電鉄の沿線（東京23区西部―横浜市）を中心に，「1世紀におよぶ街づくりの歴史」を強調しながら住宅地の開発や宣伝を進めてきた。

　関西の私鉄系不動産事業のうち，京阪電鉄不動産（2000年設立）もまた2003年に東京営業所，2006年に首都圏事業部，翌07年に首都圏での自社ブランド「ファインレジデンス」を立ち上げた。同社社長によれば「関西の沿線であぐらをかいていられる時代ではなくなった」（朝日新聞2010年7月23日大阪版）という。

　住宅部門の首都圏進出に関しては，阪急や京阪よりも近鉄不動産の方がはるかに長い歴史を持っている（1970年代〜）。また，首都圏からは東急不動産が1970年代に関西へ進出している。近鉄や東急に比較すると，阪急グループは鉄道沿線や関西に重点を置いた活動を続けてきたことになる。しかしその方針を転換し，2000年以降は首都圏進出の動きが強まった。阪急不動産は首都圏に次いで2008年には福岡市を中心とした九州にも進出し（朝日新聞2008年7月4日），ベトナムでのマンション開発（2016年竣工）に参画することで，ついに海外進出を果たした。なお，同社は2018年に阪急阪神不動産へと改称・再編されている。

（山口　覚）

VI 現代都市

7　空き家問題

1　空き家問題の顕在化

　ある土地に建てられた住宅の総数に占める空き家数の割合を空き家率と呼ぶ。2000年代以降この空き家率の上昇が全国的に顕著にみられるようになってきた。社会・経済活動が衰退傾向にあると，空き家率は上昇していく可能性が高い。また，人口減少などによって多くの空き家が放置されている場所では，不審火による火災や各種犯罪の危険性も高まる。反対に，その土地に多くの人々が流入して多数の住宅売買があるなど活発な不動産取引がなされる場合には，空き家は減少する。空き家率は社会・経済活動に大きな影響を受けるのである。例えば1990年前後のバブル期には地代の上昇を見込んだ不動産取引が盛んになされた。不要な空き家は積極的に買収され，取り壊されることを通じて空き家率も低下したのである（なお，新築住宅が増加する時期にも空き家率は上昇する）。

　高度経済成長期の1963年時点では，戦後の住宅不足の影響もあって空き家率は2.5％にとどまっていた（久保，2014）。しかし『平成25年住宅・土地統計調査』（法務省統計局）を利用して2013年時点での空き家率をみてみると，日本全国で6063万戸の住宅総数に対して空き家数は820万戸であり，空き家率は13.5％となった。

2　関西における空き家問題

　脱工業化の中で経済活動が減退傾向にある関西では，他の大都市圏よりも空き家率が高くなっている。2013年で関東大都市圏は11.4％，中京大都市圏は12.7％と全国平均の13.5％を下回っているが，近畿大都市圏は13.8％と全国平均よりやや高い。さらに東京23区および政令指定都市（20市）をみてみると，最も低いのはさいたま市9.9％で，仙台市10.0％がそれに次ぐ。首都圏はおおむね低い値で，横浜市10.1％，東京23区11.2％であった。また名古屋市は13.2％

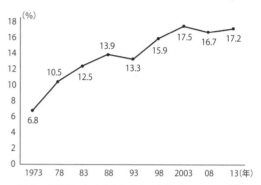

図1　大阪市における空き家率の変遷（1973～2013年）
出所：『大阪市統計書』，『住宅・土地統計調査』各年分。図2～5も同じ。

であった。これに対し，全国の政令指定都市で最も数値が高いのが大阪市であり，17.2％であった。京都市14.0％，堺市13.2％，神戸市13.1％と軒並み高い。

　図1は大阪市における空き家率の変化を示している。1973年6.8％が2003年には17.5％にまで上昇した。同市の空き家率は概して高い傾向にあるが，各区の状況は大きく異なる。図2で1993年の状況をみてみると，西成区17.6％など南東部が全体的に高い傾向にある中で，最高値は都心にある中央区の19.2％であった。

　2013年（図3）では，郊外の鶴見区で6.2％のほか，都心の福島区10.5％，西区11.4％，北区12.4％などが低くなっている。他方で西成区と東住吉区23.8％，生野区22.4％，旭区21.4％，此花区20.0％などは高い数値である。この推移から，都心回帰 Ⅵ-4 とインナーシティの衰退という2つの傾向が理解される。

　京都市・神戸市は概して大阪市よりも低い（図4，図5）。京都市では東山区の22.9％が突出して高く，南区16.8％，北区15.3％，伏見区15.2％と続く。神戸市では長田区18.0％や兵庫区16.5％が高くなっている。これらはインナーシティの要素を有することや，傾斜地に造成された住宅地が含まれることが影響していよう。他方で神戸市西区は9.1％であり，かなり低い。

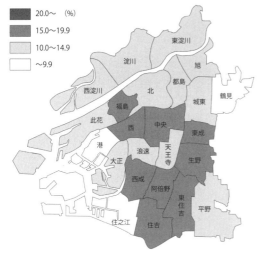

図2 大阪市各区の空き家率（1993年）

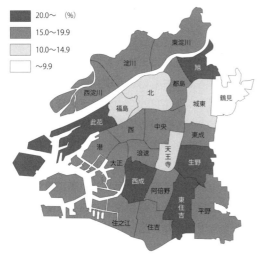

図3 大阪市各区の空き家率（2013年）

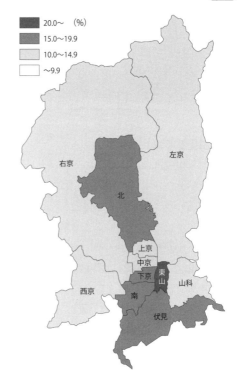

図4 京都市各区の空き家率（2013年）

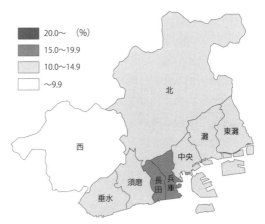

図5 神戸市各区の空き家率（2013年）

3　空き家問題への取り組み

　空き家の管理を所有者に求めたり，必要に応じて強制撤去できることを取り決める空き家条例は，全国に先駆けて埼玉県所沢市が2010年に定めた（朝日新聞2012年4月8日）。2014年時点で全国で401の地方公共団体が同様の条例を制定している。こうした動きを受けて，政府は同年11月に「空家等対策の推進に関する特別措置法」（空家対策特別措置法）を制定し，2015年2月に施行した。大阪市では同法の制定に応じて，それまでの老朽家屋問題小委員会を空家等対策検討会へと改編し，住吉・此花・淀川・生野・西成の5区を中心に空き家問題への取り組みを強化した。翌2016年には「大阪市空家等対策計画」が策定されている。

　京都市は2013年に「京都市空き家等の活用，適正管理等に関する条例」を定め，2017年には京町家を中心とした空き家をゲストハウスや留学生・アーティストの住居として活用するための「空き家活用流通支援等補助金交付要項」を発表した。神戸市でも2016年に「神戸市空家等対策計画」が策定されている。また，「空き家バンク」などの活動も各地でみられるようになってきた。

　なお，2018年の調査では，空き家率は全国13.6％，大阪市17.1％，京都市12.9％，神戸市13.3％，堺市13.6％であった。　　　（山口　覚）

Ⅵ 現代都市

8 千里ニュータウンの再生

1 高齢化するニュータウン

　日本の大規模ニュータウンの先駆けとなった千里ニュータウン（Ⅴ-5）の人口は，建設工事がほぼ完成した1970年時点で10万人を超えた。さらに1975年には13万人近くまで増加したが，その後は減少が続き，2000年以降は10万人を下回るようになった（図1）。1962年の入居開始から十数年で計画の15万人近くに到達した人口がわずか数年で減少に転じたのは，開発当初に入居した住民の年齢構成が大きく偏っていたことによる。

　1965年の年齢別人口構成（図2）は，20代後半～30代と0～9歳の世代が突出していた。この年齢層の偏りと，1970年の世帯当たり人数3.6人から，最初に入居した住民の多くが若い世代の核家族であったことが読み取れる（図1）。

　年齢層の偏りはその後の急速な高齢化の要因となった。1990年代以降，千里ニュータウンは全国平均を上回る早いスピードで急速に高齢化し，2010年には65歳以上の高齢者人口の割合が30％を超過した。2015年の年齢別人口構成からも，高齢者人口が大幅に増加したことが読み取れる（図2）。高齢者と並んで，ニュータウン入居開始当時に子ども世代であった40代の割合も比較的高い。

　高齢化とともに少子化も進んだ。ニュータウン内の小学校の児童数は，最も多い1975年で約1万8000人を数えたが，2017年には約5500人にまで減少した。1970年代の児童数激増によって増設された北千里小学校は2009年に廃校となった。

　人口減少の要因は，入居開始から十数年後，成人した子ども世代がニュータウンから転出したことによる。1960年代に建てられた集合住宅が2世代で同居するには狭小であったことも，子ども世代の転出を促すことになった。子ども世代が転出しても親世代が引き続きニュータウンに住む限り世帯は維持される。このため，人口は減少しているものの，世帯数は余り変化していない。

　ニュータウン住民の高齢化とともに，集合住宅の老朽化と建替えの問題が浮上した。戸建住宅地区でも，住民の高齢化とともに住宅の維持管理が困難になる問題が生じた。千里ニュータウンの戸建住宅は，相続や売買で所有権が移動しても宅地の分筆がほとんど行われず，地区によっては90坪前後の比較的広い住宅地が維持されているが，駅から離れた場所では住む人がおらず空き家となっている住宅も見られる。

　千里ニュータウンには，各近隣住区ごとに近隣センターが配置され，最寄性の高い生鮮食品や日用品を徒歩圏内で購買できるように計画された。しかし，1960年代後半以降，モータリ

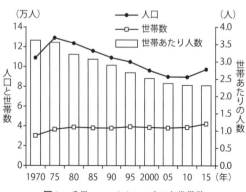

図1　千里ニュータウンの人口と世帯数
出所：国勢調査。

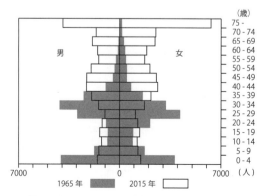

図2　千里ニュータウン（吹田市域）の年齢別人口
出所：千里タイムズ84号および2015年国勢調査。

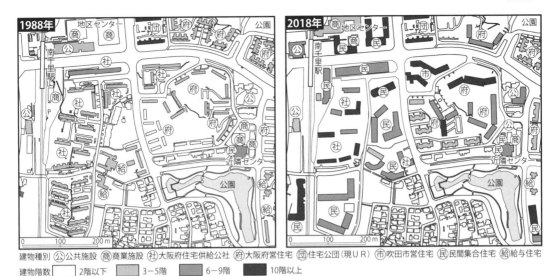

図3　再開発前後の集合住宅（吹田市佐竹台）

出所：住宅地図，空中写真および現地調査。

ゼーションの進展とともにニュータウン住民の購買圏が拡大し，多くの住民が地区センターやニュータウン周辺の大型商業施設を利用するようになった。近隣センターの個人商店は品揃えや価格で太刀打ちできず，次第に衰退していった。住民の高齢化も衰退に追い打ちをかけた。商店主が高齢となって廃業する店も多く，生鮮食品や日用品を扱う個人商店の多くが姿を消した。現在は医療や介護などのサービスを提供する事業所がみられるようになったが，シャッターが閉じられたままの空店舗も少なくない。

2　ニュータウンの再生とまちづくり

1999年のPFI法（Private Finance Initiative，民間資金等の活用による公共施設等の整備等の促進に関する法律）成立以降，千里ニュータウンでもPFIによる集合住宅の再開発が行われてきた。敷地のおよそ半分を「再生地」として民間事業者へ売却し，その売却益を用いながら残りの土地に建替え前の戸数と建増し分を含めた集合住宅を建築する「再生地処分方式」で再開発が進められているが，この方法は必然的に建物の高層化を招く。千里ニュータウンの中で比較的早く開発された吹田市佐竹台の集合住宅は大部分が5階建以下の中層住宅で構成されていたが，再開発後は10階建前後の高層集合住宅が立ち並ぶ景観へと変貌した（図3）。

PFIは民間事業者の主導で事業が進められるため，計画や設計の意思決定に市民が参加しにくいという問題が指摘されているが，吹田市は2001年に「千里ニュータウンの再生を考える100人委員会」を発足させて市民の委員を公募し，比較的早い時期からまちづくりに市民が参加する仕組みをつくってきた。図3に示した佐竹台の再開発でも市民・行政・事業者の三者による協議の場が設けられ，再開発される集合住宅の住民だけでなくその近隣の住民をも含めた合意形成がはかられた。

更新された集合住宅に入居するのはニュータウンで育った人々を含む比較的若い世代が多い。再開発の進展とともに若い住民が増え，ニュータウンの人口減少や高齢化に一定の歯止めがかかり，2010年から2015年には人口が増加へと転じた（図1）。

少子高齢化したコミュニティを再生するため，近隣センターの空店舗を利用したコミュニティカフェの運営や，子育て支援，高齢者支援，団地の住民が一堂に会する場をつくる「住民祭」の開催など，いろいろな取り組みが模索されている。

（水田憲志）

VI 現代都市

9 大学の郊外化と都心回帰

　大学キャンパスの立地もまた都市の成長や衰退，その時々の経済状況や政策的な動向と関係している。ここでは大学のキャンパスが都心と郊外のいずれに立地しているかに注目してみよう。

1　都心から郊外へ

　もともと多くの大学は都心やその近くに起源を持つ。例えば大阪大学は1838年（天保9）に現在の大阪市中央区内に置かれた適塾をルーツとする。大阪帝国大学となった1931年当時のキャンパスは大阪市北区中之島にあった。その後は郊外の豊中・吹田キャンパスを整備した（図1）。こうしたキャンパスの郊外移転は多くの大学で確認される。

　関西大学の前身の関西法律学校は1886年に大阪市西区につくられた。1920年に関西大学と名称を変えた後，1922年の大学令により大学へと改組された際に，近郊の千里山キャンパス（吹田市）が開設された。ただし1929年には大阪市の都心に天六キャンパス（大阪市中央区）も設置され，1935年から65年までは大学本部がそこに置かれていた。

　関西学院は神戸市灘区の原田の森（現在の神戸市立王子動物園）に1899年に創設され，1929年に郊外の上ヶ原キャンパス（西宮市）に移設された。1932年に大学へと昇格している。

　1980年代以降になると，脱工業化時代における情報化社会の到来にあわせた新学部・新学科の増設や，第2次ベビーブームの影響による学生数の増加によってキャンパスの拡大が必要になった。しかし近畿圏工場等制限法（1964年）によって既成市街地での大学キャンパスの拡張は制限されていた。そのため，この時期から，郊外に新たなキャンパスを設置する動きが強まった。関西大学は高槻キャンパスを1994年に開設し，総合情報学部を新たに作った。関西学院大学は1995年にニュータウンで知られる三田市に神戸三田キャンパスを開設し，総合政策学部を作った。規模の大小はあるものの，同志社大学田辺キャンパス（1986年），大阪教育大学柏原キャンパス（1992年），立命館大学びわこ・くさつキャンパス（1994年）なども同様である。この時期には郊外の多くの自治体がキャンパス誘致運動を展開した。「教授や学生の『都市離れ』に対する抵抗が強いにもかかわらず」（朝日新聞1986年6月14日夕刊），大学キャンパスは郊外志向を強めていく。

2　郊外から都心へ

　ところが1990年代半ばから，一部の講座を都心で開講する動きが出てくる。大学が都心回帰（VI-4）の方針へと舵を切り始めたのである（朝日新聞1996年11月10日）。例えば関西大学では天六キャンパスの利便性が見直された。このキャンパス自体は2003年に廃止され，校地は2014年に阪急不動産に売却されていた（日本経済新聞2014年7月17日）。そのため2016年には梅田キャンパス（大阪市北区）を新たに開設した。

　こうした都心回帰の動きは2002年に近畿圏工場等制限法が廃止されたことで進展した。都心にキャンパスを新設したり，都心にもともとあった既存キャンパスの高度利用が可能になったのである。1966年に近郊の有瀬キャンパス（神戸市西区）に開設された神戸学院大学は，2007年には都心の三宮にほど近いポートアイランドキャンパス（神戸市中央区）を新設した。京都府亀岡市に1969年に開設され，2015年に京都市内に京都太秦キャンパスを開いた京都学園大学（2019年から京都先端科学大学へ改称）は入学PRで「滋賀から，大阪から，神戸からも通学に便利」とうたった。図1の中で最も新しい1998年開学の関西国際大学は，三木市のメインキャンパスのほか，2009年にはキリンビール尼崎工場跡地（尼崎市）に教育学部を設置した。

　関西大学高槻ミューズキャンパス（2010年）

や立命館大学茨木キャンパス（2015年）の開設，同志社大学今出川キャンパスの拡充（2013年～）なども同様の動きである。これらに共通するのは，都心への近接性や鉄道駅からの利便性が重視されていることである。

3 大学の都心回帰，利便性の追求

以上をまとめてみよう。図1に示した大学のうち，戦前に開設された大学の多くが大阪市，神戸市，京都市内にキャンパスを有していた。もちろん戦前においても，全面的な移転先として，あるいはサブキャンパスとして，郊外が選ばれることはあった。第2次世界大戦後に開設された神戸学院大学や京都学園大学（現・京都先端科学大学），関西国際大学は開設当初から郊外にキャンパスを開いた（ただし前身となる学校はそれぞれ神戸市，京都市，尼崎市に拠点を持っていた）。1980年代以降になると関関同立や大阪教育大学などが，もとのメインキャンパスからかなり離れた郊外に広大なキャンパスを設置した。しかし，関西学院大学を除いて，2000年代以降には都心や交通利便性の高い場所に新たなキャンパスを設置したり，もとのメインキャンパスに機能を集約する動きが広く確認される。

こうした動きにも関連するが，多くの大学では大阪市北区梅田など，利便性の高い都心に小規模なサテライトキャンパスを持つようになっている。2004年，大阪大学は「発祥の地」に中之島センターを作った。このような都心回帰，利便性の追求は「全入時代の売り」にするためのものだという（朝日新聞2011年4月17日関西総合）。これと並行して郊外型キャンパスの縮小や廃止も生じている。かつて大学キャンパスの誘致を積極的に行い，インフラ整備を進めてきた郊外自治体には，困惑が広がっている。

4 東京オフィス：東京一極集中への対応

各大学では，都心回帰だけでなく，東京にオフィスを設置する動きも盛んである。例えば関西大学，関西学院大学はいずれも2003年に東京にオフィスを置き，2007年にはJR東日本が東京駅前に建設したオフィスビルの「サピアタワー」に移設させた。同タワーには日本各地の大学がオフィスを構えている。東京一極集中（Ⅵ-2）という現象をこうした動きから理解することも可能であろう。

（山口　覚）

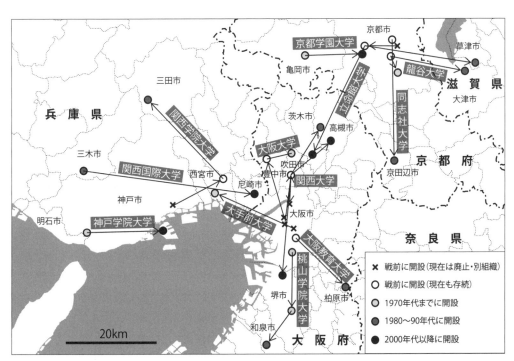

図1　各大学の主要キャンパスの立地展開

注：この図で示したキャンパスは各大学のすべての校地ではなく，主要なものに限定している。開設年についても，前身となる各種学校などについては必ずしも考慮していない。関西大学の前身である関西法律学校については大阪市西区，関西学院（大学）については創設地である神戸市灘区の校舎を示している。

VI 現代都市

10 商店街からモールへ

1 小売業界の厳しい状況

現代社会はさまざまな商品であふれている。それらの商品はどこで購入されるのだろうか。生鮮食料品のような最寄品であれば近所の商店街やスーパーマーケット，あるいはコンビニエンスストアであろうか。少し高級な衣服や貴金属のような買回品であれば都心の百貨店に行くかもしれない。郊外や駅前の大型ショッピングモールは最寄品から買回品まで何でもそろうような印象があるが，専門品はどうだろうか。こうした消費者の行動や小売業界の展開は，都市空間をかたちづくる主要な動因の1つである。

小売業界の状況について表1，表2で事業所（店舗）数と販売額を確認しておこう。2つの表から，全体として店舗数は激減し，販売額も減少していることがわかる。特に百貨店はおよそ四半世紀で店舗数・販売額とも半分以下になった。食料品や衣料品などを幅広く扱う総合スーパーや，専門店（販売品目の90％以上を食品，衣料といった特定の品目が占める店舗）も厳しい状況にある。専門スーパーやコンビニについては2000年代までは勢いがあったものの，2014年にかけては減退傾向にある。これが小売業界の置かれた状況である。

2 商店街の衰退

商店街とは，主には小規模な専門店が複数集まって形成される商業地のことである。まずは神戸市を例に商店街の立地を確認しよう。図1は神戸市商店街連合会に所属する90の商店街を示している。この図には三宮センター街（中央区）のような買回品を扱う都心部の大規模な広域型商店街から，最寄品を扱う近隣の地域型商店街までが含まれる。その多くが中央区から長田区にかけての中心市街地にある。

今日では商店街の多くが衰退傾向にある。店舗の規模は小さくなり，店舗数も減少する。もはやシャッター街（通り）は珍しくない。商店街の衰退要因としては近隣人口の減少，スーパーマーケットなどとの競合，モータリゼーション，インターネットによる消費行動の空間的拡張などが考えられよう。

都心回帰 VI-4 によって新規居住者が増加している都心部では，商店街の店舗が撤去さ

表1　全国における小売業事業所数の変化（1991〜2014年）

	1991年	1997年	2002年	2007年	2014年
事業所数計	1,605,583	1,419,696	1,300,057	1,137,859	775,196
百貨店	478	476	362	271	195
総合スーパー	1,683	1,888	1,668	1,585	1,413
専門スーパー	20,827	32,209	37,035	35,512	32,074
コンビニエンスストア	23,837	36,631	41,770	43,684	35,096
専門店	1,009,061	839,969	775,847	694,578	430,158

注：専門スーパーとは衣料品や食料品など特定分野の商品の小売販売額が総販売額の70％以上のスーパーを意味する。
出所：商業統計調査，各年分。表2も同じ。

表2　全国における小売業事業所の年間販売額（1991〜2014年，単位：百万円）

	1991年	1997年	2002年	2007年	2014年
販売額計	142,291,133	147,743,116	135,109,295	134,705,448	122,176,725
百貨店	11,349,861	10,670,241	8,426,888	7,708,768	4,922,646
総合スーパー	8,495,701	9,956,689	8,515,119	7,446,736	6,013,777
専門スーパー	14,064,488	20,439,962	23,630,467	23,796,085	22,368,486
コンビニエンスストア	3,125,702	5,223,404	6,713,687	7,006,872	6,480,475
専門店	67,111,366	59,679,070	52,414,700	53,929,117	43,157,623

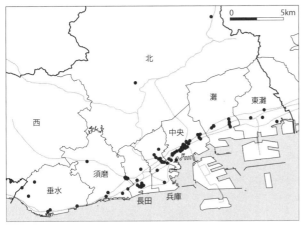

図1 神戸市商店街連合会加盟の商店街（2016年）
出所：神戸市商店街連合会 HP による。

図2 あべのハルカス

れてマンションが建設されることもある。近隣で人口が増加しても商店街の衰退が止まるとは限らない。人々の消費行動が変化してしまっているとすれば、さまざまな活性化策も抜本的な解決手段とはならない可能性がある。

3 生き残りをかける百貨店

百貨店は19世紀に欧米で誕生した。日本では三越のような呉服系、阪急などの電鉄系の百貨店が発達し、高度経済成長期から1980年代末のバブル経済期に最盛期を迎えた。しかしバブル経済崩壊後、百貨店業界は衰退傾向にある。近畿圏でもそごう心斎橋本店の大丸百貨店への売却（2009年）、業務資本提携によるそごう神戸店の神戸阪急への屋号変更（2019年）、三越北浜店（2005年閉店）のタワーマンションへの建て替え（Ⅵ-5）などがあった。生き残りをかけた改築も珍しくない。近畿一の売り上げを誇る阪急百貨店うめだ本店は2005年から2012年まで全面改修工事を行い、近鉄百貨店は阿倍野本店を日本一の超高層ビル「あべのハルカス」（図2）へ改築した（2014年）。近代建築の傑作といわれた大丸心斎橋店は、内外装の一部を残しながらも大幅に建て替えられる（2019年）。

大丸では心斎橋店が心斎橋筋商店街、神戸店が旧居留地（Ⅷ-5 図2）の町づくりに関与している。また、都心回帰（Ⅵ-4）の動きにあわせて、都心部の百貨店では「デパ地下」などの食料品売り場を拡充する動きもみられる。

4 スーパー業界と大店法・まちづくり3法

第2次世界大戦後、小売業界では**流通革命**と呼ばれる転機が2度あったとされる。

第1次流通革命は高度経済成長期の1960年代に生じた。好景気に伴う消費の拡大、大手資本によるチェーンストアの誕生などが特徴である。ダイエーは1957年に大阪市旭区千林に1号店をオープンさせ、1964年には定義上は店舗面積1500㎡以上を指すショッピングセンターの先駆けとなった庄内店（大阪府豊中市）を開業した。同社は近畿を拠点としながら、日本を代表する総合スーパー・チェーンになっていく。

こうした小売店舗の大型化から既存の商店街や地元資本の店舗を守るため、1973年に**大店法**（大規模小売店舗における小売業の事業活動の調整に関する法律）が制定された。大店法では店舗面積1500㎡（政令市などでは3000㎡）以上の新規出店には当該地域での事前協議や出店調整がなされることになった。もっとも、大店法によって、中心市街地では規制面積以下の中型スーパーやコンビニエンスストアが増加し、同法の規制対象地域に含まれない郊外で大型店が増加するという結果を招いた。旧来の商店街を守ることにはつながらなかったのである。

1990年代には第2次流通革命が生じた。大きな要因はアメリカ合衆国からの圧力である。国レベルでも地域レベルでも閉鎖的とされた日本の市場に外部資本が新規参入できるよう求めら

れた。これによって大店法が改正され，店舗面積や地元小売店との事前協議，出店調整などの規制や取り決めが緩和されたことで外部資本による大型店の出店が容易になり，地元資本の小売店はますます厳しい状況に追い込まれた。

このように大店法の実効性が失われたことを受けて，1998年にはいわゆるまちづくり3法が新たに定められた。**大店立地法**（大規模小売店舗立地法）によって各自治体の裁量で「中小商業ゾーン」を設けることができるようになり，大型店と小規模店舗との住み分けが促された。**中心市街地活性化法**では中心市街地の小規模店舗を支援するための補助金供出などがうたわれた。**改正都市計画法**では，郊外の非都市化区域には3000㎡以上の大型店を出店可能とすることで都心部に大型店を増やさないよう誘導し，中心市街地の小規模店舗を守ることが企図された。しかしモータリゼーションの進展もあって，郊外の大型店を利用する人々はなおも増えていく。

2006年には中心市街地活性化法が改正され，**コンパクトシティ**推奨の名目で中心市街地の支援がさらに強化されることになった。都市計画法も改正され，1万㎡以上の集客施設が「商業」「近隣商業」「準工業」という3種類の用途地域（V-7）のみで出店可能となり，市街化調整区域への出店は原則不可能となった。もっとも，企業の働きかけによって用途地域の変更がなされることも珍しくなく，規制は不徹底な状態である。

このように中心市街地の小規模店舗を守るために大店法やまちづくり3法が策定・改正されてきたが，規制緩和や抜け道によって郊外型の大型店は増加し続けてきた。中心市街地の中には店舗が減少し，交通弱者である高齢者などが**買い物難民**になる地域も出てきている。また，大企業間での価格競争も激しくなっており，企業の淘汰も進んでいる。ダイエーは2004年に産業再生法（産業活力再生特別措置法）の適用を申請してイオングループの支援を受けるようになり，2015年にはついにイオンの完全子会社となった。

5 イオングループの展開：郊外と都心と

1989年に旧ジャスコグループがイオングループへと名称変更して以来，同グループはさまざまな小売店を作り，他社を吸収しつつ巨大化してきた。プライベート・ブランドの確立や買い物ポイント制度は，**規模の経済**（スケール・メリット）があればこそ効果が高まる。図3はイオングループ傘下の複数の運営会社による店舗群を示している。都心から郊外に至る広域での展開が読み取れる。

イオンモールは「広域商圏型」の大型ショッピングセンターである。主に総合スーパーのイオン（旧ジャスコ，サティ）を核店舗とし，100

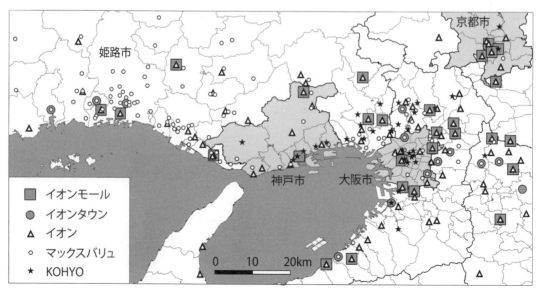

図3 イオングループの店舗群（一部，大阪府・兵庫県・京都府・奈良県，2016年）
出所：イオンモールやイオンタウンの中心にあるイオン，マックスバリュなどは核店舗であることを示す。
注：各種HPにより作成。

表3　近畿におけるショッピングモールの例

名称（一部略称）	開設年	所在地	かつての土地利用	駐車場（台）	店舗概数
つかしん	1985	兵庫県尼崎市	グンゼ塚口工場	2,000	180
イオン明石ショッピングセンター	1997	兵庫県明石市	神戸製鋼所大久保事業所	3,500	75
イオンモール伊丹店	2002	兵庫県伊丹市	東洋ゴム工業伊丹工場	2,800	140
ららぽーと甲子園	2004	兵庫県西宮市	阪神パーク甲子園住宅遊園	3,000	150
イオンモール橿原	2004	奈良県橿原市	木材共同組合の所有地など	5,000	240
イオンモール大日	2006	大阪府守口市	三洋電機大日工場	2,400	190
神戸三田プレミアムアウトレット	2007	神戸市北区	（URによる新規開発地）	4,000	220
阪急西宮ガーデンズ	2008	兵庫県西宮市	阪急西宮スタジアム	3,000	270
あまがさきキューズモール	2009	兵庫県尼崎市	キリンビール尼崎工場	1,500	140
イオンモール KYOTO	2010	京都市南区	松下電器	1,125	130
イオンモール大阪ドームシティ	2013	大阪市西区	大阪ガス岩崎町工場→Pa・dou	670	126
イオンモール京都桂川店	2014	京都市・向日市	キリンビール京都工場	3,100	220
ららぽーと EXPOCITY	2015	大阪府吹田市	エキスポランド（遊園地）	4,000	310

店以上の専門店やシネマコンプレックスなどから構成される。阪神間の中心市街地には少なく，郊外に多い。ただし京都市南部には複数ある。なお，イオン名義のスーパーはイオンモール以外の場所にもある。

イオンタウンはイオンモールよりも小規模なショッピングセンターで，やはり都市近郊や郊外地域に多い。核店舗には食品スーパーのマックスバリュなどが置かれる。

マックスバリュについては，兵庫県以西の瀬戸内地域を管轄するマックスバリュ西日本が2011年まで姫路市に本社を置いていたため，同市を中心に多くの店舗が分布している。なお，都心型小規模店舗はマックスバリュエクスプレスと呼ばれている。

イオングループは郊外大型店だけでなく，都心での店舗展開も重視するようになっている。2013年には中心市街地に多かった大丸ピーコックを買収した。「イオンは，都市部での出店に力を注ぐ。自動車の運転を避ける高齢者や，駅周辺に住む単身世帯が増えたため，郊外で大型駐車場つきのスーパーを構える集客モデルに限界がみえてきたからだ」（朝日新聞2013年3月5日）。

その後，マックスバリュや旧ピーコックの一部の店舗はKOHYO名義で運営されている。KOHYO（光洋）は1973年に大阪府八尾市で鮮魚専門店として創業し，2007年にイオン傘下に入った。それ以来，もともとの自社スーパーに加え，イオングループから継承したマックスバリュ名義の店舗も運営している。それらは「都市型食品スーパー」として定着したとされる

（朝日新聞2016年12月7日）。

巨大スーパーチェーンであるイオングループは都心から郊外に至る広域に多種多様な店舗を展開してきた。また，イオングループを含むスーパー各社は，商店街などの小規模店舗が減少して「空白地帯」となった都心において，都心回帰と地価下落という新局面に対応しようとしている（朝日新聞2011年11月15日夕刊）。

6　脱工業化とショッピングモール

現代では都市に与えるショッピングモールの影響力は非常に大きい。「モール」とは商店街と同義だが，皮肉にも巨大モールは旧来の商店街を衰退させる一因となってきた。

表3は近畿におけるいくつかの大型モールを示している。1985年に開業した「グンゼタウンセンターつかしん」は，日本における郊外型巨大モールの草分けである。繊維メーカーのグンゼの工場跡地に立地しており，現在でも同社が運営している。

これ以外にも工場や遊園地，野球場などの跡地を利用して巨大なショッピングモールが建設されている。利益を生まなくなった巨大施設はモールに生まれ変わるのである。近代都市時代の遺物の上に作られるモールは，現代都市の，脱工業化時代の象徴ともいえる。もっとも，インターネットの普及によって消費空間のさらなる変容がもたらされつつある。2人以上世帯の家計に占めるネットショッピングの利用額割合は，2002年5.3％が，2015年には27.6％にまで上昇している（総務省ホームページ）。（山口　覚）

Ⅶ 農業

1 概説

1 都市と農業立地の関係

Ⅶ章では，近畿地方の農業とその変容について，都市圏を中心にみていく。まず導入として，都市との関係で農業の立地を考えるJ. H. vonチューネンの議論を紹介しよう。

ドイツの農業経済学者チューネンは著書『孤立国』(1826年) の中で，農業形態は都市（市場）との距離に応じて同心円的に変化すると論じた (図1)。農業経営は，市場から離れるほど生産物の輸送費が高くなり収益が下がる。ただし下がり方は作物ごとに異なる (図2)。野菜・果樹・花きなどを集約的に栽培する園芸農業の場合，生産物は販売額が高いものの傷みやすいため輸送費も高くなる。一方，稲作はコメの販売額・輸送費とも比較的安い。園芸作物とコメは図2の作物aとbの関係にある。つまり，都市近郊では園芸農業の収益が稲作を上回るが，遠方では園芸農業の輸送費がかさむため，稲作の方が収益は高くなる。こうした距離と収益の関係が農家の作物選択に影響し，農業立地を左右していると考えられる。以下で示すように，大阪府で園芸農業の比重が高い一因は，生産地が都心や都市近郊だという立地条件にある。

なお，チューネンのモデルが理念型であることには注意したい。また，今日では技術発展による輸送の低価格化が進み，同心円モデルでの農業立地の説明には困難もある。さらに，先進国では都市近郊の農地利用は粗放化するという**逆チューネンモデル**も提唱されている。その主な理由として，都市では農業以外に就労機会が多い点，**スプロール現象** (Ⅶ-3) で営農環境が悪化している点，将来の土地売却をみすえて農業への投資が控えられる点などがある。

2 戦後の日本農業・農政

次に，戦後の日本農業・農政の展開 (表1) をみてみよう。まず，1947～50年にかけて実施された農地改革によって地主制が解体され，家族経営を主とする小規模自作農が大量に創設された。1947年には，そうした農家の協同的な経済活動の基盤となる農業協同組合が設立された。これらの農業改革は，戦後の日本農業を特徴づける零細性と集約性の素地を作った。

高度経済成長期には，農業と工業の間で所得や生産性の格差が広がった。この解消を目指し，1961年に**農業基本法**が制定された。その政策の柱は，①需要減や輸入拡大が予想される畑作穀物などの農産物から，需要増が見込まれる野菜・果実，畜産物などへの**選択的拡大**，②価格支持などを通じた農産物価格の安定と流通の合理化，③自立経営農家の育成に向けた経営規模の拡大や農業近代化といった構造改善であった。

表2のように，農基法の制定以後，日本農業は大きく変化した。農業就業人口は生産年齢（満15歳以上65歳未満）の男子を中心に激減し，高齢化と婦人化が進行した。農家数は一貫して減少してきたが，他方で兼業農家率が著しく拡大した。この背景には，機械化による稲作などの省力化や，コメの価格支持政策の継続がある。つまり，農家は農業以外の職を得ても離農せずに，稲作によって農業収入を得たり農地維持を図ったりしてきたのである。その結果，農基法が掲げた経営規模の拡大は十分実現せず，経営の単一化や土地利用の粗放化が導かれた。

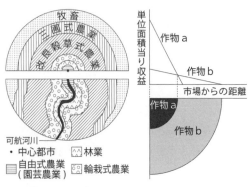

図1 チューネン圏　　図2 チューネン圏の原理

表1 戦後の日本農政の展開とおよその開始時期

1945～	戦後復興期	農地改革，農協創設，食料増産，食管の継続
1961～	基本法農政	生産・流通の近代化，選択的拡大，米価の支持
1970～	総合農政	生産過剰対策，輸入自由化，農村基盤総合整備
1977～	地域農政	集落ごとでの問題解決，価格政策から構造政策へ
1986～	国際化農政	輸入自由化，経営規模の拡大，市場原理の導入
1999～	新基本法農政	選択と集中，多面的機能の評価，規制改革

表2 日本農業の変化の指標（1960-2015年）

年次	1960	1970	1980	1990	2000	2010	2015
農地面積（万ha）	607	580	546	524	483	459	450
水稲作付面積（万ha）	312	284	235	206	176	163	151
総農家数（万戸）	606	534	466	383	312	253	216
第2種兼業農家率（％）	32.1	50.8	65.1	51.5	50.0	37.8	33.5
自給的農家率（％）	−	−	−	22.5	25.1	35.5	38.3
農業就業人口（万人）	1454	1035	697	482	389	261	210
農業総産出額（百億円）	191	466	1026	1149	913	812	880
構成比（％）〈米〉	47.4	37.9	30.0	27.8	25.4	19.1	17.0
〈野菜〉	9.1	15.9	18.6	22.5	23.2	27.7	27.2
〈果実〉	6.0	8.5	6.7	9.1	8.9	9.2	8.9
〈畜産〉	18.2	25.9	31.4	27.2	26.9	31.4	35.4
総合食料自給率（％）	79	60	53	48	40	39	39
水稲平年収量（kg/10a）	371	431	471	494	518	530	517
米作労働量（時間/10a）	174	118	64	44	33	25	23

注：1990年より国の統計は農家を販売農家と自給的農家に区分し，専業／兼業農家の分類を販売農家のみに適用している（表3）。
出所：各種統計。

表3 1990年以降における統計上の農家の分類

用語	定義
販売農家	経営耕地面積30a以上または農産物販売金額が年間50万円以上の農家
主業農家	農業所得が主（農業所得の50％以上が農業所得）で，1年間に60日以上自営農業に従事している65歳未満の世帯員がいる農家
準主業農家	農外所得が主（農業所得の50％未満が農業所得）で，1年間に60日以上自営農業に従事している65歳未満の世帯員がいる農家
副業的農家	1年間に60日以上自営農業に従事している65歳未満の世帯員がいない農家
専業農家	世帯員の中に兼業従事者（年間30日以上他に雇用されて仕事に従事した者または農業以外の自営業に従事した者）が1人もいない農家
兼業農家	世帯員の中に兼業従事者が1人以上いる農家
第1種	農業所得の方が兼業所得よりも多い兼業農家
第2種	兼業所得の方が農業所得よりも多い兼業農家
自給的農家	経営耕地面積が30a未満かつ農産物販売金額が年間50万円未満の農家

出所：農林水産省ホームページ。

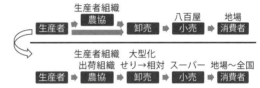

図3 1970年代を境とする農産物供給構造の変化
出所：荒木（2002）

コメについては戦前の**食糧管理制度**が戦後も維持され，政府が生産・流通を管理した。食管下では，政府は農家からコメ全量を高く買い，消費者に安く販売した（二重価格制）。稲作は農家の安定した収入源となり，生産が急伸した。しかし，コメの消費が減る中で生産過剰と政府米在庫の増大が顕著となり，二重価格制は赤字累積の問題を生んだため，対策として1971年から作付制限と転作による**生産調整**が開始された。以降，コメの生産量は，生産調整の規制の度合いに左右されながら減少してきた。

選択的拡大が図られた園芸・畜産部門は，都市人口の増大やコメの転作に対応して成長し，農業生産の拡大を牽引した。園芸産地では，**構造改善事業**によって土地の基盤整備や生産機械・施設の導入が進められ，大量生産体制が確立した。農協も合併を通じて出荷単位を大型化するとともに，産地の中心的な集出荷団体となって農家を組織・統制し，共同販売（共販）に基づく大量出荷体制を築いていった。

このように**主産地形成**が進んだ要因として，農政の展開だけでなく小売の変容も挙げられる。1970年代からスーパーが普及し，八百屋や魚屋などの食料品店を駆逐していったのである（図3）。大規模小売店のスーパーは青果物の大量かつ安定した入荷を必要とするが，スーパーに納品する卸売業者がこれに対応した仕入れをする際は，多くの小規模産地と個別で取引するよりも，大規模産地と取引し一括で大量に調達する方が効率がよい。このため，産地での大量供給体制の構築が求められ，主産地は数種類の品目に特化することでそれを実現していった。

一方，輸送技術・インフラの発達と**中央卸売市場**の整備（Ⅶ-4）により，農産物流通は広域化し新たな産地間競争が生じた。野菜部門では，高度経済成長期に従来の**近郊農業**の産地が都市化して衰退し，新興産地が南九州や東北などの遠隔地，南関東をはじめとする近郊外縁部に現れた。競争によって各産地は生産の専門化・差別化を図り，農業の地域分化が進んだ。また施設栽培の普及と輸送園芸の発達を背景に，出荷時期による商品の差別化が実現し，同時に，安定供給に向けて複数の産地が出荷時期を途切れなく交代していく「リレー出荷」などの，産地間の協調的な出荷調整も行われるようになった。産地間競争・協調の結果，野菜供給は周年化し，市場ごと季節ごとでの産地の棲み分けも進んだ。

1980年代半ば以降，日本農業・農政はグロー

バル化に向けて大きく転換していく。1985年のプラザ合意後，円高が急激に進行し，国内と海外での農産物価格の差（内外価格差）が顕著となった。他方，農産物の輸入数量制限は，日米通商交渉や1993年のGATTウルグアイラウンド合意を受けて，1991年の牛肉とオレンジにはじまり1999年のコメに至って，全品目で撤廃された。農産物輸入は急増し，すでに自給率が低下していた畑作穀物だけでなく，選択的拡大が図られた部門でも外国産の割合が高まった。

農政では，ウルグアイラウンド合意や1995年発効のWTO農業協定に対応して，**規制緩和**と**市場・競争原理の導入**が進められ，農業の構造改革による国際競争力の強化が目指されるようになった。コメは政府が長らく流通を統制してきたが，1995年の食管制度廃止と**食糧法**の施行および2004年の改正を経て，他の農産物並みに自由化された。減反参加農家に支払われてきた補助金も，農家の競争意欲を削ぐものとして減額され，2018年産から打ち切られた。同年度には，国によるコメの生産数量目標の設定と配分も廃止され，需給に応じた農家や集出荷業者などの自主的な生産調整へ移行した。

さらに，1994年の農業経営基盤強化促進法の制定以降，農政は構造改革に向けて，「経営感覚に優れた効率的・安定的な農業経営」（「担い手」）を選別的に支援・育成し，同時に，これへの農地集積を図るようになった。担い手とは一定規模以上の経営のことで，農家に限らず法人も含む。近年では，農政が推進する**6次産業化**（Ⅶ-5），輸出事業，新技術導入などに取り組み，高所得を狙う経営も担い手に含めるようになった。こうした担い手を確保するために，**企業参入**の規制緩和や就農支援の制度化も進められている。これら「**選択と集中**」による農政は，一面では，貿易自由化と相まって小規模経営の淘汰を促し，急激な農家数の減少，耕作放棄地の拡大，地域農業の衰退を招いている。

農基法もグローバル化時代の新しい農政に合わせて見直され，1999年に**食料・農業・農村基本法**に置き換えられた。新法は農業の構造改革を志向するものであるが，それにとどまらず，政策対象を旧法の農業および農業従事者から，食料・農業・農村と国民（消費者）へ転換した。その目的は，「国民生活の安定向上及び国民経済の健全な発展を図る」ことにある。この達成に向けて，①食料の安定供給の確保，②農業の**多面的機能**の発揮，③農業の持続的発展，④農村の振興を基本理念に掲げている。このうち②は，農業が農産物供給以外にも公益的機能を持つことを主張しており，その機能として，「国土の保全，水源のかん養，自然環境の保全，良好な景観の形成，文化の伝承等」を例示する。多面的機能は，今日では農業・農村関連の振興策を意義づけるためのキーワードである。

一方，従来の大量供給体制には変化が訪れている。生産地では農家の零細化や農協の広域合併が進む中で，篤農家や大規模農家は農協外で独自の販路を開拓している。また卸売市場流通の量と割合が低下し，卸売業者の経営悪化と統廃合が生じている。その要因は，**ファーマーズマーケット**（Ⅶ-5）や通販を介した消費者への直接販売の増加，量販店との直接契約の拡大，加工品や惣菜の消費量の増大，さらに市場外取引が多い農産物輸入の拡大といった点にある。

1990年代以降には，食中毒事件，BSE（狂牛病）問題，産地偽装などが相次ぐ中で，**食品の安全**に対する社会的関心が高まった。これを受けて原産地表示や食品表示が厳格化され，生産・流通過程を記録する**トレーサビリティー**制度も普及してきた。また，食をめぐる消費者の文化的・倫理的関心，大量供給体制への反省は，地域特産物の生産や食品のローカルな流通，環境保全型農業などの動きを活性化している。

2013年の第2次安倍内閣発足以降，内閣が農政に強い決定力を行使するようになり，現在，日本農政は重大な局面を迎えつつある。同年に内閣主導で策定された農林水産業・地域の活力創造プランは，実質的に農政の最上位計画であり，このもとで抜本的な農業・農政改革が断行され，大きな論争を呼んでいる。

3　近畿地方の農業

最後に，近畿の農業の現況を統計資料などから把握しよう。まず，地域農業構造の特性を示す農業地域類型をみてみたい。これはDID（人

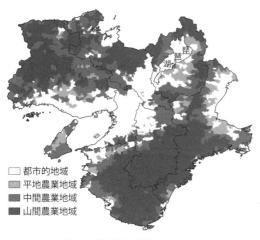

図4　近畿地方の農業地域の分布
出所:「旧市区町村別農業地域類型一覧表」(2013年改定)。

表4　近畿地方の販売農家の経営
(千戸, %, a/戸, 人/戸, 千ha)

	都府県	近畿	滋賀	京都	大阪	兵庫	奈良	和歌山
販売農家数	1291	126	19	17	9	47	13	20
第2種兼業農家率	56	62	74	60	62	68	63	39
副業的農家率	60	68	74	70	64	73	70	50
百万円以上販売農家率	39	28	23	22	24	24	21	57
平均経営耕地面積	156	105	169	101	64	94	86	105
稲作単一経営率	48	52	79	53	38	58	56	16
平均専従・準専従者数	1.5	1.2	1.0	1.3	1.4	1.0	1.1	1.7

注：農業専従者は、農業従事者のうち調査期日前1年間に自営農業に150日以上従事した者、準農業専従者は60〜149日従事した者。
出所：2015年農林業センサス。

口集中地区、(Ⅰ-3))・宅地・耕地・林野の面積率などをもとに4類型を設定し、それにしたがって市町村および旧市区町村を区分するものである。類型には都市的地域、平地農業地域、中間農業地域、山間農業地域がある。近畿の農業地域は大阪平野に都市的地域が集中し、その外に中間・山間農業地域が広がる。平地農業地域は農業生産の要であるが、その分布は琵琶湖東岸の近江盆地、兵庫県の播磨平野北部、淡路島の洲本平野などに限られる（図4）。

近畿の農業産出額（2016年）のうち、都市的地域の産出額は45％、平地農業地域の産出額は11％を占める。北海道を除く都府県では、各農業地域の構成比は31％と30％である。都府県と比べて近畿の農業生産は、都市的地域の比重が高く、平地農業地域の比重は低いことがわかる。販売農家数や経営耕地面積も同じ傾向にある。

表4で示すように、近畿の販売農家の経営面積はどの府県でも零細である。和歌山県を除いて、労働力は少ない上に高齢化しており、特に山間農業地域でこれは顕著である。また第2種

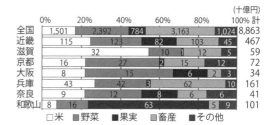

図5　近畿地方の農業産出額の構成
出所：農林水産省「生産農業所得統計」(2015年)。

表5　近畿地方各府県の農業の特徴

滋賀県	「近江米」で知られ、近江盆地を中心に稲作が盛ん。水田が耕地面積の約9割を占める。現在は兼業農家の稲作が主で、裏作・転作で小麦や大豆も栽培。琵琶湖の水質に配慮した環境保全型農業も推進。高級肉牛「近江牛」は有名。
京都府	農業の中心は京都盆地。野菜は農業産出額の約4割に及び、ネギ、ナス、ホウレンソウなどが主。京野菜など伝統野菜をブランド化。茶も南部を中心に生産され「宇治茶」として有名。養鶏は中南部で盛んで、鶏卵産出額が高い。
大阪府	農業の中心は大阪平野南部。宅地化が進み、耕地面積は狭く農家も零細。だが大消費地を相手に、ネギ、コマツナ、シュンギクなど軟弱野菜を主とする都市農業・近郊農業が営まれる。羽曳野市周辺の河内地方などでブドウ栽培も盛ん。
兵庫県	水田が耕地面積の約9割を占め、酒米「山田錦」は播磨平野の特産。南部では野菜の近郊農業が営まれる。特に淡路島は野菜・花き生産や畜産が盛んでタマネギの主産地。中部では高原野菜を生産。畜産は近畿の産出額の約6割を占める。主に北部で飼育される高級肉牛「但馬牛」は有名。
奈良県	奈良盆地では稲作に加え、京阪神に向けたイチゴ、ナス、キクなどの園芸も行われる。国営農地が築かれた大和高原など丘陵地では、冷涼さと昼夜の温度差を活かして茶や高原野菜を生産。南部ではカキ、ウメなど果樹生産が盛ん。
和歌山県	傾斜地が多く水田率は低い。農業産出額の約6割を果実が占め、ミカン、カキ、ウメの生産量は日本一。大産地の有田地域の「有田みかん」、高級梅干しの原料「南高梅」が有名。柑橘類は生産過剰を経て高級化・多様化。印南町のサヤエンドウ、温暖な気候を利用した花きの生産も盛ん。

出所：各種統計。

兼業農家と稲作単一経営が主体で、農産物販売金額が100万円以上の販売農家の割合は都府県の水準を大きく下回る。近畿の農業生産は、およそ低位にとどまっているのである。

しかし、近畿の農業には活気ある側面も見出せる。都市的地域では都市化の圧力にさらされながらも、市場や消費者との近さを活かした高収益な**都市農業・近郊農業**が営まれている。園芸や畜産がその典型となるが、都市農家は生産者（と消費者）の「顔の見える」販売形態、都市の飲食店との契約販売、**市民農園**（Ⅶ-5）の運営など、多様な経営戦略をとっている。また、全国的に有名な農産物の主産地が形成されている。京野菜やミカンなど近代以前の近郊農業に由来する野菜・果実、山田錦や但馬牛といった高付加価値化・ブランド化された食品など、多くの特産物がある（図5、表5）。　（中窪啓介）

Ⅶ 農業

2 近郊農業の成立

古代より畿内とその周辺地域では先進的な農業・土木技術に基づく生産力の高い農業が営まれてきた。鎌倉時代以降はコメ・麦の水田二毛作が普及し、畑作でも多様な工芸作物の二毛作・多毛作が展開した。中世における農業生産力の向上は、商工業の発達と都市の形成を促し、さらにそれによって、江戸時代には特産地や近郊農業地帯が形成された。本節では、こうした商品作物生産のうち、今日「**伝統野菜**」として知られる京都と大坂の野菜生産を取り上げる。

1 京都の都市・近郊農業

兵農・商農分離を背景とする近世城下町に対し、中世以前の都市は農民と都市民、農村的生活様式と都市的生活様式が未分化な状態にあった。平安京では都市人口の大半は京戸（きょうこ）と呼ばれる京内に居住する農民であったし、水田作は禁じられていたが水葱（なぎ）・芹（せり）・蓮（はす）などの栽培は許可され、多くの空地が耕地として利用された。

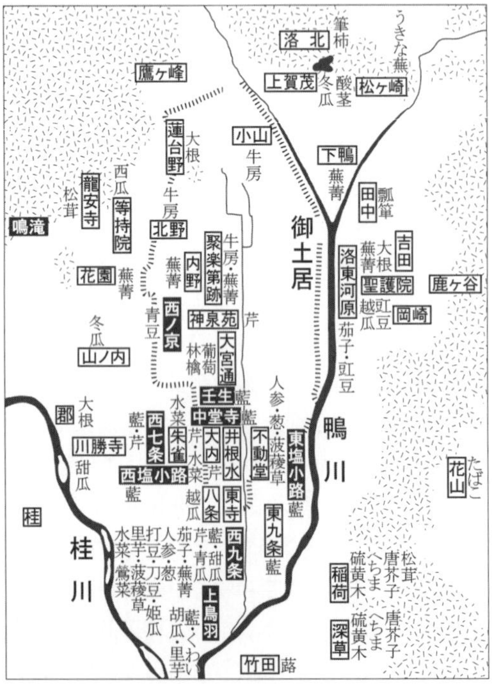

江戸時代前期においても、洛中やその近辺では畑作（図1）と稲作が営まれた。例えば、1686年刊行の山科国地誌『雍州府志（ようしゅうふし）』は、主な野菜生産地として、現在の北区上賀茂、左京区吉田・下鴨、南区九条、伏見区稲荷、右京区山内などを挙げている。なかでも西部と南部の御土居に近接する「御土居組十二ヶ村」は、特に重要な野菜生産地に位置づけられている。栽培された野菜は、洛中に住む公家、僧侶、庶民の多様な食生活を支え、寺社の行事にとっても奉納物や振舞物などとして不可欠であった。

こうした京都の野菜の需給圏は、江戸時代を通じて大きな変化はなかった。なお当時、洛北、洛西、山科、伏見などは京都の辺境で、近郊野菜の供給圏の外に位置した。洛北から京都の町へ通った行商人として大原女が有名だが、その商品は炭や薪など輸送性が高い特産物であった。

1960年の農林業センサスをみると、以上のような前近代の野菜生産地の多くは農業を維持している。しかし左京区を中心に、市街地化し農業が消滅したところもある。この傾向は高度経済成長期を経てより顕著となり、かつての野菜品種は現在では絶滅していたり、郊外へ生産地

図1 近世京都の名産作物とその産地
注：黒地に白文字は御土居組十二ヶ村。
出所：辻（1972）より作成。

表1 主な「京の伝統野菜」とその栽培地の移動

九条ねぎ	南区九条 → 十条〜上鳥羽, 竹田
鹿ヶ谷かぼちゃ	左京区鹿ヶ谷 → 綾部市
聖護院きゅうり	左京区聖護院（絶滅？）
聖護院だいこん	左京区聖護院 → 久御山町, 丹後
聖護院かぶら	左京区聖護院 → 亀岡市篠, 日吉町
松ヶ崎浮名かぶ	北区上賀茂, 左京区松ヶ崎
堀川ごぼう	北区〜上京区 → 大江町, 左京区
伏見とうがらし	伏見区 → 府内一帯
田中とうがらし	左京区田中 → 北区上賀茂
鷹ヶ峰とうがらし	北区鷹ヶ峰
賀茂なす	北区上賀茂 → 綾部市, 亀岡市
壬生菜	中京区壬生 → 日吉町, 南区上鳥羽
京水菜	南区東寺・九条 → 八木町
桂うり	西京区桂
伏見寒咲きなたね	伏見区 → 向日市, 長岡京市
京せり	下京区〜南区
京うど	伏見区
京にんじん	南区上鳥羽, 伏見区下鳥羽

出所：和田（2005）

表2 江戸時代中期の大坂の商品作物産地

だいこん	江口・木津・椋橋・桑津・天王寺・宮前	すいか	新田
かぶ	木津・天王寺	かもうり	海老江
なす	市岡・本庄・勝間新家	あまうり	舳松
くわい	吹田	ひめうり	遠里小野
れんこん	守口	しろうり	木津
もも	稲田・高井田・諸福	へちま	安立町
たばこ	木積・服部	ゆうがお	木津・木本・難波
		ひさご	安立町・今宮・長町

注:「ひさご」とは「ひょうたん」のことである。
出所:大阪府農業会議編(1985)

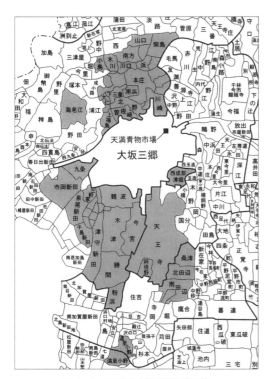

図2 江戸時代の大坂近郊野菜地帯
出所:新井(2010)より作成。

を移していたりする(表1)。

2 大坂の近郊農業

大坂は近世には日本の商業の中心となり、江戸時代中期以降は人口約30～40万人の大都市に成長した。農産物需要が増す中で、棉・菜種・野菜などの商品作物生産が進展し、18世紀には近郊農業地帯が確立した。

大坂の野菜生産地(図2・表2)として、天満青物市場に近い三郷北郊が挙げられる。南郊では、「西成郡畑場八ヶ村」(清堀、難波、今宮、木津、勝間村など)が、江戸時代を通じて野菜生産地の主力であった。また元禄以降の三郷の拡張に応じて、生産地は西成郡南端に及び、南郊に一大産地が形成された。湾岸の新田地帯(Ⅲ-7)でも、ウリ類などが盛んに栽培された。

大坂の野菜生産の特徴として、日本で一般的な二毛作などの地力維持型の農業ではみられない、金肥の多投入がある。すなわち、都市から排出される多量の屎尿が用いられるとともに、棉生産でも行われたように、全国的な集散市場を通じて大量調達できた干鰯や油粕などが利用された。この点に、大坂特有の近郊農業の成立条件を見出しうる。また農産物と肥料の相互供給という、都市と農村の物質循環も認められよう。

こうした金肥や新技術に支えられて土地利用は高度化し、野菜を含む年三・四作の多毛作が展開した。野菜生産地では、商品作物の中心である棉と、麦、野菜を軸とした多角農業が経営の基本であった。ただし、難波村のようにほぼ野菜専作化し、その輪作体系を築いた地域から、稲・棉の裏作に野菜を栽培する川筋の村々まで、農業形態には地域差があった。時代による変動も大きかったが、少なくとも江戸時代中期では野菜生産が最も有利で、周辺地帯に深く浸透し、より集約的な野菜の輪作体系も普及していった。

明治20年代以降、棉作と菜種作の退潮、阪神工業地帯の発展、市域拡張などを背景にして、大坂の近郊農業は大きく変容した。都市化の前線にあった難波村、木津村、天王寺村などで農業は衰退するも、他の周辺農村は次々と近郊農業地帯へ変貌し、輸送網の整備によって泉南、奈良盆地、淡路島などの郊外もこれに組み込まれた。都市の農産物需要が急拡大し、西洋野菜の導入や肉食の普及も進む中で、野菜・畜産・果樹の商品生産を主とする近郊農業が急速に発展した。土地利用の集約性も増し、野菜生産地では水田でのコメ・麦・野菜の輪作と、畑地での年四・五作に及ぶ高度な野菜の輪作が展開した。明治時代に生産が普及した作物として、泉南の水田裏作のタマネギ、山地・丘陵でのミカン、ブドウが有名である。一方、大正時代の鉄道網の全国的な整備や、昭和初期の**中央卸売市場**の開設で広域流通が発展し、輸送園芸と近郊農業の競合が顕著となった。この過程で、カボチャやスイカといった輸送性の高い在来野菜の生産は後退し、近郊農業において典型的な**軟弱野菜**の生産が急伸した。

(中窪啓介)

VII 農業

3 都市拡大下の農地動態

1 農地かい廃・転用の動向

高度経済成長期以降の大阪府では，都市的土地利用に向けて農地のかい廃と転用が進み，耕地面積は縮小し続けてきた（図1）。特に，経済成長が本格化する1960年代には，かい廃は農地の商品化と価格高騰を伴って加速し，70年代半ばまで高水準で推移した。これによって，府の耕地面積は1960年の4万5000haから75年の2万4000haへと激減した。その後，かい廃は一時的に減少したが，1980年代後半のバブル景気の到来や，後述する農地への「宅地並み課税」の適用強化（1992年）を背景に農地転用が促され，かい廃面積は再び増加した。

表1は，大阪市を都心として圏域別で耕地減少率の推移を捉えている。遠方に行くほど減少率は低下する傾向にあるが，その低下のしかたは各時期で異なる。高度経済成長期では都心の近域と遠域の間で減少率の差は大きいが，1980年代と90年代には差の縮小や逆転が認められる。農地転用面積も，主に20km圏内にあたる**市街化区域** V-7 での転用が大阪府全体での転用に占める割合は，1970年代後半から低下傾向にある。これらは，市街化区域で農地が減少し地価も高騰するにつれ，概ね20km以遠に当たる**市街化調整区域**に開発適地が見出されていったことを示している。市街化調整区域では地価が比較的安く，農地のまとまりもある程度保たれており，主要道路・鉄道網の整備も進んでいたからである。また，市街化区域では1970年代から農地への課税軽減・猶予に営農が義務づけられたのに対し，市街化区域外ではバブル期の80年代に農地転用の規制緩和が相次いだのである。

表2から農地転用後の用途をみると，高度経済成長期には「住宅」の比重が最大であった。「工場」もこれに次ぐ地位にあり，1950年代までは20％以上を占めていた。しかし「住宅」が今日まで一定の割合を維持してきたのに対し，「工場」は高度経済成長期後半から低下しはじ

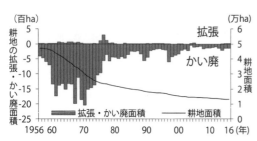

図1 大阪府の耕地の動向（1956-2016年）
出所：農林水産省「耕地及び作付面積統計」。

表1 大阪府の圏域別耕地面積・減少率の推移（1960-2010年） (ha)

	1960年	1970年	1980年	1990年	2000年	2010年	総減少面積・率
大阪市	1,911	677 (65%)	271 (60%)	183 (33%)	138 (25%)	110 (20%)	1,801 (94%)
10km圏内	6,342	2,723 (57%)	1,372 (50%)	784 (43%)	612 (22%)	400 (35%)	5,942 (94%)
10-20km圏域	18,028	10,623 (41%)	7,179 (32%)	5,953 (17%)	5,059 (15%)	4,443 (12%)	13,585 (75%)
20-30km圏域	14,517	10,890 (25%)	8,447 (22%)	6,860 (19%)	5,791 (16%)	5,470 (6%)	9,047 (62%)
30-60km圏域	6,142	5,664 (8%)	4,872 (14%)	4,301 (12%)	3,655 (15%)	3,502 (4%)	2,640 (43%)
大阪府	45,079	29,868 (34%)	21,910 (27%)	18,100 (17%)	15,300 (15%)	13,900 (9%)	31,179 (69%)

注：耕地面積は，大阪市役所を中心とする10km単位の距離圏に市町村を分類し，各市町村の統計値を足し合わせて算出。各年次の減少率は10年前の耕地面積に対する値。各圏域に含まれる市町村の詳細は大西（2000）を参照。
出所：農林省大阪統計調査事務所「大阪農林水産統計年報」。

表2 大阪府の用途別農地転用面積の推移（1950-2014年） (ha)

	農業用施設	住宅	工場	公共施設	学校施設	道水路	その他	計
1950-59年	34 (1%)	1,901 (51%)	883 (24%)	201 (5%)	155 (4%)	266 (7%)	294 (8%)	3,745 (100%)
1960-69年	182 (1%)	7,799 (55%)	2,237 (16%)	498 (4%)	381 (3%)	1,153 (8%)	1,950 (14%)	14,200 (100%)
1970-79年	131 (1%)	3,775 (41%)	855 (9%)	545 (6%)	725 (8%)	690 (7%)	2,539 (27%)	9,259 (100%)
1980-89年	57 (1%)	1,530 (35%)	513 (12%)	144 (3%)	202 (5%)	393 (9%)	1,565 (36%)	4,404 (100%)
1990-99年	38 (1%)	1,250 (31%)	410 (10%)	134 (3%)	26 (1%)	264 (7%)	1,881 (47%)	4,003 (100%)
2000-09年	15 (1%)	702 (34%)	39 (2%)	95 (5%)	7 (0%)	129 (6%)	1,091 (53%)	2,078 (100%)
2010-14年	2 (0%)	272 (37%)	13 (2%)	10 (1%)	3 (0%)	23 (3%)	406 (56%)	730 (100%)
計	458 (1%)	15,241 (44%)	4,000 (12%)	1,404 (4%)	1,311 (4%)	2,640 (8%)	9,726 (28%)	34,446 (100%)

注：1950-59年は用途区分が一部不明確。
出所：農林省農地局「農地年報」，大阪府農林水産部「大阪府における農地動態調査」。

め，2000年代以降は著しく減少している。両者にかわって，商業・サービス業とレジャー施設が主となる「その他」が拡大し，現在では農地の主な転用用途となっている。

2 スプロール現象と混住化

高度経済成長期の農地転用では，ニュータウン造成などの大規模開発が行われただけでなく，中小不動産資本による小規模開発や投機目的の土地買い占めも頻発した。しばしばそうした転用は，地域的計画を欠いたまま各土地所有者の意思決定で細切れになされた。そのため，従来の近郊農村では農地・住宅・工場が混在する無秩序な空間が形成され（**スプロール現象**，図2），営農・生活環境の悪化，災害対策や社会資本整備の遅れなどの都市問題が発生した。

このうち営農環境の悪化に関しては，ため池の劣化やかい廃（Ⅶ-6），水路の荒廃や分断などによって，用排水が困難な農地が現れた点を指摘できる。農産物の公害被害も1960年頃から発生し，60年代半ばから急増した。特に工場・生活排水による水質汚濁は深刻で，1970年代初頭には大阪府の数ヶ所でカドミウム汚染が発生し，大問題となった。こうした営農環境の悪化は，農家の経済負担や生産意欲の面でマイナスに働き，農地の遊休化や荒廃化を加速させた。

農村での都市的要素の増加は地域共同体の側面にも当てはまり，農家と非農家の**混住化**が1970年代に社会的な注目を浴びた。当初の混住化は農家の兼業化や離農によって生じたが，その段階では地域共同体の成員と諸機能に大きな変動はなかった。しかし，都市拡大の進展によって近郊農村への非農家の流入が増すと，混住化は異なる性質を帯びはじめた。図3をみると，大阪府の農業集落では1970年代に平均総戸数が急増し，反面で平均農家数は減少し続けてきた。すでに1960年時点で半数以上の集落で農家は少数派であったが，70年代に非農家率は急拡大し，80年には農家率1割未満の集落が60％以上を占めるようになった。

しばしばこうした混住化の過程は，従来の近郊農村において新住民と旧住民の対立に表れるような共同体的連帯の崩壊を伴った。その主要

図2 寝屋川市におけるスプロール現象
出所：国土地理院の空中写真。

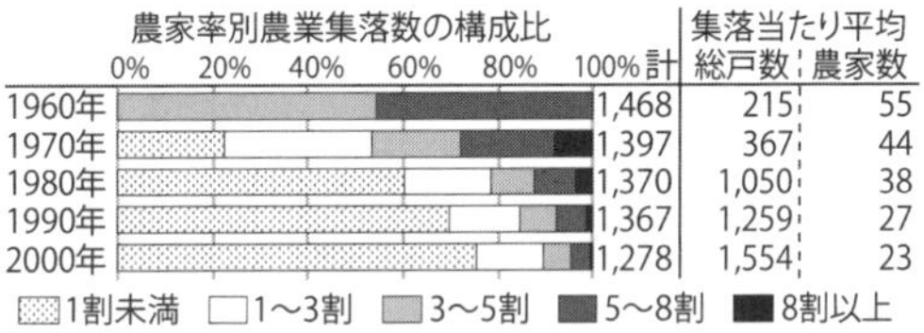

図3 大阪府の農業集落構成の推移（1960-2000年）
注：1960年は農家率5割未満の集落を「3～5割」の凡例，5割以上の集落を「5～8割」の凡例で示した。
出所：農林業センサス。

な点として，①農業における共同作業の弱体化，②隣保組織の機能低下，③価値観の多様化による帰属意識の欠如，④集落自治の希薄化が挙げられる。また，地域社会・経済の基盤となってきた農業も，農地と宅地の隣接が進むにつれて非農家の新住民側からは，悪臭・騒音・大気汚染・水質汚濁などの公害を引き起こすものとして問題視され，旧住民との軋轢を生む原因にもなったのである。

3 区域区分による対策

高度経済成長期における急速で無秩序な都市拡大への対策に向けて，1968年に都市計画法が改正された（Ⅴ-7）。同法は「都市の健全な発展と秩序ある整備」を図るとともに，基本理念に「農林漁業との健全な調和」を掲げる。対象となる都市計画区域では，市街化を推進する市街化区域と，市街化を抑制する市街化調整区域に区分する「線引き」が行われた。

このうち市街化区域内農地は宅地化すべき土

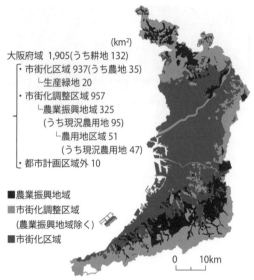

(km²)
大阪府域 1,905(うち耕地 132)
・市街化区域 937(うち農地 35)
　└生産緑地 20
・市街化調整区域 957
　└農業振興地域 325
　　(うち現況農用地 95)
　└農用地区域 51
　　(うち現況農用地 47)
・都市計画区域外 10

■農業振興地域
■市街化調整区域
　(農業振興地域除く)
■市街化区域

0　10km

図4 大阪府の都市計画区域と農業振興地域（2015年）
注：大阪府の農業振興地域はすべて市街化調整区域に含まれる。農業振興地域は2014年12月1日現在。
出所：各資料により筆者作成。

図5 くり返し開催された宅地並み課税の反対集会
出所：大阪府農業会議編（1985）

地とみなされ，その転用は許可制から届出制へ緩和された。これにより，市街化区域の農地は都市の土地市場に包摂されることになった。一方，市街化調整区域の農地転用では許可制が続けられたが，国や都道府県など公共団体が行う転用，中小企業団地などの公益上必要な建物の建築に要する転用は規制適用が除外され，20ha（1983年から5ha）以上の大規模開発を許可する基準も設けられた。こうした例外規定は，市街化調整区域への開発進出に道を開いた。

他方，農政も都市政策の動きに呼応して1969年に「農業振興地域の整備に関する法律」（農振法）を制定した。その主眼は農地転用に歯止めをかけ，優良農地を確保することにあった。優良農地とは，農地のまとまりや生産基盤の整備などの点で良好な営農条件を備えた農地を指す。この確保のために，長期にわたって総合的に農業振興を図る**農業振興地域**が指定された。さらに，農振地域内に設けられた**農用地区域**は，農業上の利用を確保すべき土地の区域と位置づけられて，区域内での農地転用は原則禁止され，開発行為も規制された。なお，農振地域を市街化区域に含めることはできないが，市街化調整区域をはじめ都市計画法上の他の区域には含めることができる。

大阪府を例にいうと，都市計画区域の「線引き」が画定した1970年時点で，府域の9割以上が都市計画区域に指定され，うち市街化区域と市街化調整区域はおよそ半分ずつを占めた。これにより，市街化区域に府の耕地面積の45.2％，農家数の59.4％，市街化調整区域に各々49.5％と37.4％が含まれ，農業の大半は都市計画区域内で営まれることになった。一方，農振地域は現在，主に府南部の和泉山脈北麓と北部の豊能・三島地域に分布している（図4）。特に南部の地域は野菜生産が盛んであり，野菜指定産地（Ⅶ-4）を複数有している。なお，指定産地地域は，「努めて市街化区域に含めない土地」とされている。

4　宅地化の促進に向けた税制

1970年の地価対策閣僚協議会において，市街化区域内農地の宅地化を促進するために地方税法を改正し，当該農地の固定資産税などを宅地並みの高い評価・課税とすることが決定された。これは都市計画法の審議や付帯決議を無視した決定であった。この宅地並み課税の強行に対して全国的に反対運動が生じたが，なかでも大阪府での運動は激しく，10年以上にわたって続けられた（図5）。1973年から三大都市圏の特定市で宅地並み課税制度が実施されたが，多くの関係自治体は宅地並み課税の実質的な免除措置を導入し，大阪府の関係市も宅地並み課税と農地課税との差額の全部か大部分を還元する措置をとった。課税軽減措置は以後も，地方自治法改正による減税措置制度（1976〜81年度），長期営農継続農地制度（1982〜91年度）へ引き継がれていった。さらに大阪府では，こうした制度の適用外となる農地にも，各市が条例を制定して独自の課税軽減措置を実施してきた。

1974年には，三大都市圏の特定市を対象に生

図6 生産緑地の標示（西宮市上ヶ原二番町）

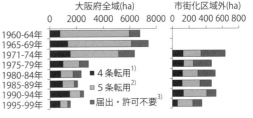

図7 大阪府の農地転用の推移（1960-99年）
注：1）農地法第4条により、農地所有者が自ら農地転用をするもの。
　　2）農地法第5条により、売買や賃貸借などを通じて土地の権利を取得する者が農地転用をするもの。3）主に公共関係の転用。
出所：大阪府農林水産部「大阪府における農地動態調査」。

産緑地法が制定された。**生産緑地**（図6）は、市街化区域内農地のうち面積や営農環境などの要件を満たすものが候補となり、指定されると宅地並み課税の適用が免除された。もっとも課税軽減措置の存在ゆえに、東京以外で生産緑地の指定は進まず、指定率は三大都市圏の市街化区域内農地の約1％にすぎなかった。大阪府での指定は枚方市の3haにとどまった。

しかし、1991年の課税軽減措置の廃止と生産緑地法の改正を契機に生産緑地は拡大し、92年末には三大都市圏の特定市における市街化区域内農地の31.0％（大阪府41.1％）に及んだ。その理由は、法改正で市街化区域内農地が「宅地化農地」と「保全農地」（≒生産緑地）に二区分化され、前者に宅地並み課税が適用（1992年開始）されるようになったことと、相続税における宅地並み課税の納税猶予制度（1975年創設）も「宅地化農地」を適用外としたことにある。

こうした二区分化の目的は、市街化区域内農地の宅地化を促すことであったため、改正生産緑地制度の要件は農家にとって厳しい内容となった。生産緑地指定には指定後30年間の営農継続が求められ、改正前の5ないし10年間や長期営農継続農地制度の10年間から大幅に延長された。相続税納税猶予制度においても、従来は20年間の営農継続で納税が免除されたが、改正後は終身営農が要件とされた。こうして農家に課税軽減制度の適用を断念させ、農地の宅地化を促そうとしたのである。

5　都市農家の不動産経営

最後に、大阪府の都市農家の経営を農地動態の点から捉えよう。図7で示すように、高度経済成長期の農地転用は、所有権など土地の権利移動を伴う5条転用と届出・許可不要の転用が主であった。その後、この2種類の転用が大きく後退すると、権利移動のない4条転用が比重を高め、その転用面積も増加した。こうした動向は、農地転用の主体が非農家から農家へ移行したことを示している。「線引き」後、農地転用の中心となった市街化区域では、農家が不動産経営に着手し、所有する農地を駐車場、貸倉庫、貸事務所などに転用してきた。そこには土地の資産的保有の傾向も認められる。

市街化区域外では、1980年代より5条転用が拡大した。要因として、都心からの工場移転や、沿道での商業（流通）・サービス施設の設置に伴う農地転用が挙げられる。さらに、資材置場や露天駐車場への転用が著しく増えた。主にこの転用では、農家が土地所有権を保有しつつ、賃貸借による5条転用を図ったのである。

総じて、大阪府の都市農家は「線引き」後、不動産経営への依存を著しく増大させ、自営兼業化してきたといえる。1995年の大阪府における農家所得の農外所得依存率は91.7％であり、これは全国の79.0％、東京都の90.7％を上回る。特に、不動産経営が中心となるであろう「商工業等収入」が農外所得に占める割合は36.0％と、全国の7.2％よりも顕著に高い。こうした農外所得の大きさから、府の農家所得は全国の約2.4倍、東京都の約1.4倍にも及んでいる。

1991年の市街化区域内農地の二区分化により、農家は農地転用や土地の資産的保有を図る傾向を強めている。それによって農地の細分化やスプロール化が進行し、営農環境の悪化が助長されている。また、2022年以降に生産緑地での30年間の営農義務が期限を迎え、農地転用がより進むことも予想されている。

（中窪啓介）

VII 農業

4 野菜の安定供給体制の形成

1 全国の動向

　高度経済成長期の主要都市では，食料需要の急増と従来の近郊農業の衰退を背景に，域内の食料自給力が著しく低下した。特に都市近郊を主な供給源としてきた野菜などの生鮮食品は，需給の不均衡によって価格が急騰した。この問題に対応するべく，都市への食料供給の安定に向けた広域大量供給体制が確立されていく。

　1966年制定の野菜生産出荷安定法は，消費量の多い野菜（指定野菜）を大消費地（指定消費地域）へ安定供給するために，大規模産地を指定し育成することを定めた。この**野菜指定産地**は，作付面積や共同出荷に関する指定要件を課されるが，野菜価格の暴落時に交付金を受けたり，野菜集団産地育成事業などの補助事業を導入したりできる。さらに，指定によって産地の知名度や市場評価が向上することも期待しうる。

　指定産地制度のもとで，農協を核とする大規模な**主産地**の形成が進んだ。農協は補助事業の受け皿となって，生産の拡大・専門化を後押しした。また，農協職員の営農指導や生産部会の活動を通じて，産地内の技術水準の向上と均一化，品質の調整と統一が図られた。販売面では，大型の集出荷施設が農協に整備され，共通の選別基準や銘柄に基づく**共選共販**体制が築かれた。

　1971年には生鮮食品の供給の安定に向けて卸売市場法が制定され，卸売市場の整備を計画的に促進することが定められた。これ以降，**中央卸売市場**が広域流通の中核拠点として，ほぼすべての都道府県と主要都市に設置され，他方で各地に多数あった小規模な**地方卸売市場**の統廃合が進んだ。中央卸売市場が野菜の市場流通量に占める割合は，1970年の41％から80年の52％まで上昇した。特に，商品を大量に取引する大消費地の中央卸売市場は，産地の大規模化を背景に集荷力を高め，遠方の主産地にとっても主な出荷先となった。反対に，他の中央・地方卸売市場は産地からの集荷が困難になり，主要中央卸売市場が扱う商品の市場間転送に頼るようになった。野菜産地の主流であった中小産地が，大規模化した主産地との競争で淘汰されたこともあって，従来の地場流通は衰退した。

　こうした供給体制の再編は，大量調達を行うスーパーの台頭で加速した。市場取引はスーパーが求める継続的で安定した供給に対応して，セリ取引から相対取引への移行が促された。

　表1から近畿地方の野菜供給の変化をみてみよう。近畿は関東に次ぐ野菜の大消費地とはいえ，関東と違って生産量は少ない。近畿産の野菜はほとんどが域内向けであるが，それだけでは不足するため，域外からの入荷が主となる。この域外依存の傾向は1983年から93年の間に著しく強まっている。入荷量の10％以上を占める主な供給地も，1973年では京都府，兵庫県，83年では兵庫県，奈良県，長野県，93年では長野県，宮崎県というように，域外に移行した。地域別では，四国と北陸・中部からの入荷は一定

表1 指定野菜7品目の域内完結率（1973-93年）

	年	関東	東海	近畿	全国平均
域内指定産地の出荷に占める域内指定消費地域への出荷（％）	1973	88.1	64.1	96.7	70.3
	1983	85.3	78.1	89.3	65.2
	1993	85.8	72.0	89.7	56.8
域内指定消費地域の入荷に占める域内指定産地からの入荷（％）	1973	69.0	53.2	43.4	59.3
	1983	70.4	53.1	40.7	57.6
	1993	64.1	45.1	26.7	51.7

注：7品目とはホウレンソウ，ネギ，ナス，トマト，キュウリ，ピーマン，レタス。
出所：荒木（2002）

表2 大阪府・兵庫県の野菜指定産地（2018年）

	大阪	兵庫		大阪	兵庫
キャベツ	泉南	神戸，東播，たじま，三原	ナス	泉南，南河内東部	
ハクサイ		日の出，三原	キュウリ	南河内東部	
レタス		日の出，三原	ピーマン		たじま
ダイコン		たじま，御津	ネギ		たじま
タマネギ	泉南	日の出，三原	ホウレンソウ	泉南	神戸
トマト		神戸，日の出	サトイモ	泉南	
ニンジン		御津	バレイショ		

注：京都府の野菜指定産地は「京やましろ」のナスのみ。
出所：野菜指定産地告示（平成30年4月27日）。

のシェアを保ってきたが、近隣の東海と中国からの入荷は後退し、遠隔地である九州と北海道からの入荷が急伸した。

2 神戸市産キャベツの供給体制

近畿における野菜の主産地形成および農協と卸売市場による地域的な安定供給体制の構築の事例として、神戸市産キャベツを取り上げよう。

キャベツは、高度経済成長期から生産が急増した西洋野菜である。現在、群馬県の冷涼地が夏秋、愛知県が冬と春に出荷の中心を占めるが、都市近郊産地も主に冬と春に出荷量が多い。近畿では兵庫県の出荷量が最大で（2016年は全国12位）、県内に4つの指定産地がある（表2）。

神戸市の農業は西区と北区に集中している。野菜生産は特に西区で盛んで、市の指定産地の区域は同区に限られる。キャベツ生産も西区に中心がある。なかでも西端の岩岡町は早くから主産地を形成し、今日まで半世紀以上にわたって市の作付面積の7～8割の規模を誇ってきた。

岩岡町では、江戸時代の開拓以来、タバコなどの畑作が農業の主であった。印南野台地上に位置し、細流しかない乏水地であったため、水稲作ができなかったのである。しかし大正時代に疎水が開削されると、畑などの水田化が大きく進展した。1954年からは用水を節約するために稲作の早期栽培への移行が進められ、これに伴って後作の冬キャベツの生産が拡大した。特徴は、通常は捨てられるキャベツの外葉などを酪農の飼料とし、その牛糞を肥料とする循環型農業が域内で行われた点にある。また県内で早くに農協主導の主産地形成を果たし、1960年頃に共同出荷をはじめた点も特徴といえる。この共同出荷において、農協はキャベツの厳格な抜き取り検査を行い、出荷箱に規定量より多く詰めさせるなどして、市場での信頼獲得に努めた。

一方、神戸市では市内の農協が結成した青果物出荷団体連合が野菜の共同出荷を担ってきた。しかし、1966年の農協合併でこれが解散すると、共同出荷は量、割合ともに停滞した。当時、市内産野菜は神戸市場への出荷率が4～5割にとどまっていた。特にキャベツは神戸市場への出荷率が2～4割と低く、より遠方の大阪市場への出荷率を下回る状況にあった。

こうした神戸市の供給体制が安定性を欠くことは、オイルショック時の野菜価格の急騰で明確になった。これを受けて、翌1974年に**神戸市野菜契約栽培事業**がはじまった。同事業は市内で対象野菜の産地を育成し、計画的な域内流通の体制を築くものである。卸売価格の変動に対して、急落時に生産者への価格補填、高騰時に上限価格の適用が図られた。また、農協を要として流通と取引の経路が固定され、主体間で安定供給に向けた契約書が交わされた（図1）。事業開始によってキャベツの共同出荷率は顕著に上昇し（図2）、1980年代前半には神戸市場への出荷率も50％以上で推移するようになった。

契約栽培事業は1997年で廃止され、近年では神戸市のキャベツ生産は停滞傾向にある。高齢化した生産者にとって重量野菜のキャベツの収穫は重労働である。また都市近郊の農家経営は、市場出荷向けの少品目生産から、道の駅などでの直売を見込んだ多品目生産へ転換している。これらにより、軟弱野菜など軽量野菜への移行が進んでいる。産地再興を目指す事業の1つとして、2013年からJA兵庫六甲は卸売業者と提携し、未利用農地を用いた加工・業務用キャベツの契約栽培を開始しており、農作業の機械化のもとで一定の成果を上げている。（中窪啓介）

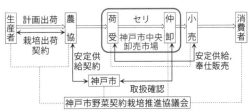

（生産者・農協・流通関係者・消費者・学識経験者・市で構成）
図1　野菜契約栽培事業の仕組み
出所：新修神戸市史編纂委員会編（1990）

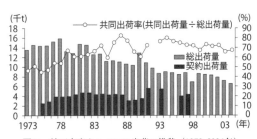

図2　神戸市産キャベツの出荷の推移（1973-2004年）
注：共同出荷率は1992年、契約出荷量は1992、94、95年のデータなし。
出所：農林水産省「野菜生産出荷統計」、『神戸市内農林漁業の現況』。

Ⅶ 農業

5 都市農業への注目

　高度経済成長期から都市近郊では農地転用が進行したが，一部の農地は市街地に囲まれながらも残存してきた。こうした市街地やその周辺で営まれる農業には「**都市農業**」の呼称が定着しつつある。都市農業における「都市」の範囲は，行政用語で次の3つが代表となる。狭い順に，①都市計画法の市街化区域，②市街化区域とその周辺（市街化調整区域の一部），③農業地域類型（Ⅶ-1）の都市的地域である。「都市」の範囲は都市農業を考えるには重要で，例えば市街化区域では厳しい土地の税制が農業経営に大きな影響を及ぼす（Ⅶ-3）。ここでは都市農業について，大阪府や八尾市を例にみてみよう。

1　都市農業の振興策

　1960年代以降，都市農業は消えゆくものとして都市計画と農政の対象から外されてきた（Ⅶ-3）。しかしバブル崩壊後に都市化圧力が弱まり，他方で生活の質が重視されるようになると，行政は都市農業に意義を見出しはじめた。

　1999年制定の**食料・農業・農村基本法**に都市農業の振興が謳われると，議論と提言が活発化した。都市計画では都市農業の多様な役割を評価して，市街化区域内農地を「宅地化すべきもの」から都市の貴重な資源へと捉え直し，その保全を検討するようになった。大都市の自治体もこの動きに呼応し，2001年に東京農業振興プランが策定され，2005年に神奈川県，2007年に大阪府で関連条例が制定された。

　2015年には**都市農業振興基本法**が制定された。同法は農政と都市計画の両方の性格を持つものであり，都市農業の安定的継続に加え，都市農業の多様な機能による良好な都市環境の形成も企図する。多様な機能とは，①新鮮で安全な農産物の供給，②身近な農業体験・交流活動の場の提供，③災害時の防災空間の確保，④やすらぎや潤いをもたらす緑地空間の提供，⑤国土・環境の保全，⑥都市住民の農業への理解の醸成である。自治体には都市農業の振興に向けた地方計画を定める努力義務を課し，近畿では2016年に兵庫県，2017年に大阪府が計画を策定した。

　さらに2017年には生産緑地法が再改正された。1991年の改正では，生産緑地の指定要件として30年間の営農義務が定められたが，2022年以降に期限を迎える（Ⅶ-3）。市街化区域での農地転用の進行が懸念されるため，指定から30年後も10年ごとの延長を認める特定生産緑地制度が創設された。生産緑地での建築規制も緩和され，直売所や農家レストラン，農産物の加工施設などの建設が認められた。これは農家の収益向上のための6次産業化を推進するものである。

　2018年には市街化区域に指定される用途地域の一類型として「田園住居地域」が創設された。これは低層住宅と農地が混在する地域である。同地域では居住と営農の環境をともに維持するために，開発や建築に対して一定の規制がある。

　なお，2017年と18年の施策は市街化区域のみを対象とするもので，市街化調整区域などを含めた都市の農地保全策としては不十分である。

2　八尾市の農業の概要

　三大都市圏の間で都市農業の特性は異なる。近畿は零細農地での稲作主体の経営，関東は畑作の比重が高い集約的経営，東海は双方の中間的な経営を中心とする。近畿は農産物販売額が大きい農家の割合は低い。しかし，なかには都市農業が盛んな地域もある。八尾市はその例であり，大阪府の市町村の中で経営耕地に占める畑の比率が高く，高付加価値な野菜や花き・花木に軸を置く農家の割合も高い（図1）。

　八尾市周辺は江戸時代には綿作が盛んで，「河内木綿」の生産で知られていた。しかし綿作は1900年代初頭に輸入綿におされて衰退し，かわって野菜作が成長した。野菜は都市人口の

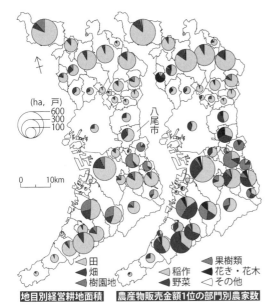

図1 大阪府の各市町村の農家経営（2015年）
出所：農林業センサス。

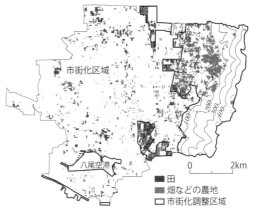

図2 八尾市における農地分布（2008年）
出所：宅地利用動向調査。

増加で需要が伸び，市街地の拡大で生産地は旧大坂三郷周辺から外側へ移動していた（Ⅶ-2）。

八尾市では戦後に住宅と工場の進出が加速し，農地転用が進行した。こうして農業は衰退したが，農家には経営分化の傾向もある。第2種兼業農家の比率は高度経済成長期を経て80％を超え，0.3ha未満の零細農家の割合は今日まで拡大してきた。反面，農家数が減る中でも1ha以上の農家は2000年まで一定数を保ち，比率を伸ばした。高い生産コストをかけて大きな収益を狙う施設栽培も，農家数・経営面積ともに増加し，1戸当たり経営面積が拡大してきた。

現在の八尾市域4172haのうち市街化区域は66％，市街化調整区域は34％を占める。2013年の農地面積は461haで，市街化区域に201ha（うち生産緑地150ha），市街化調整区域に233haが分布する。図2によると，市西部から中部に広がる市街化区域では農地は細分化し分散している。市街化調整区域では，柏原市に接する南部，農業振興地域（Ⅶ-3）にあたる北東部の生駒山地山麓で，農地は面的に維持されている。

作目に関しては，市域の多くを占める低平地でコメに加えてシュンギクやコマツナなどの軟弱野菜，市の特産の枝豆や葉ゴボウが栽培されている。山間と山麓では花き・花木栽培が盛んで，神立と大窪地区は明治後期から花木の促成開花を行うなど，全国的な先進産地であった。

3 都市農家の多品目少量生産

都市農家の多くは主に自家消費を目的として，コメと野菜を省力的に生産する零細農家である。こうした農家は生計を農外所得に依存しており，営農の目的は生計の補助，農地の資産的保有，生産緑地制度の適用などにすぎない。他方，施設園芸のような高い生産技術・投資に基づく集約的経営，雇用労働に依拠した企業的経営を行う農家もいる。小規模経営ながらも都市でさまざまな販路を開拓し，客ごとの異なる要望に応じて集約的な**多品目少量生産**を行う農家もある。

多品目少量生産では各作物の知識と栽培技術を蓄え，複雑な栽培暦を管理し，同時期に複数の農作業をこなす必要がある。またマイナーな差別化品目は農協と市場の流通に乗りにくいため，販路を開拓する労力も求められる。しかし，これらをクリアすれば高い収益が得られる。客と「顔の見える」関係を築けるのも魅力である。

八尾市の篤農家も多品目少量生産を実践している。ある野菜農家は1994年に経営の軸を露地栽培から水耕栽培へ移行した。水耕栽培はハウスやプールなど施設の費用は高いが，土を用いないため病虫害が発生しにくく，農薬使用量を減らすことができる。農作業は家族労働だけに頼らず，農業大学校の卒業生2名を雇用している。施設では多様な軟弱野菜を周年栽培しており，露地栽培も合わせれば品目数は年間約40種に及ぶ。大阪府で珍しいホワイトミニセロリや

八尾市特産の葉ゴボウなど，差別化の度合いが高い商品もある。収穫物は家族で営む直売所で販売し，経営の安定を図っているという。

4 近郷売場

都市農業は市場や消費者と距離が近いため，概して農協出荷率が低い。この傾向は近畿にもあるが，八尾市では顕著といえる（表1）。八尾市の場合，半数近くの農家が農協を介さず市場へ出荷し，しかもそうした農家の大半にとって市場は売上が最も高い出荷先となっている。

その主な出荷市場は，近隣の大阪市中央卸売市場東部市場である（図3）。中央卸売市場は広域流通を担うが，東部市場は地場野菜を扱う**「近郷売場」**を併設しており，大阪府産野菜のシェアが府内の中央卸売市場の中で最も高い。

近郷売場と一般の売場とで府産野菜の入荷状況は異なる。主に後者には農協系統経由でキャベツやナスなどの指定野菜 VII-4 が入荷し，前者には八尾市を含む周辺地域の農家から軟弱野菜が入荷する。近郷売場のセリは商品の評価が厳しく，出荷者には技術力のある農家が多いという。

大阪府の軟弱野菜は府内の他市場にも入荷する。大阪府中央卸売市場（北部市場）には近郷売場が設けられているし，大阪市中央卸売市場本場では産地仲買業者が各地の農家を訪ねて集荷している。府の地方市場は中央卸売市場からの入荷に依存するようになったが，地場の軟弱野菜の集荷では一定の優位性を持っている。近年では地方市場の卸売業者が，スーパーの要望を受けて農家に生産・出荷を指導するなど，経営存続をかけた積極的な取り組みもみられる。

表1 出荷先別経営体数の構成比（2015年）
（％）

出荷先 （複数回答，一部省略）	近畿	近畿の都市的地域	大阪府	八尾市
農協	69.3	60.8	45.7	26.4
農協以外の集出荷団体	9.3	7.0	7.3	7.7
卸売市場	9.5	13.9	15.8	45.2
小売業者	9.5	11.6	10.1	9.1
消費者に直接販売	25.4	30.3	39.0	22.6
└自営の直売所	4.2	5.9	8.0	7.7
└その他の直売所	12.0	12.5	16.8	6.7

出所：農林業センサス。

5 地産地消とファーマーズマーケット

地産地消は地域生産・地域消費の略語で，地域の産物をその地域で消費することを表す。この取り組みは，2000年頃から自治体を中心に広がった。地産地消は地域内の経済循環を生み，食料供給のグローバル化による農業や農村経済の衰退を抑えうるからである。国も食料自給率の向上に資するとして推進に注力している。

地産地消は市民にも注目されてきた。広域大量供給が招く伝統作物の淘汰と食の画一化，消費段階での食品の鮮度低下，流通の経費やエネルギー消費の増大などが問題視されているからである。またBSE（狂牛病）問題や産地偽装など食品事故・事件の報道が相次ぎ，**食品の安全・安心**への関心が増すと，供給過程の把握が困難な広域・国際供給に対して，「生産者の顔が見える」ローカルな供給に意義が見出された。

こうした中で，**ファーマーズマーケット**（朝市・農産物直売所，FM）は地産地消の拠点として成長し，2016年には年間販売額が1兆円を突破した。FMには地域の生産者が直接出荷し，商品の多くに生産者の名前や写真が付される。そのため，消費者は新鮮で安心感のある商品を安く購入できる。生産者にとっては，FMへの出荷は輸送費や流通の手数料が安く，商品は規格に縛られず少量でも出荷でき，その手軽さから高齢者や女性も出荷者として収入を得やすい。さらにFMは，広域供給にはない消費者と生産者の交流や情報交換の場も提供する。

かつてFMは，農村で農家が営む小規模なものが中心であった。しかし2000年頃から農協や「道の駅」が本格的に参入しだすと，都市近郊でも大規模なFMが増加した。その多くは

図3 大阪府における卸売市場の分布（2008年）
出所：大阪府（2009）

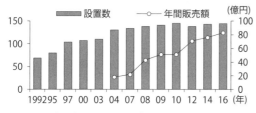

図4 大阪府のファーマーズマーケットの設置数と年間販売額の推移（1992-2016年）
出所：大阪府（2016）

集客力を高めるために地場産品以外も扱い，一部はスーパーに近い品揃えを持つ。加工施設やイートインなどを併設したFMも増えている。

次に，大阪府のFMについてみてみよう。図4によると，設置数は1990年代後半から増加した。2010年代以降は横ばいであるが，販売額は拡大し続けている。2016年の設置状況を地域別でみると，北部と中部は他地域よりも設置数は多いが（図5），販売額の低いFMや売場面積の狭いFMの比率が高い。それは，北部と中部北東域に生産者中心（特に兼業農家の高齢者や女性）で運営するFMが集中するからである。

6 市民農園

市民農園とは，市民が非営利で手軽に耕作できるように，市町村などが提供する小区画の農地である。これは農村に立地する滞在型のものもあるが，都市周辺や近郊に数多く分布し，都市農業の1つの展開といえる。

行政による日本で最初の市民農園は，1926年に大阪市で開設された。レクリエーションや健康増進を目的とするドイツの**クラインガルテン**（「小さな庭」）に，関一市長が関心を抱き設置を提案したことがきっかけであった。

1960年代以降，都市の生活環境が問題となり，余暇時間が増す中で，市民農園の需要は拡大した。ただし制度整備の遅れから，農地法の農地貸借に抵触しない開設方法は限られていた。市民農園は，1989年と90年の市民農園2法（特定農地貸付法と市民農園整備促進法）の制定で法的根拠を得た。1999年制定の食料・農業・農村基本法（Ⅶ-1）に市民農園の整備が謳われ，2005年の設置者に関する規制緩和で市町村や農協以外にも農地貸付による開設が許された。この過程で市民農園の数と面積は急拡大し，農地所有者などが設ける農園も増加した（図6）。

2016年時点で関連法に基づく市民農園は4223農園1381haあり，多くは関東に分布する（1647農園419ha）。近畿の市民農園は492農園139haで，大阪府（214農園42ha）と兵庫県（133農園60ha）に集中する。大阪府では農地所有者の開設する市民農園の数が半数を占める。

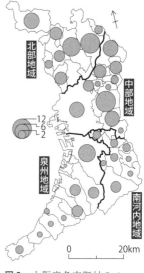

図5 大阪府各市町村のファーマーズマーケットの設置数（2016年）
出所：大阪府（2016）

市民農園にはさまざまな種類がある。例えば，八尾市は高齢者に「ふれあい農園」を安く貸し出している。これは「農作物の栽培や入園者どうしの交流などを通じて，高齢者の生きがいづくりと健康を目的」とするものである。2018年時点で，市内では24農園に1243区画が設置されている。市は用地確保のために，農地所有者から遊休農地などを無償で借り受けている。

また，インターネットで市民農園の提供者と利用者を仲介する業者もいる。ある業者は利用者が手軽に耕作できるように，農園に種苗，肥料，農具，資材を揃え，水道，休憩所，駐車場などを設けた上，栽培技術の実地指導や講習，農作業の代行，利用者の交流行事も行っている。

他にも八尾市には，市が障害者に無償で提供する福祉農園，小学校教育で用いる学童農園，市主催で市民が特産野菜の収穫をする体験農園など，多様な市民農園がある。

（中窪啓介）

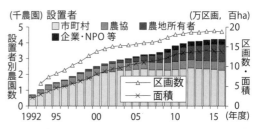

図6 法律に基づく市民農園の設置状況の推移（1992-2016年度）
出所：農林水産省ホームページ「市民農園をめぐる状況」。

Ⅶ 農業

6 都市化と溜池

1 農地開発と用水路・溜池の築造

稲作には大量の水が必要となるため古来より多くの農業水利施設が建設されてきた。水を堰止めるため川に設けられた堰から分水されたり溜池に貯められた水が，用水路によって農地へと導かれた。溜池とは，主に農業用水確保を目的として水を蓄えるために造成された池のことである。

江戸時代，幕藩体制が確立して社会的・政治的に安定してくると，幕府や各藩は農業を振興させて年貢の増収を図った。それまで水が得にくいことから耕地化されていなかった台地や扇状地が開墾されたり，干潟や浅い湖沼が干拓されたりした（Ⅲ-7）。

近畿地方中央部では，大阪湾の干潟や遠浅の海岸に新田が開発されたほか，低平な大阪平野では旧大和川の遊水池として低湿地が広がっていた深野池や新開池（鴻池）などが干拓され，用水路が設けられた。また，瀬戸内気候区に位置し年間降水量が比較的少ないこと（Ⅱ-3），流域の河川より水を得にくい山地や丘陵の山麓，台地では，長大な用水路や溜池が築造され，農地が開発されてきた。

例えば，西宮市の上ヶ原台地では，17世紀半ばに上ヶ原用水が築かれて新田開発が進んだ。

兵庫県稲美町・加古川市付近に広がるいなみ野台地には，江戸時代から近代にかけて多数の溜池がつくられた。明治時代から大正時代には淡河川山田川疏水という用水路が引かれ，冬季に水を貯め夏季にその水で稲作が行われた。大阪平野北部の北摂山地や東部の生駒山地の山麓部，千里丘陵や泉州地方の台地の麓，奈良盆地の平野部や金剛山地の山麓部，紀ノ川沿いの山麓部では，現在も数多くの溜池を目にすることができる。

2 溜池の特徴と分類

農林水産省によれば，2020年3月時点で西日本を中心に約15万9500の溜池がある。最も多いのは兵庫県で，東播磨地方（図1）や淡路島を中心に約2万4400の溜池がある。大阪府では南部を中心に約4700，奈良県では奈良盆地を中心に約4300の溜池がみられる。

溜池は，その形態から，谷の下流側に堤を造って水を堰き止めた**谷池**（図2）と，平らな地形にあるくぼ地の周囲を堤で囲んで堰き止めた**皿池**に分類される（図3）。

溜池を維持していくためには多大な労力と費用が必要となる。溜池は農業者がつくる水利組織によって運営される。堤が池に立つ波によって次第にえぐれたり流入する土砂によって池底が浅くなると，堤が決壊する危険性が高まるため，定期的に大規模な補修工事を要する。堤や池端の草刈りも必要である。かつては多くの溜池で水を抜いて泥水を流し，堤を点検する池干し（かいぼり，じゃことりとも呼ばれる）が行われていたが，農業者の減少や高齢化のため次第に行われなくなっている。

3 都市化と溜池

京阪神地方では，市街地化の進展と農地の減少に伴って農業用水に余剰が生じ，使用されな

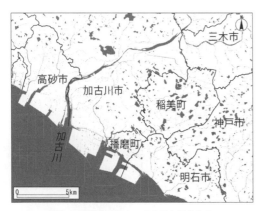

図1 溜池が集中する兵庫県東播磨地方
出所：国土基盤数値情報より作成（2018年1月取得）。

図2 谷池の例（神戸市西区）
出所：陸地測量部2万5千分の1地形図「前開」1923年測図。

図3 皿池の例（兵庫県明石市）
出所：国土地理院2万5千分の1地形図「東二見」2004年更新。

い溜池が生じた。また，水利施設の大規模化も進み小規模な溜池は不要となった。そうした溜池には，潰されて学校などの公共施設や商業地，住宅地に転用されたものもある（図4）。郊外の大規模住宅団地では，公園の池や**防災調整池**として存続している場合もある。

農業用水源として使用されずに放置された溜池が問題視されるようにもなった。老朽化したり池底が浅くなったりした溜池では，大雨や地震で堤が決壊する危険がある。また，生活排水が流入して水質が悪化し悪臭を放つ，雑草が生い茂る池端で遊んでいた子どもが落ちる，密放流された外来魚が繁殖して生態系を乱すといった問題も各地で生じた。

4 溜池の保全・活用へ

1990年代に入ると，都市部の溜池を保全・活用する動きが起きた。大阪府は1991年から溜池の保全と再生を掲げた「ため池オアシス構想」に取り組んでいる。溜池が有する農業水利や地域防災の機能を強化しつつ，アメニティや環境保全の観点から溜池の整備を続けている。

兵庫県では2002年から東播磨地方において，溜池の保全と整備，環境保全，地域づくりを目標とした「いなみ野ため池ミュージアム」に取り組んでいる。地域全体を博物館に見立てるエコミュージアムの考え方が取り入れられ，溜池を活用した地域づくりが営まれている。趣旨に賛同し，非農家を取り込んで設置されたため池協議会により，池干しや清掃活動，希少生物保全活動，外来生物駆除，環境学習などの取り組みが，地域住民や学校，漁業者の協力を得て行われている（図5）。近年，溜池で豪雨時に雨水を一時貯留することにより洪水の発生を低減する機能も注目されつつある。しかし，期待された役割を発揮するには適切な管理が必要で，それには多大な労力と費用が生じる。

本来，溜池などの農業水利施設は農業にとってのインフラ施設である。それぞれの溜池を存続させる必要性について，よく考えなければならない。

（矢嶋　巌）

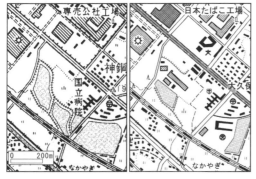

図4 潰され転用された溜池（兵庫県明石市）
出所：国土地理院2万5千分の1地形図「東二見」1978年修正測量（左），2004年更新（右）。

図5 溜池の池干し行事（じゃことり）を手伝う学生
出所：2017年11月筆者撮影（兵庫県加古川市）。

Column

5　ポストモダニズム建築

脱工業化時代には都市再生の一環として**ポストモダニズム**という建築様式が重視された。ここでいう「ポスト」とは「脱」とか「後」という意味である。つまり「脱モダニズム」建築である。

1　モダニズム建築

では，モダニズムとは何か。それは1920年代から世界的にみられるようになった建築様式である。多くの建築物を安く大量に提供するために建築物は飾り気のないシンプルな外観となった。建築物のパーツを工場で前もって量産し，現場でパーツを次々に組み立てるプレハブ化も進められた（図1）。モダニズム建築の設計思想は世界中で適用できるため，**国際様式**という考えにも結びついている。シンプルで**無個性**ともいえる建築物が世界中で大量に建てられた。

2　ポストモダニズム建築の盛衰

それに対して1970年代以降に登場してきたのがポストモダニズム建築である（図2）。本来はその土地の文化的・歴史的要素を考慮した建築物を意味したが，時に過剰なほどの装飾や特殊な形状によって**個性**を目指した建築物一般も意味する。建築様式の体系は複雑なので，ここでは，装飾性を強めるなどして個性を追求した**脱工業化**時代の建築物全般をポストモダニズムないしポストモダン建築と呼んでおく。ポストモダニズム建築は脱工業化時代に激化した**都市間競争**において重視されていく（Ⅵ-1）。

世界的に有名なポストモダニズム建築が大阪市にある。梅田スカイビル（1993年竣工）である。イギリスの新聞『タイムズ』に「世界の建築トップ20」の1つとして紹介されたため，世界中の建築ファンが訪問するようになった（朝日新聞2014年5月15日夕刊）。個性ある建築物は観光対象となり，その都市をグローバルに広める役割を果たすことがある。なお，設計者の原広司はJR京都駅ビルなどの設計でも知られる。

21世紀に新築された建築物では概して装飾性を抑え，モダニズムに回帰している印象がある。個性的で装飾が多いということは設計にも建設にも時間と費用がかかるし，補修や清掃も容易ではない。日本では**バブル期**にポストモダニズム建築が数多く建設されたが，それは流行だったからと同時に，資金があったからでもある。ポストモダニズム建築が増えた現在では，よほどのオリジナリティがなければ価値を認められなくなってしまったともいえるだろう。

近年では柱・梁（はり）・床という骨格部分以外の内装をフレキシブルに変化させられる**スケルトン・インフィル**建築も増えている。　（山口　覚）

図1　芦屋浜シーサイドタウン（1979年〜）
注：経済合理性を重視した「工業化工法による芦屋浜高層住宅プロジェクト」による。地上14〜29階建ての52棟はプレハブ構造による同様の外観を持つ（Ⅴ-1図6）。

図2　西宮名塩ニュータウン（1991年〜）
注：この写真の一帯では各棟の外観がすべて異なる。六甲アイランドの住宅地（1988年入居開始）などと同じく，この時期の集合住宅の外観上の特徴がよくわかる。

Column

6 明石の都市型漁業

1 漁業の街, 明石を歩く

　漁業の街として知られる明石では, 基幹をなす冬場の海苔養殖に加えて, 夏場は漁船漁業が盛んである。都市部の沿岸漁業であるため, 埋め立てや海洋汚染による漁場の攪乱も経験してきたが, 沿海の播磨灘では複雑な潮流と海底地形が豊かな漁場を形成しており, 特に沖合の浅瀬「鹿ノ瀬」はかつて漁業集落同士が漁業権を争った瀬戸内海屈指の好漁場である。水揚げされる魚の種類は豊富で, 釜揚げで知られるシラス（カタクチイワシの幼魚）, 郷土料理の釘煮に用いるイカナゴ, ブランドの「明石だこ」と「明石鯛」（マダイ）の漁獲が多い。

　市の中心部で漁業関連の街歩きをしよう（図1）。魚の棚商店街がある明石駅前南地区へは, 駅前再開発ビル「パピオスあかし」（2016年開業）から国道2号線をまたぐ歩行者道を通ってスムーズにアクセスできる。この道は中心市街地活性化基本計画に基づいて造られた。1998年の明石海峡大橋開通の後, 明石港の連絡船の利用客数とともに減少した, 駅前南地区の商店街の通行量を増やそうとしたものである。

2 都市型漁業における魚の鮮度保持

　魚の棚は江戸時代初期の城下町建設時に配された東魚町と西魚町に由来し, 現在は鮮魚店など約100店が並ぶ。ここでは明石の漁港で水揚げされた新鮮な「まえもん」の魚が売られ, 昼過ぎには「昼網」と書いた札が掲げられる。昼網は近隣の明石浦漁協と地方卸売市場水産物分場において, 他であまりない昼前からはじまる魚競りの呼称である。セリでは小売業者である魚の棚の鮮魚店にも参加が認められており, 競り落とされた魚は他の流通業者を介さず, 新鮮なまますぐに店へ届けられる。

　明石浦漁協のセリ場に行くと大型いけす（図2）が目に入る。ここでの取引は, 鮮魚でなく

図1　明石市の中心部

図2　明石浦漁協の大型いけす

より高価な活魚（生きた魚）を主とする点に特徴があり, イカナゴとシラス以外は活魚でないと十分な値がつかない。全国でも稀な大型いけすはこうした取引を支えており, 24時間海水掛け流しで稼働しセリ待ちの魚を生かしている。

　また明石浦にはタイの鮮度低下を防ぐ高度な技術「明石浦〆」が伝わる。これは水揚げされた魚の浮袋に針で穴を開ける「エア抜き」, 暗い水槽で魚を過ごさせる「活け越し」, セリ後, 脳に手鉤を刺し瞬殺する「鉤〆」, 包丁で背骨を切断し血抜きする「〆包丁」, 針金で神経を破壊して抜く「神経抜き」という過程からなる。

　こうした鮮度にこだわる出荷方法は, 京阪神の大消費地や魚の棚を控え, 高価格市場を狙う**都市型漁業**ならではのものである。　（中窪啓介）

VIII エスニック集団

1 概説

1 社会集団と都市社会地理学

　都市には多くの人々が生活し，また行き来している。一般に人口に比例して人々の顔ぶれは多様になっていく。地元出身者もいれば，日本列島の遠隔地や海外にルーツを持つ**出郷者**もいる。都市では農山漁村よりも職業のバリエーションが豊富である。工場や建設現場で働く人もいれば（ブルーカラー），デスクワークに勤しんでいる人もいる（ホワイトカラー）。金持ちもいれば貧しい人もいる。実際には農村や漁村にも貧富の差はあるし，職業の多様性もある。よって農山漁村を単純化して語ることはできないが，都市を構成する人々は確かに多様である。

　多様な人々について考える場合には個々人の個性も大切だが，出身地や経済格差（社会階層），性的少数者を含む性差など，何らかの指標やアイデンティティによって特徴づけられる人々のまとまりが手掛かりとなる。つまり**社会集団**である。では，特定の社会集団に属する人々はどこで暮らし，働いているのだろうか。地理学には社会集団と空間の関係を考えるための分野がある。それが**社会地理学**で，特に都市を対象とするのが**都市社会地理学**である。

　例えば富裕層と貧困層の居住区域には居住分化（住み分け，セグリゲーション）が生じる。シカゴ大学（シカゴ学派都市社会学）のバージェスが提唱した**同心円地帯モデル**は，近代都市空間の拡張と，その中での社会階層別の住み分けを示す試みであった（V-1 図1）。また，現代都市における住み分けの端的な例として**ゲーティッド・コミュニティ**が挙げられる。居住地を取り巻く壁があり，ゲートには警備員が配置され，多数の監視カメラも各所に設置される。**他者**を徹底して排除することを意図した集合住宅地である。都市空間に反映された貧富の格差は社会地理学の対象となる。

　ジェンダー（社会的性差）と都市空間の関係も重要である。近代には，男性は自宅から離れた職場へ通勤して賃労働に従事し，女性は家事労働に従事するという性分業が生じた。これは，資本主義的な経済システムが生み出され，会社組織が確立されたオランダの都市に始まるとされる。職住分離のみられる近代都市空間が女性と男性のジェンダーを創り出し，固定化してきたのである。しかし産業構造の変化とともに都市空間もジェンダーも変化してきたはずである。現在では通勤して働く女性は珍しくない。ただし女性の場合には利便性のためだけでなく，職住の間の移動距離を短くして安全性を高めるために，職場にできるだけ近い場所に住む傾向があるともされる。

　以上の例で理解されるように，都市空間との関係は社会集団ごとに異なっている。この章では遠隔地から移住してきた人々やその子孫たちの社会集団を取り上げる。移住者とマジョリティの文化や経済状況が相違するとき，さらには移住者が差別的な扱いを受けるようなとき，故郷・出自をともにする人々の間で仲間意識が共有され，強化される。このように，他者集団との社会関係の中で創り出される同郷者との結合状態や帰属意識の在り方を「**エスニシティ**」と呼び，エスニシティによって成立する社会集団を「**エスニック集団**」と呼ぶ。それとは別に，統計データなどによって見出される移住者や先住民などのマイノリティ集団をエスニック集団と呼ぶこともある。この章ではエスニシティとは何かという原理的な問題には立ち入らず，日本および関西におけるエスニック集団の集住地区などに関する基礎的な状況をみる。

2 出郷者と住み分け

　そもそも都市住民の多くは都市の外部からやってきた出郷者ないしその子孫である。「都市は，確かに，世界中どこにおいても，すぐれて，

従来異郷者であった人々が集住したものであった」(ウェーバー，1964)。特に近代工業の発達に伴って多数の労働者が流入することで都市人口は多様化し，都市空間は広がってきた(Ⅳ章・Ⅴ章)。シカゴであれニューヨークであれ，アメリカ合衆国の都市にはイタリア人街，ドイツ人街，黒人街といったエスニック集団ごとの集住地区が作り出されてきた。

日本の都市でも同様である。都市空間の中で居住分化が生じることは，朝鮮半島や中国などの出身者の間では珍しくなかった。また，日本国内の出郷者であっても，同郷者とともに集住地区を作り出す例がみられた。

では，エスニック集団の居住分化はどのように生み出されるのであろうか。その要因は大きく分けて2つ考えられてきた。1つは**経済的要因**，もう1つは**文化的要因**である。

出郷者の多くは経済的困窮を克服するために移住する。しかし新天地に来訪してすぐに生活が楽になるわけではなく，たいていまずは低賃金労働を強いられる。出郷者が最初から富裕層の居住地に住むことは難しく，同郷者とともに低賃金層の居住地に集住することになる。

文化的な要因も重要だとされる。新天地の言葉や慣習に慣れない人々は，同郷者とともに生活する方が心安いはずである。つまり安心を得るために集住するのである。

実際には，同じ境遇の同郷者間で円滑に相互扶助を行うために，会食や祭礼などの共有された文化事象を通じて仲間意識を強化することも珍しくない。つまり経済的・文化的要因は対立関係にあるわけでなく，相互に関連する。

また，集住地区が形成されるのは**連鎖移住**の結果という場合もある。連鎖移住とはその名の通り，故郷から連鎖的に次々と人々が移住することを意味する。故郷を先に離れ，移住先に定着した家族や親族，友人や知人が「つて」となり，後続の同郷者に居住地や職場を用意するというケースである。「つて」があればある程度安心して移住することができよう。そして自分自身も上手く定着できた場合には，故郷に残っている家族や仲間のさらなる「つて」となるのである。連鎖移住によって都市の一角に同郷者の集住地区が作り出される可能性が高くなる。

これ以外に政治的な理由によって居住分化が創り出されることがある。かつてヨーロッパ都市に設置されたユダヤ系住民の居住地であるゲットー，近世に長崎に置かれた出島や唐人屋敷，あるいは近代初頭に日本各地に設置された**外国人居留地**(Ⅷ-5)がその例である。

3　移動の要因と方法

ところで，人はなぜ故郷を離れ，ある特定の場所を目指して移動するのであろうか。移動現象が生じる理由として最初に挙げられるのはプッシュ要因とプル要因である。プッシュ要因とは，もともと住んでいた場所で仕事を得られなかったり，失職したり，あるいは災害や紛争などで生活を続けられなくなったりと，その場所から人々を押し出していく要因のことである。プル要因とは反対に，仕事を得やすい，生活しやすい，魅力的であるといった，ある場所が人々を引きつける要因のことである。

ただし，どれだけ魅力的な仕事や生活環境があっても，移住先でのそうした情報を人々が得られなければ，プル要因が影響を及ぼすことはない。つまり移動を喚起する情報がどのように得られるかも重要となる。

確かに，誰の助けも借りないまま，孤独な流浪の果てに，ある場所に行き着く人もいる。しかし多くの場合には知り合いを「つて」とする連鎖移住や，行政機関などの制度を頼って移動することが多いだろう。企業の募集人が特定地域で労働者を集めることもある。情報の伝達者や移動手段があればこそ，安心して遠隔地に旅立てるのである。

例えば**集団就職**は，第2次世界大戦の時期に始まり，高度経済成長期(1950～70年代)に最も盛んだった，新規学卒者のための大規模な就職・移動現象であった。職業安定所と学校の広域的なネットワークが創り出され，遠隔地間で求人情報が流通するようになる。その情報を頼りに就職活動を行った中卒者たちが「就職列車」などによる集団での移動によって都市部に流入し，企業や商店に就職したのである(山口，2016)。図1は1965年3月に中学校を卒業して東京都，

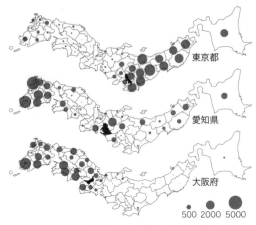

図1　都府県外からの新規中卒就職者数
注：東京都・愛知県・大阪府，1965年3月卒業。
出所：山口（2016）

愛知県，大阪府に向かった人々の出身道府県別人数を示している。東京都には東日本から，大阪府には西日本から多数の中卒者が移動した。労働者の合理的な配分のために，第2次世界大戦中から戦後しばらくまで用いられていた地域ブロック制度の影響が残っていた。しかし愛知県の場合には中部圏のほか，九州・東北地方からも多くの人々が流入している。移動の流れは行政機関や企業のさまざまな活動の結果として創り出され，それが上手くいけば固定化されていく。中卒者の集団就職は高校進学率が全国的に上昇する中で消えていったものの，この制度は，国内の遠隔地間での労働力移動が確立されるための基礎をなすものであった。

以上をまとめると，移動現象は，プッシュ・プル要因や，情報の媒介者および移動の制度によって生じることになる。もちろん移動しようとする個々人の考え（意思決定）も重要だが，そうした意思決定のかなりの部分は移動要因や手段によって影響を受ける。

4　エスニック集団：移動と集住

このように，日本列島内部からの出郷者たちの移動の方法や集住地区の有無など，理解すべきことはいくらでもある。また，こうした国内移住者をエスニック集団の例に含めることができる。近畿では大阪市大正区などに沖縄県出身者が集住しており，奄美群島出身者は神戸市内で沖永良部島や徳之島といった出身島ごとに集住地区を形成している。

では日本列島の外部からやってきた人々はどうか。日本は，第2次世界大戦の終戦までは朝鮮半島や台湾，中国，南洋群島などに広大な植民地を持っていた（Ⅷ-2）。日本列島（当時の「内地」）からそうした土地（当時の「外地」）に移り住んだ人もいるし，外地から内地に移住した，移住せざるを得なかった人々もいた。この時代に日本列島に移住した人々はオールドカマーと呼ばれ，移動の歴史は現代の都市空間にも刻み込まれている。

故郷と移住先とでは言葉や衣食住の慣習が異なるだろうし，貧しい人々は経済的な苦しさも感じるだろう。言葉や慣習の違い，経済格差を理由に差別されることさえある。このような苦境を乗り越えるためエスニック集団の集住地区である**エスニックタウン**が形成されるケースがある。エスニックタウンは同郷者を中心に形成されながら，食文化を中心に観光地化されることもある。現在の横浜中華街や神戸市の南京町のようなチャイナタウンはその例である。

日本列島の外部にルーツを持つ人々のエスニック集団としては朝鮮半島および中国の出身者のほか，現在ではフィリピン人，日系ブラジル人などの集団がある。

ここではエスニック集団の例として中国人を中心にみておこう。

江戸時代でも，中国大陸出身者のある種の集住地区としては長崎の唐人屋敷があった。明治以降になると来日する清国人が増加し，神戸には南京町が作られた（Ⅷ-5）。第2次世界大戦期には中国へ帰国した人々も多かった。戦前とは異なり戦後の日本では外国人の単純労働や定住が長らく認められなかったが，料理人などは「技能」という在留資格で定住できたため，一定の定住人口がいた。

中国では，市場経済の導入などを定めた1978年の改革開放政策が開始されるまでに海外移住した人々を**老華僑**と呼び，これ以降の移住者は**新華僑**と呼ぶ。中国政府は1986年に自費渡航を解禁した。日本では1983年に「留学生10万人計画」が打ち出されていたため中国人留学生が増加していく。1989年には**出入国管理及び難民認**

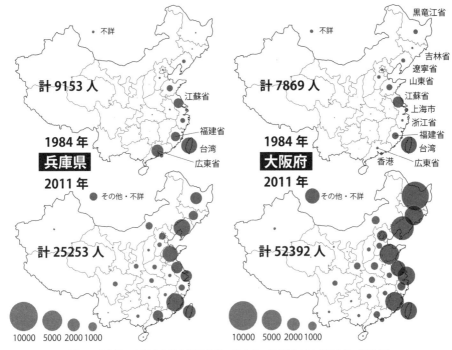

図2 兵庫県・大阪府在住中国出身者の出身省・地域別人口（1984年・2011年）
出所：『在留外国人統計』昭和60年版，平成24年版．

定法（入管法）が改正され，外国人を「研修生」という名目で年限付きの単純労働力として扱うことが可能となった（なお，この時の入管法改正によって日系人は日本人と同様の単純労働への従事が可能となった）。さらに2003年には「研修」後の外国人を低賃金労働力として雇用できるようにする技能実習制度も整備された。2010年には入管法が改正され，生産活動などの実務を伴う技能習得活動は技能実習制度に一本化された。2016年には，それまで最長3年だった技能実習生の滞在可能期間が最長5年へと延長された。2019年には「優秀」と認められた実習生の滞在期間がさらに長期間となる変更が行われる。

研修制度や実習制度は，在留可能年限を設定して外国人の定住の可能性を奪いながら，低賃金での労働を強いる制度である。これまでは，こうした厳しい制度であっても，日本は本国よりも高賃金であるため留学生や研修生などを中心に新華僑が増加してきた。なお，新華僑など主に1980年代以降に日本へと移住した人々をニューカマーと呼ぶ。

では，新華僑は，日本国内でどこでも同じように増加してきたのだろうか。中国での出身地と日本での現住地の関係をみるため，兵庫県・大阪府に居住する中国人の出身省別人口を図2に示した。老華僑が中心だった1984年には台湾出身者が多く，兵庫県では広東省，大阪府では江蘇省出身者が次いだ。基本的に南東地方出身者が多かった。2011年では沿岸部各省の出身者が総じて増えているが，特に黒竜江省，吉林省，遼寧省といった東北地方出身者が新華僑の中心であることが理解される。東北地方の出身者が増加したのは，ここが旧満洲にあたるため日本への親近感があること，朝鮮族の言葉である朝鮮語は文法的に日本語と近く日本語教育が盛んであることが理由だとされる（山下，2010）。ただし兵庫県では2011年でも福建省出身者が最多である。出身地と現住地との間を結ぶ移動の流れは，現地の日本語学校の方針，留学生を求める日本の大学の中国における活動拠点，求人企業と現地の募集人の関係，連鎖移住，あるいは以前からの歴史的経緯といったさまざまな要因によって創り出されているのである。

この章では，いくつかのエスニック集団を対象に，日本および関西での人口や居住パターン，在日コリアンと中国人のエスニックタウンの状況を確認したい。

（山口　覚）

2　日本のエスニック集団

1　多民族国家としての戦前の日本

　グローバル化によって日本で生活する外国人は増加しつつある。しかし，かつてから日本は多民族国家だったといえば驚く人もいるだろうか。第2次世界大戦が終わるまで，日本はアジア各地に植民地を有しており，多くの人々が広域的に動いていた。アイヌの人々が暮らしていた蝦夷地，琉球王国，小笠原諸島を領有し，さらには台湾，朝鮮半島，南洋群島，満洲国を植民地化した近代日本は広大な土地を保有したのである（表1，図1）。

　日本における単一民族神話は，欧米列強との対比から生じた「小国の弱小民族」という自己認識に起因する。この神話は植民地を増やす中で薄れたものの，敗戦によって植民地が解放され，領土が日本列島に限定されるようになったことで改めて根付いた（小熊，1995）。

　戦前の日本では，自発的にであれ強制的にであれ，「内地」と呼ばれた日本列島に「外地」から移住した人々は珍しくなかった。なかには終戦後も日本にとどまり，日本社会の一翼を担っているアジア各地の出身者やその子孫たちもいる。在日コリアンはその中心である。

2　在日コリアンと日本社会

　日本列島と朝鮮半島には長い交流の歴史がある。白村江の戦い（663年）や豊臣秀吉による文禄・慶長の役（16世紀末）などの交戦もあれば，室町～江戸時代の朝鮮通信使のような平和な交流もあり，朝鮮半島からはさまざまな文物が日本列島にもたらされてきた。

　近代国家としての地歩を固めようとする日本では征韓論が唱えられ，朝鮮半島に対する認識や実践が江戸時代までとは一変する。日清・日露戦争に勝利したことで欧米列強から朝鮮半島の支配を認められると，1905年には当時の大韓帝国に「日韓協約」を強要して保護国とし，1910年には「日韓併合条約」によって朝鮮半島を植民地化した。1930年代に普及した「日鮮同祖論」では朝鮮半島の人々も日本人と同じルーツを持つ皇民だとして植民地支配を正当化した。

表1　近代日本における植民地化

年	事項
1869（明治2）	北海道の成立（蝦夷地の消滅）
1876（明治9）	小笠原諸島，日本領へ
1879（明治12）	琉球処分，沖縄県の設立
1894（明治27）	日清戦争開戦（～1895）
1895（明治28）	台湾の植民地化
1904（明治37）	日露戦争開戦（～1905）
1905（明治38）	日韓条約締結，韓国を保護国化
1910（明治43）	韓国併合，植民地化
1919（大正8）	南洋群島，委任統治領へ
1922（大正11）	南洋庁，パラオ諸島に設置
1931（昭和6）	満洲事変
1932（昭和7）	満洲国成立
1937（昭和12）	日中戦争開戦（～1945）
1941（昭和16）	太平洋戦争開戦（～1945）
1952（昭和27）	サンフランシスコ講和条約発効

図1　近代日本と周辺地域

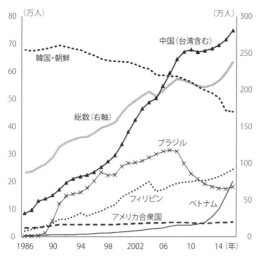

図2　在留外国人登録者数（1986～2016年）
出所：在留外国人統計，各年分．

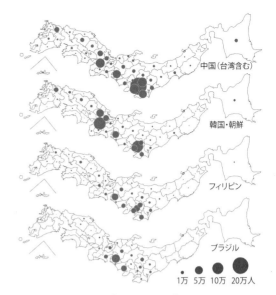

図3　中国，韓国・朝鮮，フィリピン，ブラジル国籍人口（都道府県別，2016年）

植民地化とともに内地に移動する人々が増加し，戦時体制下の1939年には「国民徴用令」によって強制連行が開始された。内地在住の朝鮮出身者は1940年に140万人，太平洋戦争中には240万人に達している。

1945年の日本の敗戦によって朝鮮出身者は解放され，多くは朝鮮半島へ帰還した。しかし故郷の政情不安などによって約60万人の朝鮮出身者が日本に残留した。朝鮮出身者は植民地統治下では日本国籍を有したが，1947年には外国人登録令で「みなし外国人」とされ，1952年のサンフランシスコ講和条約の発効とともに日本国籍を剥奪されて「外国人」となった。在日コリアンは日本人と同等の公的支援を受けることができなくなり，住居の確保や大企業・公的機関への就職も困難になった。

外国人登録令に代わる外国人登録法（1952年制定，2012年廃止）では1955年から指紋押捺が実施された。在日コリアンを中心にこれへの反対闘争が続き，1999年の外国人登録法改正時に全廃された。

日本生まれの2世以降の時代では，日本に帰化したり，日本人を配偶者とする人々が増えていく。韓国・朝鮮籍の人々の在留資格は1991年から「特別永住者」となった。特別永住者（と日本人の配偶者などの永住者）に関しては，92年に他の外国籍の人々に先んじて指紋押捺が廃止された。それでも差別的状況が完全に克服されたわけではない。

3　現代日本のエスニック集団

図2をみると，韓国・朝鮮籍人口は1世の逝去や日本への帰化などによって減少しつつあり，2007年には中国籍人口が韓国・朝鮮籍人口を上回った。ブラジル国籍者は1990年頃に急増し，その後も増加傾向にあったが，2000年代後半には減少に転じた。減少した要因は複合的なものだろう。2008年にはリーマン・ショックによる日本経済の低迷があり，他方で2014年のサッカーワールドカップ，2016年のリオデジャネイロ・オリンピック開催など，母国ブラジルでの活発な経済・社会活動が関係しよう。フィリピン国籍者は緩やかに増加しつつあり，ベトナム国籍者は2010年代に急増した。こうした各国出身者の増減は，日本および本国の経済状況や移民政策などの影響によるものと思われる。

図3は中国（台湾含む），韓国・朝鮮，フィリピン，ブラジルという4つの国籍別集団の都道府県別人口分布を示している。概して大都市圏に多いものの，それぞれ異なる傾向が確認できる。

中国籍の人々は三大都市圏を中心とした都市部に多いとはいえ，北海道から九州に至る全国各地に広く分布している。これは**技能実習生**（Ⅷ-1）という名の労働者として，各地のさまざまな職場で雇用されている人が多いことを物語っている。

韓国・朝鮮籍の人々も三大都市圏に多いが，

図4　日系ブラジル人の集住地区の店舗
出所：2018年筆者撮影（三重県四日市市）。

特に近畿に多いのが特徴となる。かつて日本を代表する工業地域だった近畿には朝鮮半島からオールドカマーと呼ばれる人々が多数流入し、今日まで続く在日コリアンの集住地区が作られてきた（Ⅷ-3　Ⅷ-4）。

フィリピン国籍者は人数こそ少ないものの首都圏と名古屋圏を中心にしつつ全国に広く分布している。「興業」在留資格でエンターテイナーとして入国し、都市に居住する女性が多くいる一方で、「農村花嫁」として地方の農山漁村に移入する女性も少なくなかったからである。2000年代半ばには「興業」資格の審査が厳格化され、エンターテイナーとして入国する女性は激減したが、2008年には日本・フィリピン政府間で看護師・介護福祉士候補者の受入れを含む経済連携協定が結ばれたため、その後も入国者数は減っていない。フィリピン国籍者の特徴は圧倒的に女性が多いことである。

ブラジル国籍者の分布はフィリピン国籍者に少し似ている。愛知・静岡・群馬各県など、自動車・機械工業の発達した中部・関東地方に特に多いが、東北や九州、四国にはほとんど居住していない。近畿では三重県（図4）などにおいて一定の集住傾向がみられるものの、西日本では概して少ない。日系ブラジル人が多い都市を中心に「外国人集住都市会議」という組織が設立されているが、同会議に加盟する都市の多くは中部や北関東に所在する。

4　入管法の改正と研修生、日系人

現代日本のエスニック集団の動向に影響を与えた大きな要因の1つは、**出入国管理及び難民認定法**が1989年に改正され、翌90年に施行されたことにある（＝新入管法）。同法はバブル経済（Ⅵ-1）の時期に定められた。日本人が避けるようになった低賃金非熟練（単純）労働者としての外国人導入が図られたのである。ただし日本には単一民族神話が根強く、外国人の定住を認めていない。新入管法では、外国人を単純労働者として導入しつつ、年限を設けて帰国させるという都合のよい方針を定めた。また日系人は日本人に準ずるとされ、他の外国人とは別の扱いとなった。他方で脱工業化時代における成長戦略の一環として頭脳労働者＝「外国人高度人材」の導入も図られた（Ⅵ-1）。つまり新入管法は①外国人研修制度の整備、②日系人の導入、③外国人高度人材の積極導入を促進するものであった。

①の外国人研修制度については、外国人を「研修生」という名目で2～3年という年限付きの単純労働力として導入することを容認した（Ⅷ-1）。あくまでも「研修」であって「労働」ではないと強弁し賃金が不当に低く設定される傾向にあった。また、在留期間に年限を設け、定住できないようにした。2003年には人手不足解消のため「研修」を終えた外国人をさらに継続して雇用できるように**技能実習**制度が設けられた。

②の日系人の導入については、日本人の子孫である日系人であれば単一民族神話に抵触しないので、日本人と同等に扱えるという詭弁を根拠としている。新入管法では「日本人の実子」および「日本人の実子の実子」である日系2世・3世を対象とした「定住者」という在留資格が新たに定められた。これによって1990年代には日系ブラジル人などの日系人移住者が急増した。もっとも、「日本人と同じ」は建前で、日系人が日本社会において平等に扱われることはまれである。言葉や慣習が異なるため、特に日系南米人が急増した静岡県浜松市や愛知県豊田市、群馬県大泉町などを中心に「**外国人集住都市会議**」が2001年に結成され、メンバーの自治体間ではさまざまな問題の解決を図るために意見交換を行っている。2018年時点で15市町が加盟し、近畿では三重県の津・四日市・鈴鹿・亀山・伊賀の5市が参加している。なお、当初は

日系南米人関連の政策を主な対象としてきたが, その後は出身国が多様化する傾向にあり, 同会議では対処できない側面も出てきている。そのため, 加盟自治体数は減少傾向にある。

③の外国人高度人材, つまり専門職・技術職, 頭脳労働者などと言われる人々は, 積極導入によって少しずつ人数が増えている。例えばIT関連産業に従事するインド出身者が東京都江戸川区に集住するなどの動きも見受けられる。

入管法は2009年にさらに改正され, 翌2010年から施行された。例外はあるものの, それまでの研修制度は適用されなくなり, 基本的には来日1年目から技能実習生＝労働者として扱われるようになった。滞在年限は当初は最長3年で, 2016年に5年に延長された。2010年代におけるベトナム国籍者の急増には新入管法の改正が影響していよう。同国では政府自体が率先して実習生の送り出し機関となっている。

5 エスニック集団と人口ピラミッド

最後にそれぞれのエスニック集団を構成する人々を性別・年齢別にみてみよう。図5は, 外国籍人口の「総数」と, 5つの外国籍人口の人口ピラミッドを示している。

日本に居住する人々全体の人口ピラミッド(I-1)と比較すると, 外国籍の人々のそれはまったく形状が異なる。「総数」では20歳前後以上の人々が多くなっている。留学や, 技能実習を含めた労働目的で日本に来訪する人々が多いためである。

中国籍人口は「総数」と似た傾向を示している。これに対し, 特別永住者を含む韓国籍の場合には少子高齢化の傾向が強く見受けられる。20歳前後から増加するのは留学などによるものであろうが, 中国籍人口ほどにはそうした傾向は強くない。

フィリピン籍人口については, すでに触れたように圧倒的に女性が多い。農村花嫁として日本に定住している女性が多く, かつてはエンターテイナー, その後は看護師などの労働者として流入するケースが多い。そのため20歳以上, 特に30～40代が多くなっている。男性は20歳代半ばにピークがきているが, これは若年労働者

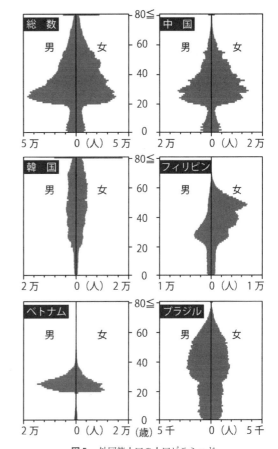

図5 外国籍人口の人口ピラミッド
（総数，中国，韓国，フィリピン，ベトナム，ブラジル）
出所：在留外国人統計（2017年）

として流入し, 短期間で帰国するといったケースが反映されていよう。

男性・女性が同じような構成を示していれば, そのエスニック集団は日本において家族を形成し, 定住傾向にあると想像される。中国・韓国籍, そしてブラジル籍人口ではそのことが確認できる。なかでもブラジル籍では子どもの割合が大きく, 実際に集住地区での子どもたちへの教育が問題となっている。

ベトナムから来日する人々が増えたのは2000年代, 特に2010年以降である（図2）。移動の歴史が短く, 留学や労働を目的とした一定期間の滞在者が多いことから, 20歳前後から40歳以下までの限定的な人口構成を示している。

（山口　覚・水田憲志）

3 京阪神のエスニック集団

エスニック集団（ethnic group）とは，「主に出自や文化的特性による共通性であるエスニシティとそれに対する帰属意識を持つ集団」である。領域国家や都市社会のなかで，マジョリティ（多数派）の集団は「エスニック」とは呼ばれず，むしろ国民（ネイション）のなかで言語的・文化的マイノリティ（少数派）こそが「エスニック」とされる。先住民族のように「国民国家」に包摂されて少数派となる場合もあれば，移民のように他の国や地域から移動してきた人々やその子孫が少数派となる場合もある。後述するように，エスニシティと国籍は別次元のカテゴリーであるが，ここではまず外国籍人口に関するいくつかの統計をもとに，京阪神におけるエスニック集団の人口を概観してみよう。

1 統計からみるエスニック集団の人口

Ⅷ-2で述べたように，日本に住む外国籍人口の多くは大都市圏に居住する。図1の2015年の国勢調査によるメッシュマップから外国籍人口は京阪神の大都市中心部に多いことがわかるが，外国籍の人口は大都市中心部だけでなく，郊外にも広く分布していることにも注意を払う必要がある。なお，国勢調査ではメッシュデータの他に小地域（町丁目）単位での外国籍人口が公表されているが，メッシュデータや小地域単位では国籍別の内訳は公表されていない。

国勢調査の他に，法務省の在留外国人統計でも外国籍人口を知ることができるが，国籍別の内訳がわかるのは市町村単位までである。また，総務省のウェブサイトでは自治体の住民基本台帳による人口から集計した外国籍人口が公開されている。集計データでは国籍別の内訳は公表されていないが，多くの自治体では統計書などで国籍別の内訳を公表している。

国勢調査，在留外国人統計，住民基本台帳による外国籍人口は，それぞれ調査項目や調査方法が異なるため，ほぼ同時期の統計でも数値が一致しないことに注意しなければならない（表1）。

在留外国人統計による近畿地方の外国籍人口を国別にみると，韓国が最も多く，次いで中国，ベトナム，ブラジル，フィリピンと続く。この5ヶ国の合計で近畿地方の外国籍人口総数の80％以上を占める（表2）。表2と図2〜図6をもとに，この5ヶ国の人口分布を比較してみよう。なお，図2〜図6は，それぞれ凡例のスケールが異なるので注意してもらいたい。

韓国籍人口（図2）は，京都府，大阪府，兵庫県の3府県に多く，戦前あるいは戦後すぐから集住がみられる京都市南部（南区，伏見区），

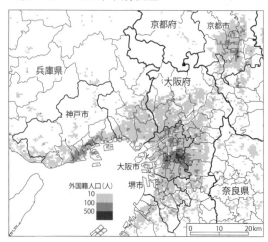

図1 京阪神における外国籍人口の分布（メッシュマップ）
出所：2015年国勢調査。メッシュは4次メッシュ（約500m四方）。

表1 近畿地方の外国籍人口（2015年）

	国勢調査	在留外国人統計	住民基本台帳
（調査時期）	（10月1日）	（12月末）	（12月末）
三重県	31,333	43,031	41,271
滋賀県	19,886	24,617	23,559
京都府	43,949	53,575	51,608
大阪府	150,890	210,148	201,455
兵庫県	77,518	98,625	95,167
奈良県	8,726	11,085	10,793
和歌山県	4,667	6,069	5,827
計	336,969	447,150	429,680

出所：総務省統計局「国勢調査」・法務省「在留外国人統計」・総務省「住民基本台帳に基づく人口，人口動態及び世帯数」。

表2　近畿地方の外国籍人口（2017年12月末）

	三重県	滋賀県	京都府	大阪府	兵庫県	奈良県	和歌山県	近畿地方計
韓国	4,475	4,275	24,312	102,147	40,384	3,415	2,073	181,081
中国	7,867	4,795	14,192	60,024	23,153	2,963	1,358	114,352
ベトナム	4,369	2,110	3,265	19,789	14,772	1,326	519	46,150
ブラジル	13,887	8,436	374	2,531	2,483	359	107	28,177
フィリピン	6,655	2,314	2,254	7,895	4,434	749	748	25,049
台湾	377	205	1,597	6,620	2,080	323	114	11,316
朝鮮	355	334	1,848	4,943	2,991	174	164	10,809
米国	304	382	1,482	2,999	2,291	368	170	7,996
その他	10,889	4,524	8,315	21,526	13,025	2,244	1,154	61,677
計	49,178	27,375	57,639	228,474	105,613	11,921	6,407	486,607

出所：法務省「在留外国人統計」（2017年12月末）。

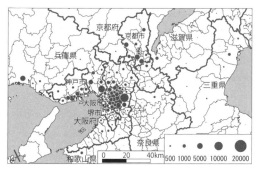

図2　市町村別にみた韓国籍人口の分布

出所：図2～図6ともに法務省「在留外国人統計」（2017年12月）。

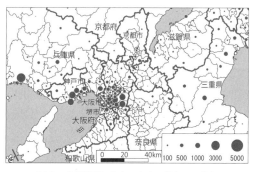

図4　市町村別にみたベトナム籍人口の分布

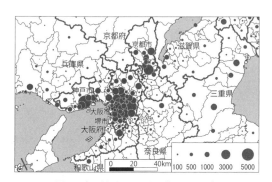

図3　市町村別にみた中国籍人口の分布

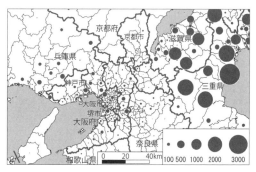

図5　市町村別にみたブラジル籍人口の分布

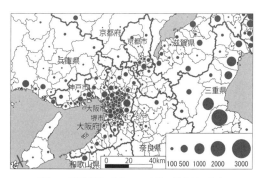

図6　市町村別にみたフィリピン籍人口の分布

大阪市東南部（生野区，東成区）のほか，東大阪市，兵庫県の阪神間（尼崎市，西宮市），神戸市長田区，姫路市に多い。

中国籍人口（図3）は，大阪府への集中の度合いが高く，兵庫県がそれに次ぐ。市区町村では，神戸開港当初から「清国人」が住んだ歴史がある神戸市中央区が最も多く，次いで東大阪市，京都市伏見区，大阪市浪速区，大阪市中央区の順に多い。

ベトナム籍人口（図4）は，府県別でみると大阪府が最多で，大阪市生野区と西成区，東大阪市，八尾市に多いが，むしろ兵庫県での分布が特徴的である。1979～96年まで姫路市にインドシナ難民を受け入れる「定住促進センター」が設置され，この施設を経て姫路市や神戸市に定住した人が多く，神戸市兵庫区，長田区，中央区に多い。

ブラジル籍人口（図5）は三重県，滋賀県に多く，京阪神はむしろ少ない。製造業に従事す

る人が多く，大規模な自動車工場が立地する鈴鹿市をはじめ，三重県北部の四日市市，津市，伊賀市，滋賀県南部の長浜市，東近江市，湖南市，甲賀市などに多いが，近年は減少傾向にある。

フィリピン籍人口（図6）は，1980年代後半から増加した。かつてのような「興行」による来日はほとんどなくなり，現在では主に日本人と結婚して日本に住む女性が多いのが特徴的である。近畿地方では大阪府に最も多く，次いで三重県に多い。他の国籍と比較すると集住の度合いは比較的低いが，三重県の松阪市，津市，四日市市，鈴鹿市に比較的多くの人口が集まっている。

次に，外国籍人口の在留資格をみてみよう。表3に主な在留資格別の人数を国籍別に示す。韓国籍人口の80％以上，外国籍人口全体の33％が「特別永住者」であることが近畿地方の特徴としてあげられる（全国の「特別永住者」の割合は約13％）。「留学」と「技能実習」は，いずれも中国籍とベトナム籍が多くを占めるが，「技術・人文知識・国際業務」は中国籍とベトナム籍で大きな開きがある。「特別永住者」に「永住者」「定住者」「日本人の配偶者等」「家族滞在」を合わせると70％を超える。数年間の比較的短い滞在と見込まれる「留学」や「技能実習」は合わせて20％に満たない。

在留資格別人数を近畿地方の府県別にみてみよう（表4）。三重県を除く近畿2府4県で「特別永住者」が多いことがまず読み取れる。「留学」は，大学が多く立地する京都府で全国より特化しているが，人数はむしろ大阪府の方が多い。一方で「技能実習」は，京阪神の3府県以外の県で特化していることに注意したい。

表3 国籍別・在留資格別にみた近畿地方の外国籍人口

在留資格	韓国	中国	ベトナム	ブラジル	フィリピン	その他	計
特別永住者	147,981	506	2	17	10	11,909	160,425
永住者	17,331	41,752	3,472	15,762	11,729	23,436	113,482
留学	3,496	22,451	13,759	78	328	12,131	52,243
技能実習	5	10,961	18,157	0	2,620	6,141	37,884
定住者	2,297	5,342	1,946	8,815	5,363	4,566	28,329
技術・人文知識・国際業務	2,537	10,492	4,584	34	641	7,291	25,579
日本人の配偶者等	2,704	5,351	639	2,874	2,687	7,315	21,570
家族滞在	1,757	8,821	2,335	47	285	6,451	19,696
その他	2,973	8,676	1,256	550	1,386	12,558	27,399
計	181,081	114,352	46,150	28,177	25,049	91,798	486,607

出所：法務省「在留外国人統計」(2017年12月)。

表4 府県別・在留資格別にみた近畿地方の外国籍人口

在留資格	三重	滋賀	京都	大阪	兵庫	奈良	和歌山	計
特別永住者	4,157 (0.66)	3,972 (1.13)	22,747 (3.07)	85,500 (2.91)	39,242 (2.89)	3,000 (1.95)	1,807 (2.19)	160,425 (2.56)
永住者	18,048 (1.25)	9,248 (1.16)	8,387 (0.50)	48,370 (0.72)	24,630 (0.80)	3,138 (0.90)	1,661 (0.89)	113,482 (0.80)
留学	1,268 (0.21)	1,100 (0.33)	11,394 (1.63)	26,799 (0.96)	10,213 (0.80)	1,081 (0.75)	388 (0.50)	52,243 (0.88)
技能実習	8,617 (1.64)	4,155 (1.42)	3,018 (0.49)	10,637 (0.43)	8,741 (0.77)	1,824 (1.43)	892 (1.30)	37,884 (0.73)
定住者	8,406 (2.44)	4,303 (2.24)	1,114 (0.28)	9,355 (0.58)	4,370 (0.59)	414 (0.49)	367 (0.82)	28,329 (0.83)
技術・人文知識・国際業務	1,605 (0.44)	1,001 (0.49)	2,707 (0.64)	15,147 (0.90)	4,381 (0.56)	521 (0.59)	217 (0.46)	25,579 (0.71)
日本人の配偶者等	2,861 (1.06)	1,852 (1.23)	2,220 (0.70)	9,227 (0.73)	4,116 (0.71)	760 (1.16)	534 (1.52)	21,570 (0.81)
家族滞在	1,461 (0.46)	610 (0.34)	2,369 (0.63)	9,979 (0.67)	4,649 (0.68)	476 (0.61)	152 (0.36)	19,696 (0.62)
その他	2,755 (0.65)	1,134 (0.48)	3,683 (0.74)	13,460 (0.68)	5,271 (0.58)	707 (0.69)	389 (0.71)	27,399 (0.65)
計	49,178	27,375	57,639	228,474	105,613	11,921	6,407	486,607

注：下段の（ ）内の数値は全国の在留資格別構成比を1.00としたときの指数（特化係数）。
出所：法務省「在留外国人統計」(2017年12月)。

外国籍人口の職業をみてみよう。2015年の国勢調査による外国籍人口の職業従事者数（表5，表6）をみると，男女とも「生産工程」，すなわち製造業従事者が多い。特にベトナム，フィリピン，ブラジルの3ヶ国は，人数・構成比とも「生産工程」に集中していることが読み取れるだろう。その一方で，「専門的・技術的職業」，「事務」「販売」「保安職業」などは，日本人就業者に比べると人数が少なく，構成比も低い。

2 「エスニック集団」をどう捉えるか

　ここまで人口統計をもとに京阪神における外国籍人口の概要をみてきたが，エスニック集団を構成する人々が必ずしも「外国人」とは限らないことに今一度注意を払う必要があるだろう。

　外国籍の人が日本国籍を取得すれば統計上は「日本人」となるが，国籍が変わったからといって，その人のエスニシティが変わるわけではない。また，ある人が持つエスニシティは1つとは限らないし，「同じエスニック集団」であっても，文化を共有する部分とそうでない部分がある。つまり，人口統計から「同じエスニック集団」をもれなく抽出するということは不可能なのである。統計データで「外国人」として数えられる人々とエスニック集団とは，かなりの部分で重複することは間違いないだろう。しかし，人口統計から読み取れる特徴は，エスニック集団のほんの一端にすぎない。このような限界を踏まえた上で，人口統計から社会の多様性を読み取るとともに，偏りや格差を読み取ってもらいたい。

　京阪神の都市にもエスニック集団が集住する場所がいくつかある。そうした集住は，時には少数派を排除する社会の不寛容さの現れでもある。一方で，エスニック集団が集まる場所は人々が集い，関わりを結ぶ場でもある。エスニック集団をより具体的に知るには，商店や学校，宗教施設など，エスニック集団の人々が集う場所に注目する必要がある（*Column* 7参照）。

（水田憲志）

表5　近畿地方における国籍別職業従事者数（男性）

職業	韓国・朝鮮	中国	フィリピン	ベトナム	ブラジル	その他	計
管理的職業	2,270 (1.74)	431 (0.79)	2 (0.02)	8 (0.04)	14 (0.07)	320 (0.52)	3,045 (1.04)
専門的・技術的職業	3,880 (0.71)	2,182 (0.96)	166 (0.47)	308 (0.41)	184 (0.23)	5,529 (2.16)	12,249 (1.01)
事務	2,524 (0.50)	1,079 (0.52)	40 (0.12)	53 (0.08)	131 (0.18)	651 (0.27)	4,478 (0.40)
販売	4,618 (0.91)	1,602 (0.76)	33 (0.10)	55 (0.08)	95 (0.13)	933 (0.39)	7,336 (0.65)
サービス職業	3,753 (1.46)	1,640 (1.54)	113 (0.68)	101 (0.29)	95 (0.25)	1,261 (1.04)	6,963 (1.21)
保安職業	505 (0.47)	27 (0.06)	8 (0.12)	0 (0.00)	5 (0.03)	12 (0.02)	557 (0.23)
農林漁業	113 (0.13)	38 (0.11)	30 (0.54)	28 (0.24)	42 (0.33)	208 (0.51)	459 (0.24)
生産工程	6,170 (0.93)	4,383 (1.60)	1,428 (3.35)	3,161 (3.51)	3,598 (3.69)	3,769 (1.21)	22,509 (1.53)
輸送・機械運転	3,364 (1.65)	195 (0.23)	33 (0.25)	19 (0.07)	231 (0.77)	177 (0.18)	4,019 (0.88)
建設・採掘	3,754 (1.50)	500 (0.48)	155 (0.96)	457 (1.34)	132 (0.36)	333 (0.28)	5,331 (0.95)
運搬・清掃・包装等	2,643 (1.11)	797 (0.80)	114 (0.74)	184 (0.57)	323 (0.92)	481 (0.43)	4,542 (0.85)
分類不能の職業	3,350 (1.64)	2,488 (2.92)	263 (1.99)	667 (2.39)	612 (2.02)	3,733 (3.87)	11,113 (2.43)
計	36,944	15,362	2,385	5,041	5,462	17,407	82,601

注：（　）内の数値は表4と同じ。
出所：国勢調査（2015年）。

表6　近畿地方における国籍別職業従事者数（女性）

職業	韓国・朝鮮	中国	フィリピン	ベトナム	ブラジル	その他	計
管理的職業	670 (2.28)	219 (1.22)	24 (0.44)	3 (0.10)	4 (0.12)	68 (0.83)	988 (1.46)
専門的・技術的職業	3,449 (0.61)	1,857 (0.53)	268 (0.25)	111 (0.18)	213 (0.33)	1,980 (1.26)	7,878 (0.61)
事務	6,687 (0.79)	2,363 (0.45)	174 (0.11)	96 (0.11)	124 (0.13)	480 (0.20)	9,924 (0.51)
販売	3,963 (0.96)	1,768 (0.70)	148 (0.19)	77 (0.18)	86 (0.18)	275 (0.24)	6,317 (0.67)
サービス職業	7,490 (1.29)	2,335 (0.66)	1,176 (1.09)	219 (0.36)	272 (0.41)	898 (0.56)	12,390 (0.93)
保安職業	22 (0.31)	2 (0.05)	0 (0.00)	0 (0.00)	2 (0.25)	3 (0.15)	29 (0.18)
農林漁業	37 (0.08)	239 (0.85)	53 (0.62)	103 (2.11)	17 (0.32)	75 (0.59)	524 (0.50)
生産工程	3,291 (1.21)	6,527 (3.93)	2,568 (5.09)	2,132 (7.42)	2,220 (7.18)	1,677 (2.23)	18,415 (2.96)
輸送・機械運転	88 (1.22)	6 (0.14)	5 (0.37)	4 (0.53)	20 (2.44)	11 (0.55)	134 (0.81)
建設・採掘	74 (1.27)	15 (0.42)	15 (1.38)	2 (0.32)	8 (1.20)	13 (0.80)	127 (0.95)
運搬・清掃・包装等	2,695 (1.20)	1,169 (0.85)	839 (2.01)	198 (0.83)	269 (1.05)	552 (0.89)	5,722 (1.11)
分類不能の職業	3,251 (1.90)	2,929 (2.79)	632 (1.98)	417 (2.30)	384 (1.97)	2,764 (5.82)	10,377 (2.64)
計	31,717	19,429	5,902	3,362	3,619	8,796	72,825

注：（　）内の数値は表4と同じ。
出所：国勢調査（2015年）。

Ⅷ エスニック集団

4 在日コリアンの集住地区

1 関西における在日コリアンの集住地区

在日コリアンは関西一円に居住している。特に大阪市や東大阪市，尼崎市などに多く，大阪市生野区や神戸市長田区のような明確な集住地区もある（Ⅷ-3）。こうした集住地区は戦前からみられたが，日本人と同等の権利が認められなくなった第2次世界大戦後に集中の度合いが高まったという側面もある（Ⅷ-2）。厳しい生活を相互扶助によって乗り切る必要があったため，集住せざるを得なかったのである。

ここでは主に第2次世界大戦以前に来日したオールドカマーの在日コリアンが居住してきたいくつかの集住地区をみてみたい。

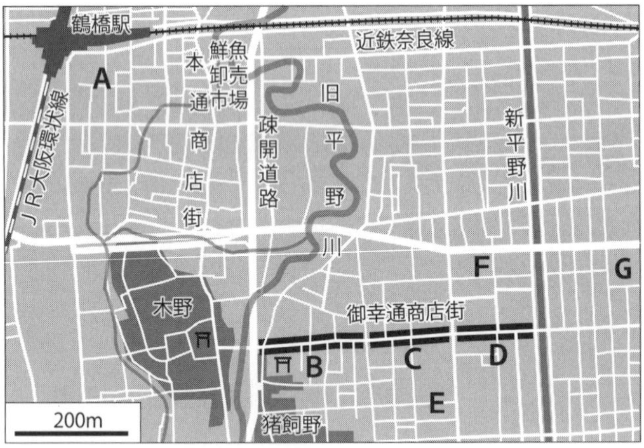

図1 鶴橋駅とコリアタウン
注：猪飼野と木野は旧集落を示す。Ⅵ-3 図1も参照。

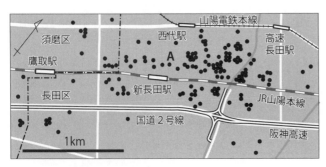

図2 ケミカルシューズ・メーカーの分布
出所：山本（2002）作成（1998年の組合名簿による）。

2 生野区のコリアタウン

日本最大の集住地区とされる大阪市生野区では総人口12万7783人のうち韓国・朝鮮籍人口は2万3499人（18.4％）となっている（2016年）。図1は同区の鶴橋駅南東部を示している。ここには鶴橋高麗市場（国際マーケット，A），総称で「コリアタウン」とも呼ばれる御幸通商店街（B～D，図3）以外にも観音寺（F）や韓国大阪教会（G）など在日コリアン関連のさまざまな施設がある。

図中の蛇行した旧平野川は氾濫を繰り返していたため，直線的な新平野川へのつけかえ工事が行われた（1919～23年）。この工事には多くのコリアンも従事し，工事終了後も一部の人々が暮らしたという。この周辺ではサンダル製造業のような軽工業が盛んになり，1923年には大阪─済州島航路が開設されたことで済州島出身者を中心とする移住労働者が増加していく。1920年代後半には図中E界隈に「朝鮮市場」が形成され，日本人商店で構成された御幸通商店街もこの時期に発展していく。同商店街は第2次世界大戦中に空襲で焼け，日本人商店の跡地には朝鮮市場の店が移転してきた。また戦後に鶴橋駅周辺に登場したヤミ市（Ⅴ-4）に参入する店舗が出てくる。同胞の集住地区ということで，戦後にはさらに多くのコリアンが集まった。

その後1988年のソウル・オリンピックを機に韓国への注目が高まると，御幸通商店街ではエスニックタウンを意識したまちづくりが進められ，1993年以降，東部（D）はコリアタウン，中央（C）はコリアロードと呼ばれるようになった。なお，同商店街では韓国・朝鮮籍の商店主の比率が地区ごと

図3　コリアタウンのゲート

図4　宇治市ウトロ地区（2008年撮影）

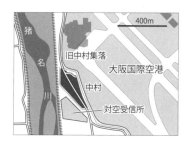

図5　移転事業以前の中村地区
注：旧中村集落はかつての農村集落である。

に異なり，図中のBで29％，Cで72％，Dで50％だという（高，2007）。2021年にはこの3商店街は「大阪コリアタウン」となった。

3　長田区のケミカルシューズ産業

神戸市長田区は戦前からゴム工業などの工場が立地し，関連する中小工場も多かった。戦後にゴムの輸入が困難になっていたことから，1953年には塩化ビニルが開発された。JR新長田駅周辺では塩化ビニル製の合成皮革を用いたケミカルシューズの製造が盛んになり，関連企業が増加した（図2）。神戸市の靴製造関連企業のうち，在日コリアンが経営するものは1998年時点で約6割を占めた（山本，2002）。靴製造工場では低賃金の肉体労働が多かったが，在日1世の人々が従事できる産業は限られていたため，ケミカルシューズ産業の経営者や雇用労働者が多くなったのである。

1970年代のオイルショックによる輸出の不振，中国などの新興工業国との競合，さらには1995年の阪神・淡路大震災の被害によって靴製造は厳しい経営状況が続いている。ケミカルシューズ産業の活性化のために関連業者によってシューズプラザという施設が2000年に建設され（図2のA），「多文化共生のまちづくり」を目指して神戸アジア交流プラザなども併設された。

4　ウトロ地区と中村地区

戦争の直接的な影響によって形成された在日コリアンの集住地区もある。例えば京都府宇治市のウトロ地区（図4）には，旧京都飛行場の建設を請け負った日本国際航空工業（後身企業は日産自動車傘下）に徴用された朝鮮籍の人々が戦後も生活してきた。地主からは不法占拠と訴えられ，行政から見放されて水道敷設などの住環境も整備されてこなかったが，2016年からは公営住宅の新設など問題解決への具体的な動きが始まっている。

兵庫県伊丹市中村地区も同様である。戦前に大阪第二飛行場（現大阪国際空港）の建設に従事した人々が戦後もとどまった（図5）。農業集落だった旧中村集落の近くに作られた建設作業員の飯場（仮設住宅地）が中村地区の原形である。

中村地区は空港用地内にあったため，日本政府はこれを国有地である空港用地の不法占拠とみなし，また滑走路に近接していたことが航空法に抵触すると問題視していた。しかし集住地区が形成された歴史的経緯を考慮して居住を黙認してきた。住民からすれば，飛行場建設に従事するために移り住んできたという歴史的経緯があり，不法占拠とみなされることへの反発が強かった。なお，この地区ではリサイクル業や土木建築業にたずさわる人々が多い。

住民と伊丹市，日本政府の長きにわたる話し合いの結果，政府の補助金による対空受信所の土地を利用した伊丹市営住宅などへの転居が進められ，2009年に移転事業が完了し，中村地区の住宅は撤去された。

（山口　覚）

Ⅷ　エスニック集団

5　老華僑のまち・新華僑のまち

　中国では1978年の改革開放政策開始までの海外移住者を**老華僑**，それ以降の移住者を**新華僑**と呼ぶ。ここでは，老華僑に関しては神戸市中央区の南京町を中心とした明治期以来の展開を，新華僑に関しては大阪市のミナミにおける2000年代以降の動向に触れてみたい。

1　神戸市の老華僑とかつての南京町

　図1が示すように，神戸市在住の中国人の多くが中央区に居住している。これは旧**外国人居留地**の設置と関係している。

　1858年（安政5）にアメリカ合衆国やフランスなど5ヶ国との間で結ばれた条約によって各地に開かれた港には外国人居留地が設置された（1899年廃止）。関西では1868年に大阪の川口と神戸に居留地が置かれた。これらの居留地には欧米5ヶ国の人々しか居住できなかった。欧米人のもとで働いたり，日本人と欧米人の交渉役を務めていた清国人も来日していたが，当時の清朝は日本と条約を結んでおらず，清国人は居留地に住めなかった。そのため，居留地の近くに設定された「雑居地」での居住が認められた。図2のように旧居留地と旧雑居地は隣接しており，いずれもかつての海岸線に接していた。

　1871年に日清修好条規が結ばれると清国人の法的地位が定まって雑貨や海産物などの貿易活動が活発化し，居住地も雑居地に限られなくなる。1877年頃には旧雑居地の一角に市場が形成され，「南京町」と呼ばれるようになった（呉・髙橋，2015）。

　初期の南京町では商店の7～8割が華僑経営だったが，日清・日露戦争後には日本人商店が3分の2を占めるようになった。華僑と日本人による商業組合が組織され，さらに1926年には日本人露店商組合と南京町市場組合が結成された。この近辺で最初の中華料理店は1892年頃に，現在まで続く豚まんの老祥記は1915年に創業した。戦前の南京町は「国際マーケット」とも呼ばれて非常に栄えていたという。

　しかし1931年に満洲事変が起こると華僑は「敵国人」とみなされるようになり，多くが帰国した。さらに1945年の神戸大空襲（Ⅴ-4）によって南京町はほぼ全焼した。

　戦後の南京町はヤミ市から始まり，GHQの進駐や朝鮮戦争（1950～53年），ベトナム戦争（1960～75年）の時期には兵士や船員を対象にした「外人バー」が増加したが，中華料理店や中国物産店もあった。当時の南京町について，1959年の旅行ガイドブック『新旅行案内14　大阪と神戸』（日本交通公社）は，差別的な表現を

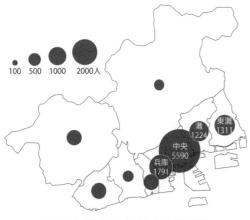

図1　神戸市各区の中国人人口（2016年）
出所：在留外国人統計。図3も同じ。

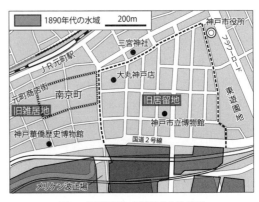

図2　旧居留地・旧雑居地と南京町

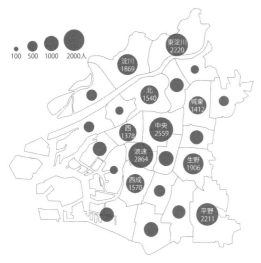

図3 大阪市各区の中国人人口（2016年）

図4 日本橋界隈（中央区）の中国系店舗
出所：尾田悠翔氏原図。追加調査により加筆修正。

含めて次のように描いている。「元町一丁目の浜がわは，南京まちで油のしみたような石畳みには支那料理に使う赤いさくらえびを干し，西瓜の種子などの乾物を並べて売っている。このあたりに並ぶ……支那料理屋は安くて美味しい」。

2　現在の南京町：チャイナタウンの創造

　1975年にベトナム戦争が終わり，コンテナ船の増加によって船員数も減少したことで「外人バー」の時代は終わった。他方で1972年の日中国交正常化によって中国ブームが起きると，北野地区の観光地化（Ⅸ-5）に合わせて南京町でも同様の動きが生じてくる。1977年には南京町商店街振興組合が設立され，現在みられるようなまちの姿へ整備するための事業が進められていく。整備当初は中華料理店や中国物産店は2割に満たなかったとされる。1981年の南京町復興環境事業実施計画に基づいて，翌82年から「中国らしい景観」の整備が始まる。日本人商店も中国関連の店舗へと商売替えし，1987年からは春節祭も始められた（呉・髙橋編, 2015）。観光地化された南京町に居住する人々は少ないものの，老華僑の拠り所になっているという。

3　大阪ミナミのエスニックタウン

　神戸市とは異なり，大阪市では特定の区に中国人が集中してはいないが，浪速区と中央区にはやや多い（図3）。中央区には日本人も加盟する中華料理業組合（図4，1966年設立）や，台湾出身者中心の大阪中華総会といった老華僑の拠点もある。しかし現在の居住者の多くは新華僑である。2004年には「大阪の中の中華世界」として中国食材などを販売する上海新天地が開店した（2020年に松屋町筋に縮小移転）。

　2010年代の大阪には中国人観光客が急増した。道頓堀川にかかる日本橋の周辺はバスツアーの起点であり，付近の大阪華人服務站では国際郵便や荷物預かりなどのサービスを行っている。ここから島之内にかけては中華料理店（主に中国東北料理）や食料品店が立地する。外国人観光客にも人気の高い黒門市場や千日前などの既存商店街から離れているため，新規参入者である新華僑は，店舗を借りやすく地価（テナント料）の安い繁華街の周辺部を選んで出店しているのだろう。雑貨店や食料品店の顧客は観光客ではなく，主に近隣に居住する同郷者だと思われる。島之内には中国人だけでなくコリアンなどアジア出身者関連の店舗が多い（図4 X界隈）。島之内の一帯はアジア系エスニックタウンと呼べるかもしれない。

（山口　覚）

IX 観光

1 概説

1 観光とツーリズム

　観光とは，一般的には日常空間から離れた場所に移動し，風景や史跡，習俗を見て回る行動と定義される。具体的には宗教的巡礼や温泉地での保養，山岳や海岸を中心にした自然を楽しむ諸活動，各地の文化習慣の学習・体験まで含む多様な余暇活動のことである。歴史的には古代から巡礼・保養を目的として世界中で行われてきたが，日本で観光という言葉が定着したのは近代以降のことである。

　1855年に江戸幕府がオランダから贈呈された蒸気船に「観光丸」と命名したのが観光の初出とされる。古代中国の書物『易経』にある「観国之光，利用賓于王（国の光を観る，用て王に賓たるによろし）」から名付けられたという。王から認められるには外国の威光を示す文化習慣を知る必要があると解釈される一文で，外国を旅して見聞を広めることを意味する。

　こうして誕生した観光という言葉は，明治時代後期になって英語のツーリズム（tourism）の訳語にあてられ，広く使用されるようになった。ツーリズムは，ラテン語で轆轤（ろくろ）を意味するターナス（tornus）を語源にするとされ，轆轤が回転する様子から旅に出て，再び戻ってくるという意味で用いられたと考えられている。観光という言葉が見聞という旅の目的を意図としているのに対し，ツーリズムは行って戻るという旅の形態を意識させるのだと，語源から意味に違いを認めることができる。なお，中国では観光ではなく旅してあちこち歩くという意味の「旅游」という言葉が定着している。

2 観光の歴史：ヨーロッパ

　以下では本章の基礎的背景として，観光の歴史をヨーロッパと日本を中心に概観する。

　ヨーロッパでは古代・中世から，エルサレムやローマなど主にキリスト教関連の寺院や聖地などへの宗教的巡礼や，ギリシャ・ローマ時代に盛んであった温泉湯治などがなされていた。これらはいずれも日常から離れた場所に向かうという点で観光の起源とも捉えられる。

　近世には，人間の主体性を重視するルネサンスの思潮によって，宗教目的にとらわれずに歴史を探求するためにキリスト教会や史跡・遺跡を訪れたり，日常空間にみられない希少性の高い物品を陳列する博物館や美術館を見学したりする文化観光が登場した。特にイギリス貴族の子弟が，社会勉強を主な目的として1年から数年かけてヨーロッパをめぐるグランドツアーでは，イタリアを中心に古い建築物や遺跡などを見学した。このように，当時の観光の主体は王侯貴族に限定されていた。彼らの一部には，避寒や避暑といった目的で景色のよい海岸部などに滞在する者もいたが，こうした場所は後に有名なリゾート地になっていった。

　支配階層中心であった観光が大衆化したのは，19世紀に入ってからである。市民革命や産業革命により市民の生活レベルが上昇し，鉄道や汽船などの近代交通機関も整備されたことで，多くの人々が遠隔地へと容易に移動できるようになった。従来の文化観光や保養に加え，当初は医療行為であった海水浴や積雪地の移動手段であったスキーなど，スポーツを楽しむレジャーも導入され，海岸部や山岳地帯の観光地化が進展した。またイギリスのトマス・クックのような観光旅行の手配や企画運営を行う旅行業社，あるいはドイツのカール・ベデカーのように旅行用のガイドブックを出版する企業も誕生した。こうした動きは20世紀になっても継続し，特に第2次世界大戦後には，社会の安定，人々のさらなる所得上昇，航空機や自動車交通の発展などにより，観光がより広く浸透し大衆化するマスツーリズムと呼ばれる状況に至った。

　1980年代以降には新しい観光（現象）が登場

し，閉鎖された工場や鉱山などが産業遺産として新たな観光資源となり，稼働中の工場を見学する産業観光も生まれた。また過度な観光開発によって自然環境の荒廃を招いた反省から，自然環境の観察や学習を中心にした持続可能な新しいエコツーリズムの動きも始まった。

3 観光の歴史：日本

ヨーロッパと同じく，日本でも観光の起源としては巡礼や湯治があげられる。巡礼では，主に近畿地方にあって観音を祀る寺院をめぐる西国三十三所巡礼や，大勢の参詣者が蟻の行列の如く続くため「蟻の熊野詣」といわれた熊野三山（本宮・新宮・那智）への参詣が知られる。湯治については『日本書紀』に630年代に天皇が有馬温泉（IX-4）を訪れたとの記述があり，古代から行われていたことがうかがわれる。

近世の江戸時代になると，巡礼・湯治は庶民レベルまで広まり，伊勢神宮をはじめ古い歴史を有する寺社への参詣が盛んとなった。湯治も熱海や別府など著名な温泉地に宿泊施設がつくられ，遠隔地からの湯治客を迎えた。また伊勢や熱海といった目的地までの途上にある寺社・名所旧跡などを訪れることも多く，表向きには巡礼・湯治といっても，実際には物見遊山の要素が含まれた（IX-2）。

近代に入ると交通機関として鉄道が整備され，移動時間が飛躍的に短縮された。さらに資本主義経済の発展によって経済的に余裕のある人々も現れ，観光に対する需要が増大した。こうしたなかで，寺社や温泉地では，特に鉄道沿線に位置したものを中心に，江戸時代以上に観光地化が進んだ。加えて，来日した欧米人の影響による新しい観光も定着していった。

例えば，明治時代から欧米人は夏季の高温多湿な気候を避けるために山岳・高原を避暑地として利用し始めた。大正時代になると，こうした避暑の習慣が日本の上流階層にも広まった。軽井沢や神戸の背後にそびえる六甲山のほか，温泉・寺社地であった箱根や日光などにも，別荘や西洋風ホテルなどが建設された。

海岸部では，海水浴が医療目的として導入され，やがてレジャー化した。特に東京周辺の大磯海岸や三浦・房総半島，大阪周辺の浜寺・大浜や芦屋・西宮といった大都市近郊を中心に，多くの海水浴場が開設され，周辺には保養目的の別荘地も建設された（IX-3）。

第2次世界大戦の混乱によって日本の観光はいったん衰退するものの，戦後の1950年代半ばからの高度経済成長期に再び活性化する。戦前は富裕層が中心であったのが，この時期には一般大衆まで広がり，日本の観光でもマスツーリズム化が進展した（IX-4）。

1970年代になると，歴史的な雰囲気を残すまちなみ・集落に注目が集まり，それらの文化財としての保護と観光地化が同時に進行した（IX-5）（IX-6）。現在では，まちなみ・集落のみならず棚田や里山も含めた地域全体が，新しい文化財・観光資源として定着しつつある（IX-6）。

1980年代から1990年代にかけては，急激な円高の進行により，多くの人々が外国に旅行するようになった。国内には1983年開園の東京ディズニーランドに代表されるテーマパークがつくられ，大きな集客施設となった。またバブル経済の進展により，ゴルフ場やスキー場，リゾート用のホテルやマンションなどの施設が次々と各地に開発されたが，バブル崩壊後の90年代半ば以降には一部施設が経営破綻し，新規開発が中断されたところもある。その一方，大阪市の天保山のように，大都市沿岸部の閉鎖された工場や港湾施設を新たな観光商業施設として再生させる動きもみられた（IX-7）。

近年では，国内観光に対する日本人の需要が停滞するなかで，新たな観光の活性化策が各地で行われている。それは例えば前述の棚田・里山だけでなく，名産品や「ご当地グルメ」，さらには工場の生産品や造形・夜景から映画やドラマ・アニメの舞台まで，従来は観光資源として想定されなかったさまざまなものを対象としている。外国人観光客誘致の取り組みも活発に行われており，2018年には訪日した外国人観光客が3000万人を超えるまでになっている（IX-8）。

4 近年の日本における宿泊者の状況

以下では，近年の日本における観光の状況について統計資料から確認する。図1は，観光庁

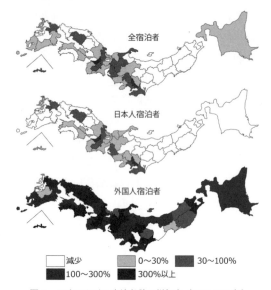

図1 日本における宿泊者数の増加率（2007-2017年）
注：宿泊者数は従業者10人以上でかつ観光目的の宿泊者が50％以上の宿泊施設の合計。
出所：観光庁『宿泊旅行統計調査』。

による『宿泊旅行統計調査』における2007年と2017年の宿泊者数の増加率を全宿泊者・日本人・外国人ごとに示したものである。この統計調査は，宿泊施設ごとの数値を合計したもので，宿泊者の中には，観光以外を目的とするものも含まれるため，ここでは従業者10人以上でかつ観光目的の宿泊者が50％以上の宿泊施設の宿泊者数のみに限定した。

まず全宿泊者数に関して，日本全体では28.5％の増加となっているが，都道府県別では増減に幅がある。増加が著しかったのは東京都とその周辺，大阪府，京都府，奈良県，福岡県，愛知県などである。それに対して減少したところは，東北地方とその周辺および広島県を除く中国地方，高知県，熊本県などである。全体としては，東京周辺の南関東から近畿地方にかけての地域で増加が顕著な一方，東北地方周辺では減少し，中国四国九州地方では増加した県と減少した県に二極化されている。

次に日本人宿泊者数をみると，総じて全宿泊者数より増加率が低く，日本全体では9.5％の増加となっている。この乖離は，近年の宿泊者数の増加が，日本人以外の外国人宿泊者の増加によるものであることを示唆している。全宿泊者数では増加していた北海道，中央高地，九州地方でも増加率が低くなっている。ただし，福井県，埼玉県などは全宿泊者と日本人の増加率に大きな差異はなく，主に日本人宿泊者数増加の結果と考えられる。日本人宿泊者数は全体として全宿泊者数と同じ傾向であるが，増減の幅は小さくなっている。

全宿泊者数・日本人宿泊者数と比較して高い増加率を示しているのが外国人宿泊者数である。日本全体では301.7％の増加と高い伸び率となっている。全体としては東海地方以西の増加が目立つが，全宿泊者数・日本人宿泊者数は少なかった東日本でも福島県や宮城県などを除いて高い伸び率となっている。また2017年の実数では，東京都（約989万人）と大阪府（約647万人）が特に多い。国際空港が立地し，宿泊施設の多い日本の中核都市を含んでいるためと思われる。これに北海道（約581万人），京都府（約409万人），沖縄県（約377万人）が続く。これらは従来から日本人にとって人気の観光スポットが多い場所であったが，現在では外国人も訪れるようになったことを示唆している。これらのことから，近年の宿泊者数増加の主要因は外国人によってもたらされたものであり，日本の観光に大きなインパクトを与えていると理解できる。

5 近年の近畿地方における観光

最後に，近畿地方および京阪神周辺地域の状

表1 近畿地方における宿泊者数の推移（2007年・2017年）

	全宿泊者			日本人			外国人		
	2007年（人）	2017年（人）	増加率（％）	2007年（人）	2017年（人）	増加率（％）	2007年（人）	2017年（人）	増加率（％）
日本全体	172,202,440	221,354,320	28.5	161,189,970	176,506,480	9.5	11,012,470	44,847,840	307.2
三重県	3,380,850	3,841,160	13.6	3,331,780	3,704,690	11.2	49,070	136,470	178.1
滋賀県	1,873,190	2,394,380	27.8	1,772,390	2,121,470	19.7	100,800	272,910	170.7
京都府	7,931,360	13,550,920	70.9	7,063,980	9,464,060	34.0	867,380	4,086,860	371.2
大阪府	4,172,010	13,576,590	225.4	3,220,760	7,104,060	120.6	951,250	6,472,530	580.4
兵庫県	4,798,320	6,119,750	27.5	4,654,340	5,551,570	19.3	143,980	568,180	294.6
奈良県	1,072,060	1,780,440	66.1	1,023,060	1,518,550	48.4	49,000	261,890	434.5
和歌山県	2,794,870	3,082,220	10.3	2,707,410	2,785,720	2.9	87,460	296,500	239.0

注：宿泊者数は従業者10人以上でかつ観光目的の宿泊者が50％以上の宿泊施設の合計。
出所：観光庁『宿泊旅行統計調査』。

況を確認する。前述の通り，大阪府・京都府・奈良県では外国人宿泊者が大幅に増えており，この点は近畿地方全体にも当てはまる（表1）。ただし全宿泊者を確認すると，三重県・滋賀県・兵庫県・和歌山県は日本全体より増加率が低く，大阪府・京都府・奈良県と対照的である。兵庫県の増加率は低いものの，2017年の実数では大阪府・京都府（いずれも1350万人以上）に次ぐ約612万人となっている。これに対して，高い増加率を示した奈良県では178万人弱であり，外国人では和歌山県・滋賀県より低い。一方，日本人宿泊者数は一様に低調であるが，特に大阪府・京都府は，全宿泊者数と比べ増加率がほぼ半減している。この点でも，外国人宿泊者の存在感を感じさせる。

次に京阪神周辺地域として，大阪府・京都府・兵庫県の宿泊者の状況を確認する。表2〜表4の通り，3府県とも宿泊者の大半が府県庁所在地に集中しているが，特に大阪市では全体の約85％，京都市では全体で約62％だが外国人に限定すると宿泊者の約98％に及んでいる。大都市で行政機関や企業，商店が多く，鉄道・高速道路も集中し，かつホテル・旅館などの宿泊施設も多いので当然の数値ともいえるが，一方で多くの人を集める観光スポットが各市内に多いことも一因だろう。

表5は日本の代表的な旅行サイト「じゃらんnet」で府県ごとに口コミ数が上位の観光スポットをあげたが，それらの所在地の大半が大阪市・京都市・神戸市となっている。つまり京阪神地域においては，各府県の中核であるこの3市が，観光面においても中心的な都市になっているとみることができる。

（金子直樹）

表2 大阪府地域別の延べ宿泊者数（2016年） （人）

	延べ宿泊者		うち外国人延べ宿泊者	
全 域	31,010,470	100.00%	10,008,830	100.00%
大阪市域	26,337,308	84.93%	8,275,894	82.69%
北大阪地域	1,185,529	3.82%	228,250	2.28%
東大阪地域	518,908	1.67%	110,659	1.11%
南河内地域	64,286	0.21%	1,358	0.01%
泉州地域	2,904,439	9.37%	1,392,669	13.91%

出所：大阪府『大阪の延べ宿泊者数・外国人延べ宿泊者数』（2016年）。

表3 京都府地域別の延べ宿泊者数（2017年） （人）

	延べ宿泊者		うち外国人延べ宿泊者	
合 計	86,867,078	100.0%	3,612,060	100.0%
京都市	53,623,000	61.7%	3,527,895	97.7%
乙 訓	2,234,669	2.6%	1,023	0.0%
山 城	12,701,151	14.6%	13,700	0.4%
南 丹	8,199,119	9.4%	12,352	0.3%
中 丹	4,158,457	4.8%	16,471	0.5%
丹 後	5,950,682	6.9%	40,619	1.1%

出所：大阪府『大阪の延べ宿泊者数・外国人延べ宿泊者数』（2016年）。

表4 兵庫県における入込客数（2017年） （千人）

	総入込数		宿泊客		日帰客	
全県	139,047	100.0%	12,802	100.0%	126,245	100.0%
神戸	39,330	28.3%	5,360	41.9%	33,970	26.9%
阪神南	14,295	10.3%	619	4.8%	13,676	10.8%
阪神北	16,831	12.1%	417	3.3%	16,414	13.0%
東播磨	9,305	6.7%	488	3.8%	8,817	7.0%
北播磨	13,957	10.0%	578	4.5%	13,379	10.6%
中播磨	10,963	7.9%	1,096	8.6%	9,867	7.8%
西播磨	6,605	4.8%	634	5.0%	5,971	4.7%
但馬	10,094	7.3%	2,064	16.1%	8,030	6.4%
丹波	4,655	3.3%	230	1.8%	4,425	3.5%
淡路	13,012	9.4%	1,316	10.3%	11,696	9.3%

出所：平成29年度兵庫県観光客動態調査結果（2017年度）。

表5 「じゃらんnet」における大阪府・京都府・兵庫県の口コミ数上位の観光地

順位	大阪府		京都府		兵庫県	
	名 称	場 所	名 称	場 所	名 称	場 所
1	海遊館	大阪市域	清水寺	京都市	南京町	神戸
2	道頓堀	大阪市域	伏見稲荷大社	京都市	有馬温泉	神戸
3	ユニバーサル・スタジオ・ジャパン（USJ）	大阪市域	京都駅ビル	京都市	姫路城	西播磨
4	梅田スカイビル（空中庭園展望台）	大阪市域	京都タワー	京都市	神戸三田プレミアム・アウトレット	神戸
5	通天閣	大阪市域	渡月橋	京都市	メリケンパーク	神戸
6	阪神百貨店	大阪市域	鹿苑寺（金閣寺）	京都市	六甲山	神戸
7	グランフロント大阪	大阪市域	元離宮二条城	京都市	神戸市立王子動物園	神戸
8	ユニバーサル・シティウォーク大阪TM	大阪市域	天橋立	丹後	城崎温泉	但馬
9	阪急うめだ本店	大阪市域	八坂神社	京都市	北野異人館街	神戸
10	心斎橋商店街	大阪市域	京都水族館	京都市	城崎マリンワールド	但馬
11	関西国際空港	泉州地域	東寺（教王護国寺）	京都市	神戸市立須磨海浜水族園	神戸
12	万博記念公園	北大阪	平等院	山城	三井アウトレットパーク マリンピア神戸	神戸
13	新世界	大阪市域	北野天満宮（天神さん）	京都市	神戸アンパンマンこどもミュージアム＆モール	神戸
14	なんばグランド花月	大阪市域	南禅寺	京都市	姫路セントラルパーク	西播磨
15	天王寺動物園	大阪市域	銀閣寺（慈照寺）	京都市	メリケンパーク・ハーバーランド	神戸
16	りんくうプレミアム・アウトレット	泉州地域	鈴虫寺（華厳寺）	京都市	神戸どうぶつ王国	神戸
17	カップヌードルミュージアム 大阪池田	北大阪	貴船神社	京都市	キッザニア甲子園	阪神南
18	大阪城公園	大阪市域	錦市場	京都市	生田神社	神戸
19	なんばパークス	大阪市域	平安神宮	京都市	外湯めぐり（城崎温泉）	但馬
20	京セラドーム大阪	大阪市域	高台寺	京都市	三宮・元町	神戸

注：順位は2019年1月30日現在。場所は表2〜表4と同一。

IX 観光

2 近世における観光

1 古代・中世の旅

観光というと，近代的な現象と思われがちであるが，より古くから行われていた宗教や医療を目的とした旅に起源を求めうる。

宗教を目的とする旅として，聖地や関連する寺社への巡礼が挙げられる。日本では平安時代後期頃から観音信仰の高まりとともに，観音が祀られた畿内周辺の寺院をめぐる西国三十三所巡礼が成立し，鎌倉時代以降は写し霊場という同様の巡礼が関東（坂東三十三所）など各地に伝播している。また同時期には「蟻の熊野詣」という俗語が残されたように，和歌山県熊野地方に鎮座する熊野三山（本宮・新宮・那智）が，多くの参詣者を集める聖地となった。

医療を目的とする旅として，温泉での湯治がある。『日本書紀』などの六国史には，有馬温泉（現神戸市北区）や白浜温泉（現和歌山県白浜町）での湯治の記述があり，巡礼同様の古い歴史を有していることが確認できる。

こうした巡礼や湯治は，古代・中世には主に天皇や貴族，武士といった支配階層によるものに限定されていた。

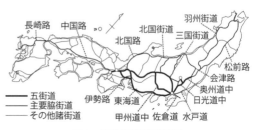

図1　近世主要街道概要図
出所：国土交通省「道の歴史 近世の道 五街道」より作成。

2 近世の物見遊山

近世に入ると，巡礼や湯治が庶民レベルにまで拡大する。戦国時代の混乱を経て成立した江戸時代には，各地の治安が安定したことや，円滑な全国統治を目的とした東海道や中山道に代表される街道が整備されたことなどにより，遠方への旅が容易になったためと考えられる（図1）。こうしたなかで，新たに伊勢神宮や成田山新勝寺などの寺社，あるいは富士山や木曽御嶽山などの霊山なども，多くの参詣者を集めるようになった。

これには，御師（伊勢神宮では「おんし」）と呼ばれる各寺社に属する下級宗教者の活動も関係していた。彼らは，各地を訪れ祈禱・配札活動を行って信仰を広めるとともに，現地では宿坊を営み，巡礼に訪れた参詣者の世話をしてい

図2　「伊勢参宮覚」に載る伊勢参宮ルート

注：1856年（安政3）に現つくば市谷田部を出発。
出所：小野寺（2002）より作成。

表1　近畿周辺の主な名所図会

書名	刊行年	書名	刊行年
京童	1658（明暦4）	摂津名所図会	1796（寛政8）
洛陽名所集	1658（万治元）	和泉名所図会	1796（寛政8）
京童跡追	1667（寛文7）	伊勢参宮名所図会	1797（寛政9）
吉野山独案内	1671（寛文11）	都林泉名勝図会	1799（寛政11）
南都名所集	1675（延宝3）	河内名所図会	1801（享和元）
奈良名所八重桜	1678（延宝6）	播州名所巡覧図絵	1804（文化元）
大和名所記	1681（延宝9）	近江名所図会	1815（文化12）
兵庫名記	1710（宝永7）	天保山名所図会	1835（天保6）
都名所図会	1780（安永9）	浪華の賑ひ	1855（安政2）
拾遺都名所図会	1787（天明7）	宇治川両岸一覧	1860（万延元）
大和名所図会	1791（寛政3）	淀川両岸一覧	1861（文久元）
住吉名勝図会	1794（寛政6）	花洛名勝図会	1864（元治元）

た。彼らの活動は，巡礼者を集め，サービスを提供するという点で，旅行業的な特徴を持っていたと評価されている。

　こうして江戸時代に巡礼は広く行われるようになったが，実際には1ヶ所だけを目的地とするわけではなかった。例えば図2は，東国からの伊勢神宮への参詣ルートを示しているが，伊勢から京都や奈良，さらには四国の金毘羅社まで足を延ばしている。道中では名所・旧跡などを多数見物しており，表向きには巡礼であっても，実態は物見遊山的な性格を有していたと考えられる。

　ただし，当時はまだ鉄道や自動車がなかったので，長距離の旅はそれだけ期間も長くなり，経済的負担も少なくなかった。このため，集落や地域ごとに伊勢講・富士講など「講」と呼ばれる組織を結成し，代参という形態で旅行を実現させた。各講員から毎年お金を少しずつ徴収し，これをまとめて1人ないし数人程度の旅費とし，クジで決められた代表者が参詣するというものであった。これによって，人生で1回あるいは数回の旅に出られるようにしていた。

3　名所図会

　図3のように，江戸や大坂などの都市部周辺には寺社を中心に数多くの名所があった。これらは，徒歩で日帰りできる5里（20km）以内に限定されており，都市住民が日帰り旅行を楽しんでいたことを示唆している。

　こうした江戸時代の日帰り旅行や遠方への巡礼・湯治を端的に示すのが，「名所図会」と呼ばれるガイドブックの存在である。名所図会とは，寺社や旧跡，景勝地の由緒来歴などを，実

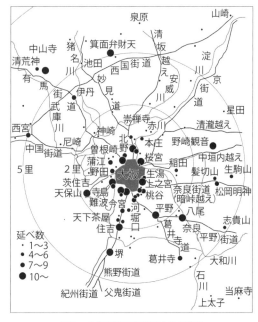

図3　大坂周辺の参詣遊山地の分布
注：延べ数は5点の案内記に記載された名所の数。
出所：田中（1993）より作成。

景描写の挿絵を交えて平易に解説した地誌的な書物である。名所が集中する京都に焦点をあてたものだけでなく，目的地の情報に加えて江戸・大坂・京都などの出発地から目的地までの道中の名所などを紹介した実用的ガイドブックもある。

　表1に挙げたように，近畿地方を取り上げたものだけでも多数の名所図会が刊行されている。名所の多くが近畿に集中していたためだろう。これらの名所図会が販売・流通されたことで，江戸のような近畿から離れた場所でも京都などの名所旧跡の情報は広く共有され，伊勢参りの際に足を伸ばして訪れたい観光地となっていた。つまり，京都の観光地化の起源は近世に求めることができる。

（金子直樹）

IX 観光

3 鉄道と観光

1 私鉄と観光

　明治時代に入ると，1872年の東京—横浜間を皮切りに，各地に近代交通機関である鉄道が整備され始めた。京阪神でも1874年に大阪—神戸間，76年に大阪—京都間で路線が開業し，目的地までの移動時間は飛躍的に短縮された。明治時代後期には経済成長も果たし，中産階級と呼ばれる経済的余裕のある人々が多数現れ，観光需要が増大した。江戸時代から多くの人々を集めていた寺社や温泉地では，鉄道沿線に位置したものを中心に，よりいっそうの観光化が進展した。また江戸時代末期になって流入した欧米文化の影響による新しい観光・レジャー，および関連施設なども誕生した。

　ただ開通当初の鉄道は，官営鉄道（後の国鉄）を中心とした長距離輸送に主眼が置かれ，列車の運転本数も駅数も少なかったため，鉄道が観光に与える影響は小さかった。しかし，明治時代末期になると，東京や大阪では都市化が進展し，大都市中心部と近郊を結ぶ民間鉄道（私鉄）が多く開業して状況は一変する。私鉄によって，沿線の郊外地域は都市住民にとって気軽に出かけられる新たな観光地となった。

2 阪神間地域の観光地化

　例えば，1905年に大阪（出入橋）と神戸（三

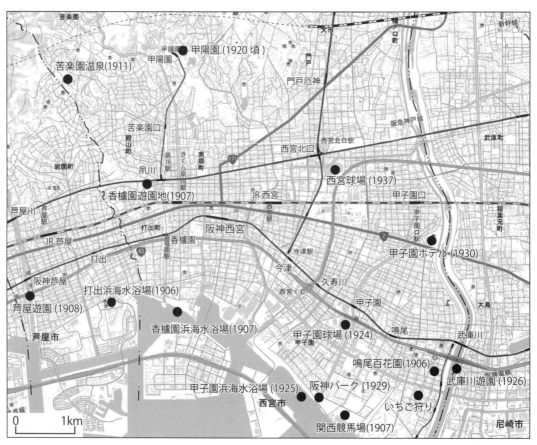

図1 近代における西宮周辺の行楽地
出所：地理院地図を加工して筆者作成。

宮）の間に阪神電気鉄道が開業すると，この直後から沿線地域の観光開発が進展した（図1）。特に現在の西宮市周辺では，武庫川沿いの「鳴尾百花園」（1906年）や夙川沿いの「香櫨園遊園地」（1907年，図2）などの公園，「打出浜海水浴場」（1906年）や「香櫨園浜海水浴場」（1907年，図3），六甲山麓の「苦楽園温泉」（1911年）といった施設が次々に造られた。また鳴尾地区では競馬場（関西競馬場1907年）が開設，特産物としていちごが栽培されて，一帯はいちご狩りの名所となっていった（図4）。

1920年代になると，武庫川支流の枝川が埋め立てられ，その跡地周辺を購入した阪神電鉄が，周辺地域にさまざまな施設を建設した。その嚆矢が1924年に完成した甲子園球場で，現在の高校野球全国大会の前身である全国中学野球大会の会場や，1936年から始まった職業野球（現プロ野球）のチームである大阪タイガース（現阪神タイガース）の本拠地となった。甲子園球場は1924年の十干十二支「甲子」から命名された。この後，旧枝川周辺に建設された遊園地（甲子園娯楽場1929年。後の阪神パーク）やホテル（甲子園ホテル1930年），住宅地などにも甲子園の名称が使用され，第2次世界大戦後には周辺地域の地名（上甲子園・甲子園町・浜甲子園など）として定着した。

3　観光地から住宅地へ

阪神以外の阪急，南海，近鉄，京阪といった私鉄各線も同時期に開通し，沿線の観光開発が行われた。阪急は，箕面有馬電気軌道という名称で現在の宝塚線・箕面線が最初に開通した直後に，それぞれの終点に宝塚新温泉（1911年）と箕面動物園（1910年）を開業した。南海は，1885年末に難波―大和川間が最初に開通すると，近代的公園としていち早く整備された堺の大浜公園（1879年）や浜寺公園（1873年）周辺にも路線が延伸され，大阪中心部から多くの行楽客を運んだ。南海はまた，海水浴場整備や水族館経営も行った。近鉄と京阪も，それぞれの路線沿線に遊園地（菖蒲池遊園1926年，生駒山上遊園地1929年，香里遊園地（現ひらかたパーク）1910年）を開業した。

図2　香櫨園遊園地のウォーターシュート
出所：阪神電気鉄道株式会社臨時社史編纂室編（1955）

図3　香櫨園浜海水浴場（1955年頃）
出所：にしのみやデジタルライブラリー

図4　鳴尾のいちご狩り
出所：阪神電気鉄道株式会社臨時社史編纂室編（1955）

ただしこれらの開発は，多くが住宅地開発と同時並行で行われており，純粋な観光地開発とは言い難い側面もあった。第2次世界大戦後の高度経済成長期に沿線の住宅地化がいっそう進展すると大半の施設が閉鎖され，観光地としての特徴を失った。とはいえ，大阪のような大都市の郊外地域開発の初期には，観光が大きな役割を占めていたのである。　　　（金子直樹）

IX 観光

4 戦後のマスツーリズム

1 マスツーリズム

明治以降に進展してきた日本の観光は，第2次世界大戦によっていったん衰微したものの，戦後の混乱が収束し始めた1950年頃から再び拡大した。特に50年代後半からの高度経済成長に伴う所得の上昇，新幹線や高速道路の整備による移動の高速化などを背景に，観光が広く浸透し大衆化するマスツーリズムが勃興した。

全国各地の有名温泉地では，大人数が宿泊可能で，大宴会場を併設した大型の温泉ホテルが次々に誕生した。これは企業による社員の福利厚生を目的にした団体旅行や，戦前は少数であった新婚旅行などが盛んに行われるようになってきたことに対応した施設であった。

また，各地に海水浴場やスキー場が続々と開設し，その周辺はホテル・旅館・民宿が集まる観光地となった。山間地や海岸部には，大規模な別荘地やゴルフ場が造成された。さらに大都市近郊には，ジェットコースターなどのアトラクションを備えた遊園地や，浴場と演芸場をセットにしたようなヘルスセンターと呼ばれる娯楽施設が開業し，多くの人々を集めた。

2 有馬温泉の発展

こうした活況は京阪神地域でもみられた。例えば，六甲山地の北麓に位置し，古代以来の歴史を持つ有馬温泉では，1960年代後半から従来の温泉地周辺の山林が切り開かれ，そこに大型温泉ホテルが林立するようになった（図1・図2）。これらは，神戸電鉄経営の「有馬ヘルスセンター」のように新しく営業を始めたものだけでなく，「兵衛向陽閣」のように移転・拡張したものや，「中の坊」が創業した「有馬グランドホテル」のように，事業拡大を狙ったものも少なくなかった。図2は1958年と1967年頃に神戸電鉄有馬温泉駅北側の高台から撮られた有馬温泉の景観であるが，10年間に，温泉ホテルと思われる大型建築物が増えている様子を確認できる。

この結果，旅館・ホテルごとの部屋数や収容人数は飛躍的に拡大した（表1）。これと連動するように，最寄りの神戸電鉄有馬温泉駅の乗客数の推移は，1950年頃の40万人台から70年代

表1　有馬温泉の旅館数・平均部屋数・平均収容人員

時期	旅館数	平均部屋数	平均収容人員
昭和初期	29	15.9	—
1960年代後半	28	31.5	115
1988年	27	49.7	234.8
1998年	27	49.2	235.7

出所：有馬温泉観光協会50周年記念誌編集委員会編（1999）

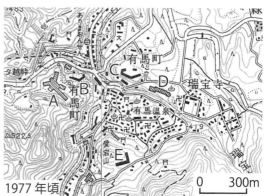

図1　有馬温泉の変貌（1）

注：A有馬グランドホテル，B陵楓閣，C兵衛向陽閣，D有馬ヘルスセンター，E簡易保険保養センター。
出所：1935年二修「有馬」・1932年要修「宝塚」・1977年二改「有馬」「宝塚」を加工して筆者作成。

図2　有馬温泉の変貌（2）
出所：日本国有鉄道編（1959・1968）

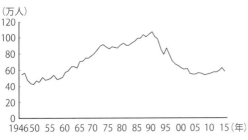

図3　有馬温泉駅の乗客数
出所：神戸市統計書。

末には80万人台まで約2倍に増加している（図3）。

以上のように，古い湯治場の有馬温泉も，マスツーリズムによって，数多くの観光客を受け入れる一大温泉地となった。図4は1962年にオープンした有馬ヘルスセンターの広告であるが，ニジマスの釣り堀や，遊園地のアトラクションが描かれている。同センターには演芸場やプールなども併設されており，温泉を中心にした複合レジャー施設として有馬温泉の大衆化を象徴する施設であった。

1990年代後半以降は，阪神・淡路大震災の影響もあって来訪者・宿泊者とも減少し，廃業する旅館があらわれた。有馬温泉ヘルスセンターも2005年に「有馬温泉　太閤の湯」と称する温泉に特化した施設へとリニューアルされた。近年では外国人観光客が増加し，有馬温泉は再び活況を呈するようになっている。

このように，有馬温泉では，時代とともに変化しながらも，マスツーリズムの中で出現した大型温泉ホテルが林立する景観を現在なお確認できる。

（金子直樹）

図4　有馬ヘルスセンターの広告
出所：日本国有鉄道編（1968）

IX 観光

5 ディスカバー・ジャパン

1 「古きよき日本」への関心

1950年代後半から60年代にマスツーリズムが発展した後，1970年頃になると新たな観光の動きが起こった。高度経済成長による社会の変化により，失われつつあった前近代的な生活文化や建築物などを「伝統文化」として再評価する意識が高まった。1970年10月から国鉄（現JR）が開始した「ディスカバー・ジャパン・キャンペーン」は，こうした意識を象徴するイベントとして特筆される。

キャンペーンの正式名称「ディスカバー・ジャパン・マイセルフ　美しい日本と私」の通り，コンセプトは旅をしてあまり知られていない「美しい日本」を発見する，というものであった。従来の受動的な団体旅行にはない旅行者の自発性を重視し，一人旅や少人数の旅を理想とした。そのため美しい日本を特定の場所として明示せず，旅行者がさまざまな土地で美しい日本をみつけることが期待されたのである。

ただ実際には，希少性が増していた前近代的な佇まいを残す場所がポスター（図1）や書籍，テレビ番組などで取り上げられた。このため，京都や京都に準じる「小京都」と呼ばれる地方都市が注目を集めたり，古いまちなみを残す場所に多くの観光客が訪れたりするようになった。

表1は当時刊行された旅行ガイドブックの一

表1　日本交通公社（JTB）『ポケットガイド』一覧

巻数	タイトル	初版	巻数	タイトル	初版
1	北海道	1970	23	伊勢・志摩	1971
2	北海道東・北部（阿寒・知床・大雪山）	1971	24	琵琶湖・若狭（近江・若狭）	1971
3	北海道南部（洞爺・支笏・積丹）	1971	25	京都	1970
			26	奈良	1970
4	東北	1971	27	大阪・神戸	1970
5	十和田・八幡平（十和田・下北・津軽）	1971	28	南紀	1970
			29	山陰	1971
6	陸中海岸（陸中海岸・八幡平・平泉）	1971	30	瀬戸内海・山陽	1971
			31	四国	1971
7	磐梯・蔵王（蔵王・松島・出羽三山）	1971	32	九州	1970
			33	雲仙・天草・西海	1971
8	那須・塩原	1970	34	阿蘇・南九州（南九州・奄美）	1970
9	日光（日光・鬼怒川）	1970	35	沖縄・奄美（沖縄）	1973
10	房総・水郷（房総・水郷・筑波）	1971	36	木曽路	1977
11	東京	1970	37	高山	1977
12	鎌倉	1971	38	金沢・能登	1977
13	箱根	1970	39	タウン京都	1977
14	伊豆	1970	40	倉敷・尾道	1977
15	伊豆七島（伊豆七島・小笠原）	1971	41	萩・津和野・山口	1977
			42	札幌・函館・小樽	1977
16	富士五湖（富士山・富士五湖）	1971	43	奥多摩・秩父	1977
			44	横浜	1977
17	上州・越後・佐渡（赤城・草津・谷川）	1972	45	三浦半島	1977
			46	立山・黒部	1977
18	志賀・草津（志賀高原）	1971	47	長崎	1977
			48	磐梯・会津・猪苗代	1977
19	蓼科・美ガ原（蓼科・霧ヶ峰・八ヶ岳）	1971	49	佐渡	1977
			50	軽井沢	1977
20	上高地・乗鞍（上高地・乗鞍・美ヶ原）	1970	51	信州	1977
			52	飛鳥・山の辺	1977
21	北陸	1970	53	松江・隠岐	1977
22	東海・名古屋	1970	54	尾瀬	1978

表2　1970年代『an・an』『non-no』における神戸特集記事

雑誌名	巻号	発行年月日	記事タイトル
non-no	2巻22号	1972.12.5	エトランゼの詩が流れる神戸
an・an	4巻14号	1973.7.20	神戸探検
non-no	4巻2号	1974.1.20/2.5	異国情緒の港町　神戸
non-no	5巻18号	1975.10.5	Exotic Story 潮風のメルヘン　神戸10の物語
an・an	7巻19号	1976.9.20	①神戸・異国情緒　②神戸・北野に若者の街が誕生する
an・an	8巻24号	1977.12.5	神戸異人館歴訪
non-no	7巻11号	1977.6.20	神戸・夏の手帖 異人館の並ぶ坂道を白い風が駆け抜けていく
an・an	9巻22号	1978.11.20	an・an探して歩く旅　神戸新発見
an・an	10巻15号	1979.7.11	神戸サウンド・トリップ
an・an	10巻22号	1979.9.21	神戸　異人館に泊まる
non-no	9巻16号	1979.9.5	神戸—異人館のある街を歩く

図1　ディスカバー・ジャパンのポスター
出所：筆者蔵。

覧である。35巻までは北の北海道から南の沖縄と，従来の観光地を追っている。しかし70年代後半になると，ディスカバー・ジャパンの影響

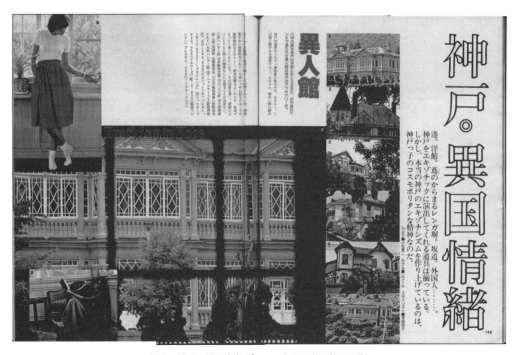

図2　神戸・異国情緒（『an・an』1975年9月20日号）

と思われる場所が加えられた。今でこそ有名観光地となった倉敷・飛騨高山・萩などは，この時期から急速に観光地化していった。

　ディスカバー・ジャパン・キャンペーンと同時期に創刊された女性雑誌『an・an』『non-no』も，旅行に関心を寄せ，特集記事をほぼ毎号掲載した。そこで取り上げられたのは京都や小京都で，国鉄のキャンペーンとオーバーラップした。これらの雑誌に影響を受けた多くの女性たちは実際に旅行にでかけるようになった。彼女たちは雑誌記事で紹介された場所を訪れ，ガイドブック代わりに雑誌を現地に持っていく者もあった。こうした女性は雑誌名にちなんで「アンノン族」と呼ばれた。雑誌記事を頼るアンノン族の行動は，自発性を重視するキャンペーンコンセプトとは異なっていたが，ディスカバー・ジャパンを象徴する存在であった。アンノン族は男性に代わって女性が主たる観光の消費者になっていく原点とみなすことができる。

2　神戸北野の観光地化

　70年代には，小京都以外にも神戸・横浜・長崎・函館，あるいは別荘が広がる軽井沢や広大な北海道など，いずれも非日本的イメージを有する新たな観光地が注目された。特に近代初頭から欧米諸国に開かれた港町の神戸や横浜は，いち早く導入された欧米風の文化や建築物が残るエキゾチックな場所として人気を博した。

　1971年8月まで為替は1ドル＝360円の固定相場だったため，外国旅行の費用は現在とくらべ高額なものであった。このため，アメリカやヨーロッパのような異国情緒を感じさせる国内の場所が注目されたという背景もあった。

　表2は『an・an』『non-no』における神戸特集の記事一覧である。両誌とも数年間で何度も神戸を取り上げており，観光地としての人気の高さがうかがえる。図2に示した誌面では「神戸・異国情緒」のタイトルに続き「港。洋館。蔦のからまるレンガ塀。坂道。外国人……。神戸をエキゾチックに演出してくれる道具は揃っている」とそのイメージを表現している。

　外国人の住居であった「異人館」が多く残る北野町周辺が神戸の新たな観光スポットになったのは，そこを舞台にしたNHKの朝の連続テレビ小説『風見鶏』が1977年10月3日から78年4月1日まで放映されたことがきっかけという説明があるが，雑誌記事の通り，実際にはそれ以前から注目を集めていたことが確認できる。

（金子直樹）

IX 観光

6 文化財という観光資源

1 世界遺産・文化財という観光資源

1993年に法隆寺・姫路城・屋久島・白神山地がユネスコ世界遺産に登録されて以降,世界遺産に対する社会的関心が高まり,世界遺産訪問を目的とする観光が定着してきた。世界遺産は日本ユネスコ協会連盟によって「過去から引継ぎ,未来へと伝えていかなければならない人類共通の遺産」と定義されるが,観光資源という要素も包含しているのである。

文化遺産と自然遺産からなる世界遺産はユネスコが設定したものだが,同様のものとして日本には文化財や自然公園(国立公園・国定公園など)を認定する法律がある。例えば,法隆寺は建物や仏像が国宝や重要文化財に,屋久島は国立公園に指定されている。図1は地方別にみた文化財指定数の内訳だが,近畿地方が日本全体の3分1以上,京都府・奈良県・大阪府のみで5分の1以上を占めている。この中には京都の清水寺や南禅寺,知恩院,奈良の法隆寺,興福寺,東大寺といった,多くの観光客が訪れる名所が含まれる。このように,文化財・自然公園を認定する法律にも,世界遺産と同じく観光資源の側面がある。

2 重要伝統的建造物群保存地区と観光化

かつては,学術的見地によって認定される文化財と経済的利益をもたらす観光資源とは異なるものであるという意識が強かった。しかし,1970年代のディスカバー・ジャパン・キャンペーン(IX-5)に代表される,伝統文化再評価の中で,文化財の観光への積極的な活用が図られるようになった。特に1975年の文化財保護法改正で,新たに設定された重要伝統的建造物群保存地区(伝建地区)がこの傾向を強化した。伝建地区とは,江戸時代の雰囲気を残すために観光化しつつあったまちなみを,住民の生活に考慮しながら文化財として保全を図る地区をいう。

近畿地方では,京都の清水寺から八坂の塔を経て円山公園までの伝統的な町家が続く産寧坂と,料亭や茶屋が並ぶ花街の祇園が,最

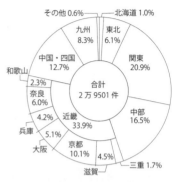

図1 都道府県別指定等文化財内訳(2018年)
出所:文化庁資料より筆者作成。

初に伝建地区に選定された(1976年)。これ以前から観光客が多く,土産物屋や飲食店が多数並んでいたため,歴史的環境の維持が急がれた地区であった。以降,大阪府富田林市の寺内町(III-6)や奈良県の今井町,城下町の遺構が残る兵庫県の篠山,かつては欧米人用の住宅であった「異人館」が多く残されていた神戸の北野町や山本通(IX-5)など,旧来の佇まいを残す約20以上が伝建地区に選定されている(図2)。伝建地区では,古い建造物群の保存を意図する一方,図3にみられるように復元的措置や景観に配慮した「修景」的な取り組みも行われており,文化財の学術的な理解とは異なる整備が進展している。つまり,古いものがそのまま残されているのではなく,観光という目的に合わせて,歴史的場所が整備・創造されているとも捉えられる。

3 観光資源化の拡大

文化財の観光資源化は,21世紀以降,伝建地区以外にも拡張されつつある。2004年に良好な景観形成を主眼とした景観法が制定され,1919年の都市計画法で景観を維持するために設定された「美観地区」に代わり,良好な景観の整備を可能とする「景観地区」が新たに設定された。これは基本的に住民のための景観整備を主眼に

するといいながら，京都市の「歴史遺産型美観地区」，三重県伊勢市伊勢神宮門前の「内宮おはらい町地区」，和歌山県高野町の「高野山景観地区」など，観光のための景観整備地区もあり，伝建地区以上に歴史的環境の整備・創造が進められている。

また，景観法制定と連動した文化財保護法改正により，これまで保護の対象になってこなかった「棚田」などの農地や人の手が加わった「里山」も含む「重要文化的景観」が登場した。近畿地方でも，「近江八幡の水郷」(2006年) や「高島市海津・西浜・知内の水辺景観」(2008年) といった琵琶湖周辺の地区が重要文化的景観に選定されている。

さらに2008年には「地域における歴史的風致の維持及び向上に関する法律」(歴史まちづくり法) が制定され，文化財に認定された建造物周辺地区の整備が行われることになった。このように伝建地区制定以後は，個別の文化財のみならず，歴史的環境という周辺景観までを対象にした保全と創出が進展している。

文化財の認定を行ってきた文化庁でも，近年は「文化遺産を活かした観光振興・地域活性化事業」(2011年～) や，地域に存在する複数の文化財などを1つのストーリーの下にパッケージ化して，活用を図ろうとする「日本遺産認定事業」(2015年～) などを進めている。このような文化財の観光資源化は，今後も推進されるだろう。なぜなら，伝建地区

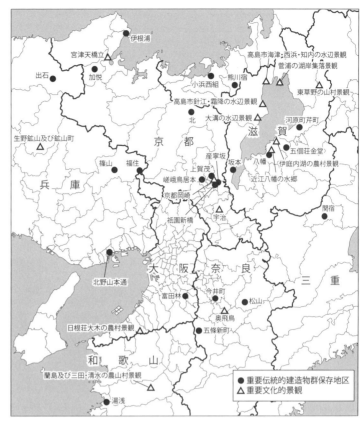

図2 近畿地方周辺における重要伝統的建造物群保存地区・重要文化的景観 (2018年10月現在)

図3 1960年頃 (左) と2019年 (右) の産寧坂
出所：左＝臼井 (1961)，右＝山口覚撮影 (2019年2月)。

や景観地区は，真正な歴史的・文化的遺産の正統性・権威を保証し，観光資源としての魅力を高める効果をもたらすからである。外国人観光客が増加し，より「日本らしい」伝統の魅力が注目される中で，世界遺産や文化財の認定制度は，その魅力を創出するためのツールになっている。

(金子直樹)

IX 観光

7　ウォーターフロントの観光地化

　大阪市の海遊館（1990年）や神戸市のハーバーランド（1992年）はウォーターフロントのアミューズメント施設・空間である。それらが開設される以前には一般の人々が遊びに行くようなところではなかった。ウォーターフロントの観光地化は脱工業化 IV-7 VI-1 と深い関わりがある。

1　大阪北港の海遊館とUSJ

　海遊館のある天保山は1832年（天保3）に完了した安治川の浚渫工事による土砂を積み上げてできた小山に由来する。大阪市の第1次市域拡張 V-2 と同じ1897年に天保山での築港工事が開始されてから、大阪北港一帯には港湾機能や工場が集積するようになる（図1）。

　天保山には多数の倉庫があり、陸上での貨物輸送は国鉄大阪臨港線の貨物駅の大阪港駅を通じて行われた。安治川をはさんで対岸にあたる桜島の開発も進められ、ここにも倉庫群や石油輸送の中継地である油槽所が置かれた。また、住友金属工業（A）や日立造船（B）の巨大工場が立地し、国鉄桜島線の貨物用支線が張り巡らされていた。日立造船の造船部門は1966年に堺工場に移されたものの、用地はその後も機械工場として運用された。しかし1997年に機械部門が熊本県の有明工場に移されると、桜島工場は廃止された。また貨物船用埠頭が大阪南港に移ってからは鉄道貨物の輸送も減少し、1986年には大阪臨港線も廃止された。

　大阪港駅や倉庫群の跡地では「みなとまち再生」を目指して285億円の再開発事業が進められ、世界最大級という水族館の海遊館（図1の1）を中核施設とする天保山ハーバービレッジ（総面積4ha）が1990年にオープンした。マーケットプレース（図1の2）の横には、開設当時は世界最大だった天保山大観覧車もある。

　大阪市は1995年に「国際集客都市」構想を打ち出し、大阪北港へのさらなる集客施設としてユニバーサル・スタジオ・ジャパン（以下USJ，総面積54ha）の誘致に成功した。日立造船の跡地と住友金属工業の工場用地の一部が誘致先となった。1997年に、住友金属工業が廃棄していた重金属による土壌汚染が発覚したものの、USJは2001年にオープンした。JR桜島線も再整備され、桜島駅の移転、ユニバーサルシティ駅（図1の3）の新設もなされた。USJはオー

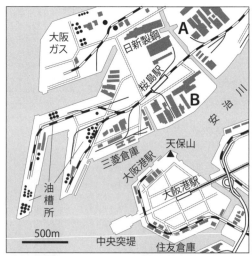

図1　天保山・USJ界隈の変容（1970年代［上］・2010年代［下］）
注：図中のAは住友金属工業（現日本製鉄）製鋼所、Bは日立造船桜島工場、1は海遊館、2は天保山マーケットプレース、3はJRユニバーサルシティ駅を示す。

図2　USJの入場者数（2001～2016年度）

図3　ハーバーランド界隈の変容（1970年代［上］・2010年代［上］）
注：図中のAは神戸市産業振興センター，Bはホテルクラウンパレス，Cは神戸情報文化ビルを，上図中の水域の破線は下図の海岸線を示す。

プンすぐには不祥事などで入場者数が伸び悩む時期もあったが，2010年代には外国人観光客を含めて入場者数が年々増加している（図2）。

天保山やUSJは阪神高速湾岸線によるアクセスに恵まれている。関西国際空港から訪問しやすい場所にあることは重要であろう。

2　神戸ハーバーランド

神戸市のハーバーランド（総面積23ha, 図3）は1985年に再開発事業着工，1992年に「街びらき」した。テーマは「海につながる文化都心の創造」であり，事業費は約4000億円とされた。

ハーバーランドの前身もまた，大阪北港の海遊館やUSJと同様に貨物駅や倉庫であった。ここには国鉄湊川駅があり，その支線は南にある川崎重工業の造船工場まで伸びていた。湊川駅は1982年には貨物駅としての役割を終え，1985年に廃止された。また海に面した場所には三菱倉庫の倉庫群があった。

この土地は，横浜市の「みなとみらい21」事業とともに政府が主導した工場跡地などの大規模再開発計画の対象となり，税制上の優遇による民間活力の導入が図られた。例えば三菱倉庫はハーバーランドの再開発後も同地の事業に携わってきた。商業施設であるモザイクは三菱倉庫の建物の一部をそのまま使っている。神戸西武百貨店，神戸阪急，ダイエーといった大型商業施設もつくられた。神戸市行政はこの土地を「港と街が一体化した新都心として再生しようというウォーターフロント再開発計画地区」（朝日新聞1990年9月10日）と位置づけ，神戸市の行政関連機関も設置した（図3のA）。

もっとも，ハーバーランドでの商業活動は必ずしも満帆ではなかった。阪神・淡路大震災（1995年）の影響もあったが，その1年前の1994年には神戸西武百貨店が「ハーバーランド内の競合というより，三宮駅前などとの競争に負けた」（朝日新聞1994年7月23日）ため撤退した。さらに2005年にはダイエーが，2012年には神戸阪急が撤退した。図3のようにハーバーランドはJR神戸駅に近接しているが，その間に国道2号線とその上を通る阪神高速神戸線があり，駅からのアクセスに問題があると当初から指摘されてきた。もともと一般の人は立ち入らない場所であり，再開発に際してアクセスを深慮すべきであったとの批判もある。

その後，ダイエーや神戸阪急が入っていた大型施設がイオンモールと三菱倉庫によってリニューアルされた。これらのモール（ノースモール・サウスモール）とモザイクを合わせて，2013年からは225店舗によって構成される「神戸ハーバーランドumie」となっている。

ハーバーランドでは，特に阪神・淡路大震災後には商業施設よりもむしろ集合住宅が増加する傾向にある。

（山口　覚）

IX 観光

8 増加する外国人観光客

1 インバウンドの急増

近年，大阪駅や京都駅，あるいは大阪城や清水寺などでキャリーバックを持った外国人と思しき人々を多く見かける。これは明らかに外国から多数の観光客が訪れていることを示唆している。日本を訪れる外国人の観光旅行はインバウンドと呼ばれ，現在の日本の観光において重要な現象となっている。

図1は国・地域別訪日外国人入国者数（上位6位まで）を示している。これによれば訪日外国人数は2000年頃には年間500万人弱であったが，13年には1000万人を超え，17年には2700万人を超えるまでになった。地域別では，日本に隣接する韓国・中国・台湾などの東アジアからの訪問増が確認される。この要因として，2003年から開始された日本政府による「ビジット・ジャパン・キャンペーン」ならびにこれと関連した短期滞在査証（観光ビザ）の緩和や免除，さらに中国などでの外国旅行の流行が挙げられる。

この結果，大都市のみならず各地の観光地には，外国人の宿泊・飲食・買物による大きな経済的利益がもたらされた。こうした活況は，観光地や旅館・ホテルはもちろん，百貨店や大型量販店，ドラッグストアでも外国語の案内表記や外国人向け商品・サービスが充実していることから確認できる。

図2にあげたように，1人当たりの買物額では一様ではなく，中国人が最も多い。2015年には，外国人が大量の商品を購入するいわゆる「爆買い」が報じられたが，これは主に中国人観光客によるものであった。

一方，訪日外国人の平均宿泊日数は，入国者とは反対に全体的に低下傾向にある（図3）。これはビザの緩和により日本へ行きやすくなった結果，短期旅行のリピーターが増加したためと考えられる。

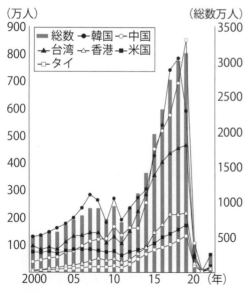

図1 国・地域別訪日外国人入国者数（2000-22年）
注：2022年は11月までの数値。
出所：法務省出入国管理統計。

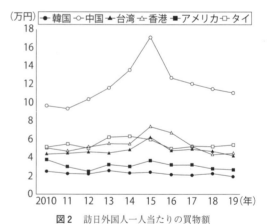

図2 訪日外国人一人当たりの買物額
出所：観光庁訪日外国人消費動向調査。

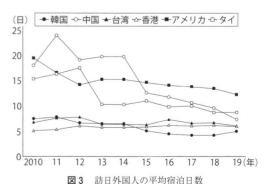

図3 訪日外国人の平均宿泊日数
出所：観光庁訪日外国人消費動向調査。

2　京阪神地域の概況

　京阪神地域は，歴史的観光地が多いこともあって，訪日外国人が特に増えた地域といえる。図4は空港別の訪日外国人入国者数である。2000年代後半には成田空港の半分以下であった関西空港利用者が，10年代には成田に迫るほど急増している。関西空港は訪日外国人にとって成田と並ぶ日本の主要空港の地位を確立したといえる。それはすなわち，京阪神地域に多くの外国人観光客が訪れていることも示している。

　では彼らは具体的に京阪神地域のどこに行っているのだろうか。表1は，世界最大級の旅行サイト「Trip Advisor」に掲載された京都市・大阪市の観光地のうち，口コミ数上位を示したものである（書き込まれた主要言語別）。口コミ数が多いのは，京都の伏見稲荷大社・金閣寺・清水寺，大阪の道頓堀やユニバーサル・スタジオ・ジャパン（USJ）・大阪城などで，どの言語も大きな差はなく，日本人と同じような観光行動をとっていると思われる。

　しかし例えば，京都市内が一望できる嵐山モンキーパークや，町家を再現している大阪くらしの今昔館など，日本語の書込数が少ない場所も上位に位置している。また中国語の書込では，簡体字・繁体字いずれも錦市場や黒門市場，心斎橋といった商業地が，他言語より多く書き込まれていることから，日本人があまり訪れない人気スポットを確認できる。

　政府のビジット・ジャパン・キャンペーンは，当初は年間訪日外国人数の目標を1000万人としていたが，2013年に目標を達成したことを受けて，20年に4000万人，30年に6000万人と目標を上方修正した。観光目的の外国人数は，今後も増加していくものと想定されるが，2008〜09年と2011年にリーマン・ショックと東日本大震災の影響で入国者数が減少している。インバウンドは従来の国内観光以上

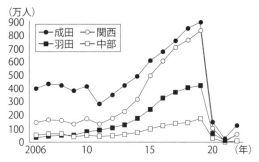

図4　空港別訪日外国人入国者数（2006-22年）
注：2022年は11月までの数値。
出所：法務省出入国管理統計。

に，こうした国外の社会経済状況や国内の自然災害などの影響を受けやすい。

　2020年には新型コロナウイルス感染症のパンデミックにより3月以降入国が制限され，訪日外国人数は前年より9割以上減少した。観光に関連する短期滞在資格で入国した外国人は1月には226万人以上であったが6月にはわずか224人と1万分の1以下まで激減した。インバウンドは一時的に「絶滅」状態となり，観光関連業者は大影響を受けている。

（金子直樹）

表1　「Trip Advisor」にみる京都市内・大阪市内観光地の書込言語別順位

京都市内観光地	日本以外	英語	中国(簡)	中国(繁)	韓国	タイ	日本
伏見稲荷大社	1	1	1	1	2	1	1
金閣寺	2	2	3	3	3	2	3
清水寺	3	3	2	2	1	3	2
祇園	4	4	8	8	5	5	10
二条城	5	5	6	6	10	8	6
嵐山	6	6	5	5	6	4	4
錦市場	7	7	4	4	12	11	8
銀閣寺	8	8	13	13	4	6	9
京都駅ビル	9	10	7	7	11	9	15
竹林の道	10	11	14	14	9	7	24
三十三間堂	11	12	9	9	19	26	5
哲学の道	12	13	11	13	7	15	25
嵐山モンキーパーク	13	9	21	22	34	34	75
龍安寺	14	14	22	21	15	24	21
京都御所	15	15	18	18	26	25	17

大阪市内観光地	日本以外	英語	中国(簡)	中国(繁)	韓国	タイ	日本
道頓堀	1	1	1	1	1	1	2
USJ	2	2	2	2	2	3	1
大阪城	3	3	6	6	4	2	3
大阪城公園	4	5	5	5	5	4	5
海遊館	5	4	8	8	12	6	4
心斎橋	6	6	3	3	6	5	8
空中庭園展望台	7	8	7	7	3	10	9
黒門市場	8	7	4	4	8	11	12
天保山大観覧車	9	9	10	10	9	7	23
ミナミ（難波）	10	10	12	12	11	8	11
HEP FIVE 観覧車	11	12	11	11	7	9	31
通天閣	12	16	9	9	14	13	7
梅田スカイビル	13	11	29	27	17	21	47
大阪くらしの今昔館	14	14	17	17	10	12	41
新世界	15	15	14	14	15	14	10

注：日本以外：日本語以外，中国（簡）：中国語簡体字，中国（繁）：中国語繁体字，韓国：韓国語，タイ：タイ語，日本：日本語。2018年7月14日現在の書込数を集計。

Column

7　神戸のエスニック宗教施設

　神戸市中央区の三宮駅～北野周辺には多様なエスニック宗教施設がある（図1）。

1　関帝廟（1888年）

　神戸市中央区には多くの中国人が居住し，南京町もある（Ⅷ-5）。関羽を主神とする関帝廟は観光地として知られるが，華僑の葬儀の多くがとり行われる重要な宗教施設でもある。近くに立地する神戸中華同文学校は，前身の神戸華僑同文学校（1899年設立）から100年以上の歴史を持ち，小中学生相当の子どもたちが通っている。

2　神戸ムスリムモスク（1935年）

　ロシア革命後，信仰を守るために中央アジアから難民として来日したムスリムのための日本最初のモスク。1975年に宗教法人として認められた。第2次世界大戦中の空襲によって神戸市街地は焼け野原になったが，モスクは焼けなかった。現在ではパキスタン系の人々が多いとされ，貿易や留学などで来日するムスリムの生活の拠点となっている。

　毎週金曜日の正午の礼拝時間は集団礼拝のため多くの信者が集まるほか，結婚式や葬儀も行われる。毎週日曜日には子どものためのクルアーン（コーラン）勉強会が開かれている。礼拝の際にはスピーカーを使って呼びかけ（アザーン）がなされるが，付近住民の苦情はないという。モスク周辺にはハラール食品の小売店もある。

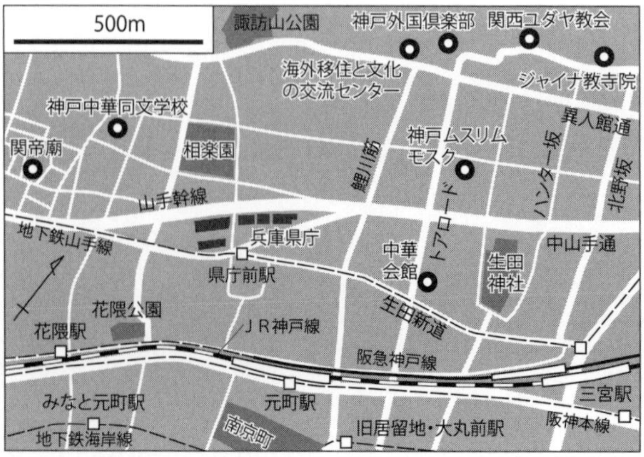

3　関西ユダヤ教会（1970年）

　正式名称はオヘル・シェロモー・シナゴーグ。真珠貿易などに従事するユダヤ教徒が建てた。神戸に最初のシナゴーグができたのは1912年である。神戸には長崎から，さらに関東大震災（1923年）を機に横浜から，ユダヤ人が移動した。その結果，日本におけるユダヤ人の活動拠点は神戸となった。特に主要な祭礼である4月中旬以降の過越祭（Passover）には，多い時で200人もの信者が集まる。また毎週の安息日（金曜日の日没～土曜日の日没）には礼拝が行われる。

4　ジャイナ教寺院（1985年）

　建材の大理石はインドから取り寄せ，日本の建築業者が建設した。ジャイナ教徒の多くは寺院から徒歩圏内に住み，毎日参拝する。

　ジャイナ教はインド西部のグジャラート州を中心に信仰されていて，厳格な菜食主義，殺生の禁止で知られる。同州出身者＝グジャラーティは宝飾関連の貿易のために来日し，神戸では真珠，東京ではダイヤモンドを取り扱う。

　神戸市にはパキスタン南部出身のヒンドゥー教徒で繊維や電化製品の貿易を担うシンディ，インド北西部からパキスタン東部出身のシク教徒で雑貨や自動車部品を扱うパンジャービも多い。三者は相互に関係を持つが，言語も宗教も異なるため，一定程度独立している。神戸市内にはジャイナ教寺院のほかにシク教寺院，ヒンドゥー寺院もある。　　　（山口　覚）

図1　神戸市三宮周辺のエスニック宗教施設など

資　料

1　関連略年表

2　地形図の比較

　　1890年代の京都市中心部　1930年代の京都市中心部　1970年頃の京都市中心部

　　1890年代の大阪市中心部　1930年代の大阪市中心部　1970年頃の大阪市中心部

　　1910年代の神戸市中心部　1930年代の神戸市中心部　1970年頃の神戸市中心部

関連略年表

古代～近世（飛鳥・奈良・平安・鎌倉・室町・戦国・江戸時代）	710	平城京遷都［奈良］
	794	平安京遷都［京都］
	1180	大輪田泊修築，福原京遷都［神戸］
	1467	応仁の乱はじまる［京都など］
	1496	蓮如，石山本願寺を築く［大阪］
	1582	本能寺の変［京都］
	1584	豊臣秀吉，大坂城へ［大阪］
	1586	聚楽第の建設着工［京都］
	1591	御土居の建設［京都］
	1600	関ヶ原の戦い
	1603	徳川家康，江戸幕府をひらく
	1614	大坂冬の陣［大阪］
	1615	大坂夏の陣［大阪］
	1672	河村瑞賢，西廻海運（航路）を確立
	1704	大和川の付け替え工事開始
	1853	ペリー来航
	1854	日米和親条約
	1858	日米修好通商条約
近代（明治時代～第二次世界大戦）	1867	大政奉還，王政復古宣言
	1868	川口・神戸居留地開設［大阪・神戸］
	1869	東京へ遷都（奠都）
	1870	大阪造兵司（後の大阪砲兵工廠）設置
	1871	造幣局設置［大阪］，廃藩置県
	1874	大阪―神戸間鉄道開通（現JR神戸線）
	1885	淀川洪水［大阪］，阪堺鉄道（後の南海）営業開始
	1889	市制町村制
	1890	琵琶湖第一疏水完成
	1894	日清戦争（～1895年）
	1895	第4回内国勧業博覧会［京都］
	1896	旧河川法制定，淀川の付け替え工事開始
	1897	大阪市第一次市域拡張
	1903	第5回内国勧業博覧会［大阪］
	1904	日露戦争（～1905年）
	1905	阪神電気鉄道営業開始
	1910	箕面有馬電気軌道（後の阪急）営業開始，京阪電気鉄道営業開始，韓国併合
	1914	大阪電気軌道（後の近鉄）営業開始，第1次世界大戦（～1918年）
	1923	関東大震災
	1925	大阪市第二次市域拡張，「大大阪」へ
	1929	世界大恐慌
	1931	満洲事変
	1933	地下鉄御堂筋線開通［大阪］
	1934	室戸台風
	1937	御堂筋の拡幅竣工［大阪］，日中戦争（～1945年）
	1938	阪神大水害
	1939	大阪第二飛行場（現大阪国際空港）開設，第2次世界大戦（～1945年）
	1941	アジア太平洋戦争（～1945年）
	1945	大阪・神戸大空襲，ポツダム宣言受諾，終戦
現代（第二次世界大戦後～）	1950	朝鮮戦争（～1953年，休戦協定），ジェーン台風
	1952	サンフランシスコ講和（平和）条約
	1955	高度経済成長期（～1973年）
	1961	第二室戸台風
	1962	千里ニュータウン入居開始
	1963	名神高速道路開通，新住宅市街地開発法
	1964	東海道新幹線開通，東京オリンピック
	1967	公害対策基本法（～1993年）
	1968	（新）都市計画法
	1970	大阪万国博覧会
	1972	山陽新幹線（新大阪駅―岡山駅）開通
	1973	第1次オイル・ショック
	1979	第2次オイル・ショック
	1981	神戸ポートアイランド博覧会
	1985	プラザ合意，円高不況へ
	1986	バブル経済開始（～1991年）
	1990	国際花と緑の博覧会［大阪］
	1992	神戸ハーバーランド町びらき
	1994	関西国際空港開港
	1995	阪神淡路大震災［神戸など］
	1997	京都駅ビル（4代目）開業
	1998	明石海峡大橋開通
	2006	神戸空港開港
	2007	関西国際空港，二期工事完成
	2008	リーマン・ショック（金融危機）
	2011	東日本大震災
	2013	グランフロント大阪開業
	2014	あべのハルカス開業
	2018	大阪府北部地震
	2020	新型コロナウイルス感染拡大

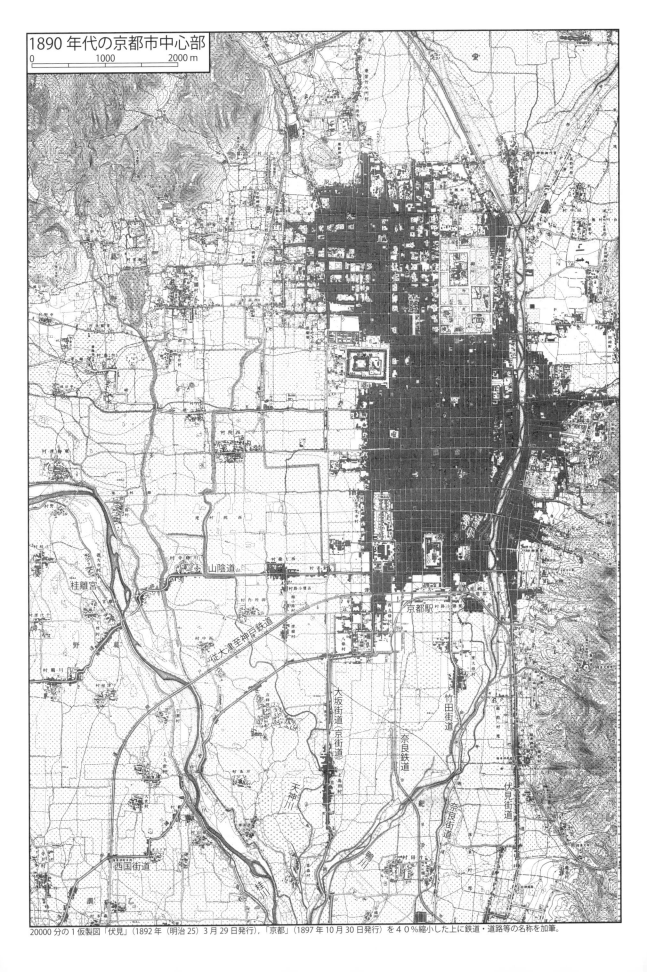

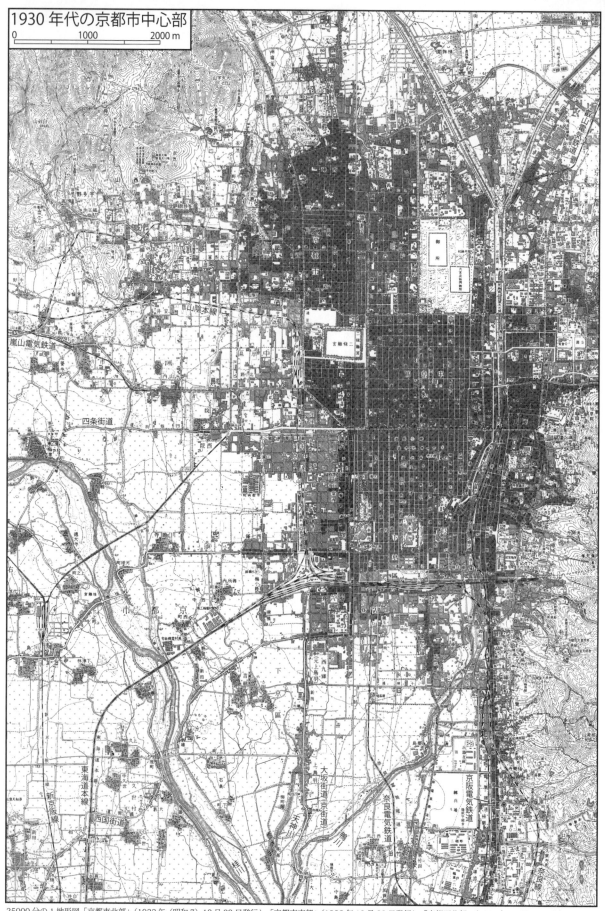

25000分の1地形図「京都東北部」(1932年(昭和7)12月28日発行)，「京都東南部」(1932年10月30日発行)，「京都西北部」(1932年12月28日発行)，「京都西南部」(1932年12月28日発行)を50％縮小した上に鉄道・道路等の名称を加筆。

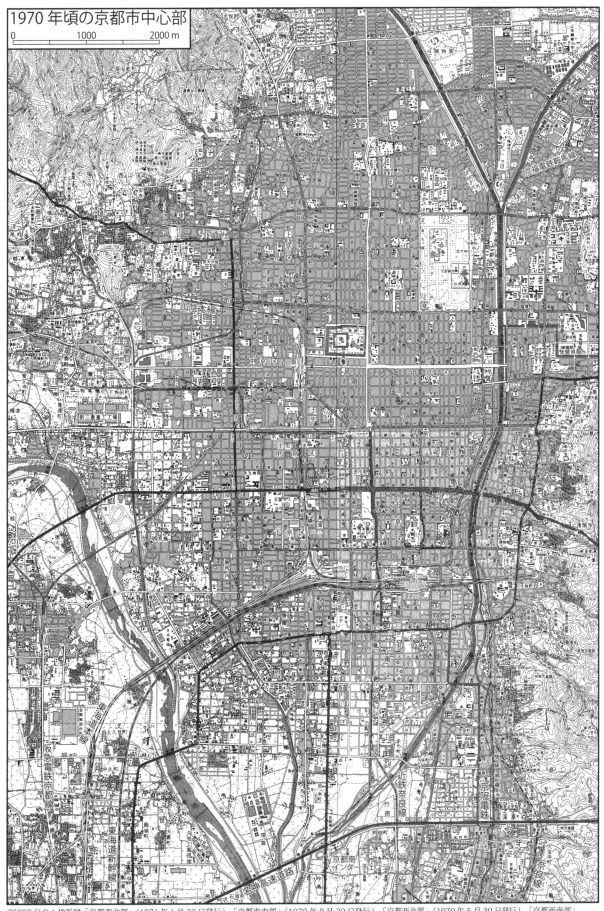

1970年頃の京都市中心部

25000分の1地形図「京都東北部」(1971年1月30日発行),「京都東南部」(1970年8月30日発行),「京都西北部」(1970年5月30日発行),「京都西南部」(1970年5月30日発行)を50%縮小した上に鉄道・道路等の名称を加筆。

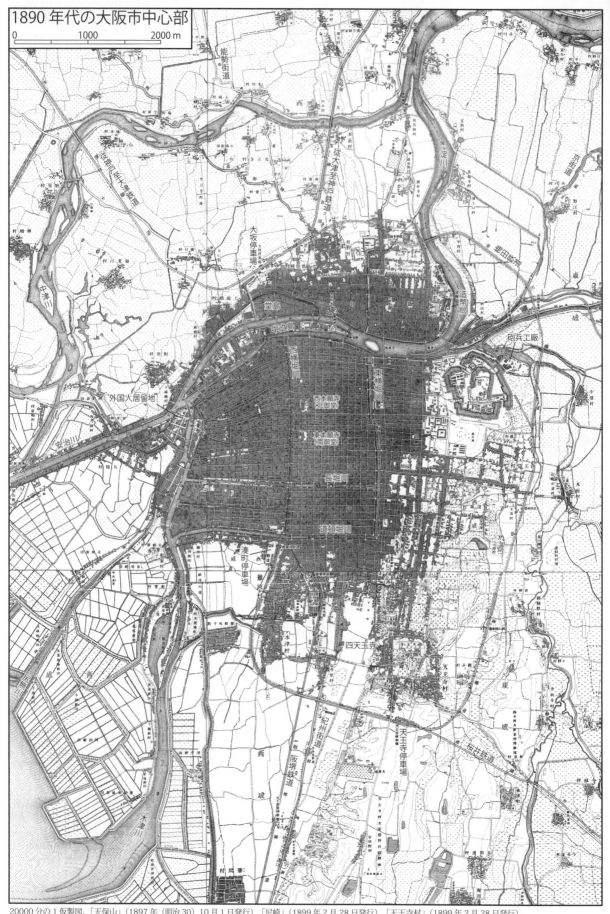

1890年代の大阪市中心部

20000分の1仮製図、「天保山」(1897年(明治30)10月1日発行)、「尼崎」(1899年2月28日発行)、「天王寺村」(1899年2月28日発行)、「大阪」(1899年5月30日発行)を40％縮小した上に鉄道・道路等の名称を加筆。

25000分の1地形図「大阪東北部」（1934年（昭和9）12月28日発行），「大阪東南部」（1934年11月30日発行），「大阪西北部」（1934年10月30日発行），「大阪西南部」（1934年11月30日発行）を50％縮小した上に鉄道・道路等の名称を加筆．

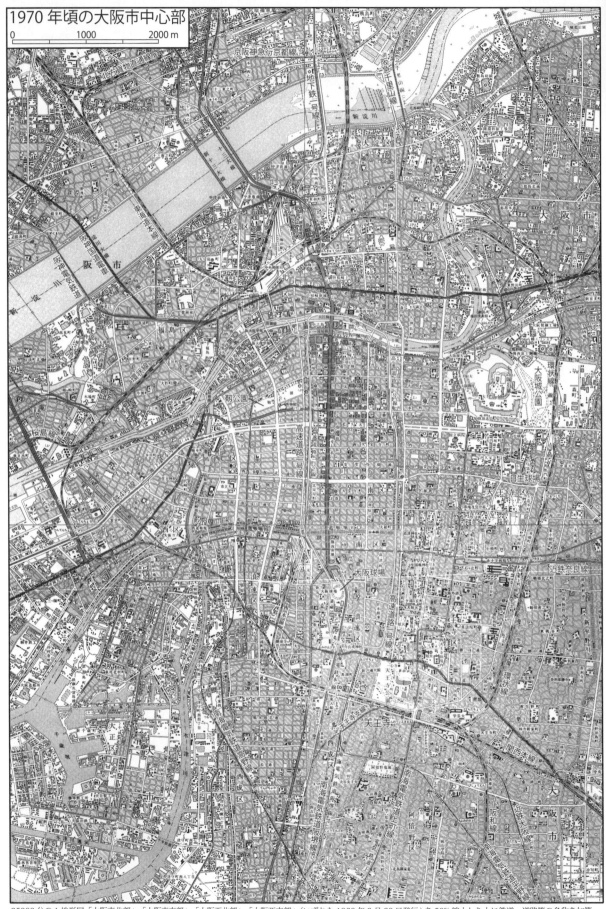

1970年頃の大阪市中心部

25000分の1地形図「大阪東北部」,「大阪東南部」,「大阪西北部」,「大阪西南部」(いずれも1969年3月30日発行)を50%縮小した上に鉄道・道路等の名称を加筆。

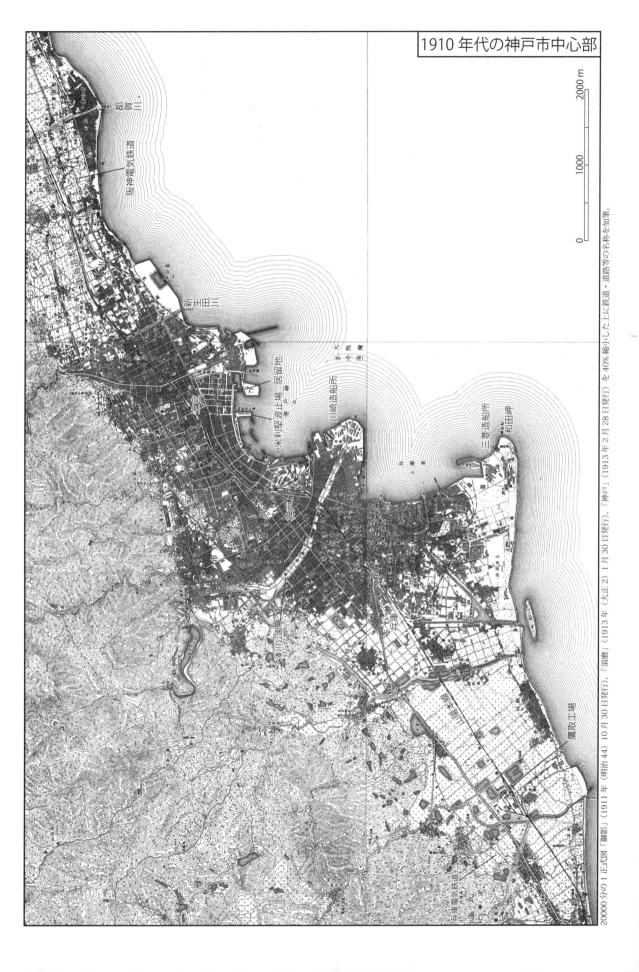

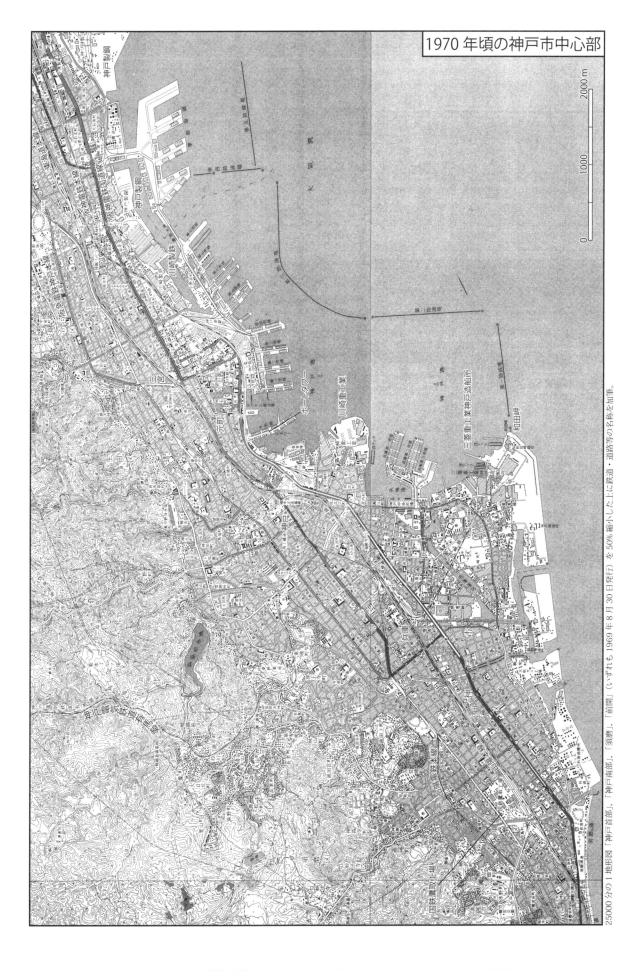

参考文献

I章

加藤一明（1980）「府県制の成立過程」法と政治31-1。
金坂清則（2006）「I 近畿圏の領域と地域的特徴　1．位置と領域」金田章裕・石川義孝編『日本の地誌8　近畿圏』朝倉書店。
新修大阪市史編集委員会編（1994）『新修大阪市史　第7巻』大阪市。
新修神戸市史編集委員会編（1994）『新修神戸市史　歴史編IV　近代・現代』神戸市。
総務省（2009）「市町村合併資料集」http://www.soumu.go.jp/gapei/gapei.html
内閣印刷局（1943）「官報第4913号　昭和18年6月1日　法律第89号　東京都制」内閣印刷局1。
内閣官報局（1886）「官報第769号　明治19年1月27日　布告第1号」内閣官報局257。
内閣官報局（1888）『法令全書　明治四年』博聞社。
内閣官報局（1888）「官報第1143号　明治21年4月25日　法律第1号　市制及町村制」内閣官報局237-272。
畠山輝雄（2013）「合併後の市町村における周辺部の過疎化の検証」地理誌叢54-2。
森川洋（2013）「平成の大合併の実態と問題点」自治総研421。
森谷秀亮（1967）「明治初年における府藩県三治制」駒澤史学14。
ロドリーゲス, J., 江馬務他訳（1967）『日本教会史（上）』岩波書店。

II章

稲見悦治（1976）『都市の自然災害』古今書院。
植村善博（2006）「II 近畿地方の地域性　2．地理的特徴　（1）自然的性格」金田章裕・石川義孝編『日本の地誌8　近畿圏』朝倉書店。
大阪管区気象台編（2013）『近畿地方の気候変動』。
大阪市水道局編（1996）『大阪市水道百年史』。
大阪府・大阪市（1960）『西大阪高潮対策事業誌』。
大阪府水道部（2002）『大阪府水道部50年のあゆみ』。
大阪歴史博物館編（2010）『特別展新淀川100年―水都大阪と淀川―』。
大場秀章他編（1995）『日本の自然地域編5　近畿』岩波書店。
大山正雄・大矢雅彦（2004）『大学テキスト自然地理学（上・下）』古今書院。
小倉紀雄他編（2010）『図説日本の河川』朝倉書店。
小倉博之（2004）「大阪平野の発達史と地盤環境」太田陽子他編『日本の地形6　近畿・中国・四国』東京大学出版会。
貝塚爽平他（1995）『新版日本の自然4　日本の平野と海岸』岩波書店。
嘉田由紀子・小笠原俊明編（1998）『琵琶湖・淀川水系における水利用の歴史的変遷』滋賀県立琵琶湖博物館。
笠原俊則（1988）「京阪奈丘陵3町における給水空間および給水状況の変化」立命館大学人文科学研究所紀要47。
気象庁（2018）「過去の気象データ検索」https://www.data.jma.go.jp/obd/stats/etrn/
気象庁（2018）「生物季節の観測の情報」https://www.data.jma.go.jp/sakura/data
京都市上下水道局編（2008）『京の水ビジョン』。
神戸區復興委員會編（1939）『神戸區水害復興誌』。
神戸市水道局編（1973）『神戸市水道70年史』。
神戸市水道局編（2016）『神戸水道ビジョン2025』。
阪口豊他（1995）『新版日本の自然3　日本の川』岩波書店。
高橋日出男・小泉武栄（2008）『自然地理学概論』朝倉書店。
田中眞吾編著（1988）『六甲山の地理―その自然と暮らし―』神戸新聞総合出版センター。
玉井信行編（2014）『大学土木河川工学改訂2版』オーム社。
中村和郎他（1996）『新版日本の自然5　日本の気候』岩波書店。
仁科淳司（2007）『やさしい気候学増補版』古今書院。
新田尚監修（2015）『気象災害の事典―日本の四季と猛威・防災―』朝倉書店。
地学団体研究会大阪支部（1999）『大地のおいたち―神戸・大阪・奈良・和歌山の自然と人類―』築地書館。
日本水道史編纂委員会編（1967）『日本水道史各論編II　中部・近畿』日本水道協会。

日本地誌研究所編（1974）『日本地誌15　大阪府／和歌山県』二宮書店。
服部保（1988）「気候条件による日本の植生」矢野悟道編『日本の植生─侵略と攪乱の生態学─』東海大学出版会。
久武哲也（1996）「『阪神地方水害記念帳』復刻に当たっての『解題』」甲南大学阪神大震災調査委員会編『復刻版阪神地方水害記念帳』神戸新聞総合出版センター。
兵庫県治山林道協会編（1998）『六甲山災害史』兵庫県治山林道協会。
琵琶湖・淀川水質保全機構（2018）「琵琶湖・淀川流域の水環境の現状」http://www.byq.or.jp/kankyo/k_01.html
藤田和夫（1985）『変動する日本列島』岩波書店。
松浦茂樹（1992）『明治の国土開発史─近代土木技術の礎─』鹿島出版会。
松田順一郎（2002）「景観変遷にかかわる時間オーダー─大阪府河内地方の古環境を例として─」橋本征治編『人文地理の広場』大明堂。
松本太他（2006）「ソメイヨシノの開花に及ぼすヒートアイランドの影響─東京都区部を例として─」地理学評論79-6。
三木理史（2003）『水の都と都市交通─大阪の20世紀─』成山堂書店。
宮澤清治（1991）『最新天気図と気象の本』国際地学協会。
文部科学省研究開発局地震・防災研究課（2018）『活断層の地震に備える─陸域の浅い地震─近畿地方版』。
矢嶋巌（2013）『生活用水・排水システムの空間的展開』人文書院。
矢嶋巌（2014）「淀川の水災と水利用」木庭元晴編著『東日本大震災と災害周辺科学』古今書院。
矢嶋巌（2017）「日本における森林保全活動に関する研究─企業の森の取り組みの背景としての森林利用の歴史とCSR─」神戸学院大学人文学部紀要37。
山崎晴雄・久保純子（2017）『日本列島100万年史─台地に刻まれた壮大な物語─』講談社。
淀川百年史編集委員会編（1974）『淀川百年史』建設省近畿地方建設局。
米倉伸之他編（2001）『日本の地形1　総説』東京大学出版会。

Ⅲ章

足利健亮（1984）『中近世都市の歴史地理─町・筋・辻子をめぐって─』地人書房。
足利健亮（1985）『日本古代地理研究─畿内とその周辺における土地計画の復元と考察─』大明堂。
足利健亮（1998）『景観から歴史を読む─地図を解く楽しみ─』日本放送出版協会。
足利健亮編（1994）『京都歴史アトラス』中央公論社。
尼崎市立地域研究史料館編（2007）『図説　尼崎の歴史（上・下）』尼崎市。
有薗正一郎他編（2001）『歴史地理調査ハンドブック』古今書院。
魚澄惣五郎他編（1960・67）『西宮市史2・3』西宮市役所。
大阪市立図書館（2017）「大阪市立図書館デジタルアーカイブ」http://image.oml.city.osaka.lg.jp/archive/
岡本静心編（1968）『尼崎市史2』尼崎市役所。
菊地利夫（1977）『新田開発』古今書院。
木下良（2009）『事典　日本古代の道と駅』吉川弘文館。
木下良（2013）『日本古代道路の復原的研究』吉川弘文館。
金田章裕（2007）『平安京・京都─都市図と都市構造─』京都大学学術出版会。
金田章裕（2018）『古代国家の土地計画─条里プランを読み解く─』吉川弘文館。
桑原公徳（1971）「条里地割の分布」，藤岡謙二郎編『地形図に歴史を読む3』大明堂。
条里制・古代都市研究会編（2015）『古代の都市と条里』吉川弘文館。
新修大阪市史編纂委員会編（1989・90・91）『新修大阪市史3・4・5』大阪市。
新修大阪市史編纂委員会編（1996）『新修大阪市史10』大阪市。
新修神戸市史編集委員会編（1994）『新修神戸市史　歴史編4』神戸市。
新修神戸市史編集委員会編（1995・2005）『新修神戸市史　行政編1・3』神戸市。
人文地理学会編（2013）『人文地理学事典』丸善出版。
高木博志（2006）『近代天皇制と古都』岩波書店。
高橋康夫他編（1993）『図集　日本都市史』東京大学出版会。
竹内理三編（1983・88）『角川日本地名大辞典　27・28』角川書店。
竹中克行他編（2009）『人文地理学』ミネルヴァ書房。
中村太一（2000）『日本の古代道路を探す─律令国家のアウトバーン─』平凡社。
中村直人（2016）『歴史のなかの上ケ原─西宮市上ケ原，古墳から震災まで─』関西学院大学出版会。

福田徹（1986）『近世新田とその源流』古今書院。
平凡社地方資料センター編（1986・99）『日本歴史地名大系　28-Ⅰ・29-Ⅰ』平凡社。
水内俊雄編（2006）『シリーズ人文地理学 8　歴史と空間』朝倉書店。
水内俊雄他（2008）『モダン都市の系譜―地図から読み解く社会と空間―』ナカニシヤ出版。
矢守一彦（1970）『都市プランの研究―変容系列と空間構成―』大明堂。

Ⅳ章

青山芳之（1991）『家電』日本経済評論社。
赤羽淳（2014）『東アジア液晶パネル産業の発展―韓国・台湾企業の急速キャッチアップと日本企業の対応―』勁草書房。
伊丹敬之他編著（2007）『松下電器の経営改革』有斐閣。
上野和彦（2007）『地場産業産地の革新』古今書院。
宇野利右衛門（1913）『職工の住居と生活』工業教育會出版部。
遠藤典子・前川雅央（2001）「特集　幸之助の呪縛から解き放たれるか―松下電器『中村革命』の壮絶―」週刊ダイヤモンド89-14。
大阪市（1989・91）『公害の現況と対策　平成元年版・平成 3 年版』。
大阪市編（1971）『日本万国博覧会と大阪市』大阪市。
大阪市港湾局編（1949）『大阪の地盤沈下に関する研究』。
大阪市役所産業部調査課編（1931）『大阪の刷子工業』。
大阪府（1969）『公害の現状と対策　1968・4～1969・3』。
大阪府内務部編（1913）『大阪外国貿易調　明治45・大正元年』。
大阪府立商工経済研究所（1978）『低成長経済化における家電下請の実態と問題点』。
大阪府立商工経済研究所編（1981）『大阪の地場産業―その 2　業種別の実態―』。
大阪紡績編（1908）『創業貳拾五年沿革署史』大阪紡績。
大野健一・桜井宏二郎（1997）『東アジアの開発経済学』有斐閣。
小田康徳（1987）『都市公害の形成―近代大阪の成長と生活環境―』世界思想社。
川村晃正（2010）「伝統的産業・堺刃物業の昔と今」専修大学社会科学研究所月報560・561。
環境庁編（1972）『環境白書　昭和47年版』。
環境庁企画調整局編（1979）『環境統計要覧　昭和54年版』ぎょうせい。
絹川太一（1937）『本邦綿絲紡績史　第 2 巻』日本綿業倶楽部。
教育社編（1980）『電機業界上位10社の経営比較』教育社。
京都大学文学部地理学教室編（1965）『大阪市近郊の変貌―大阪府門真市における都市化と工業化について―』柳原書店。
京都民報社編（1986）『近代京都のあゆみ』かもがわ出版。
久保在久編（1987）『大阪砲兵工廠資料集』日本経済評論社。
公害問題研究会編（1979）『公害年鑑'79』環境保全協会。
河野通博・加藤邦興編（1988）『阪神工業地帯―過去・現在・未来―』法律文化社。
小山仁示（1988）『西淀川公害―大気汚染の被害と歴史―』東方出版。
堺市役所商工課編（1957）『堺市の刃物産業』堺刃物組合連合会。
堺市商工農政部商業課編（1980）『堺特産品産業要覧』。
佐藤文昭（2017）『日本の電機産業失敗の教訓―強い日本経済を復活させる方法―』朝日新聞出版。
ジェトロ編（2009・13）『中国データ・ファイル2009年版・2013年版』。
下谷政弘（1998）『松下グループの歴史と構造―分権・統合の変遷史―』有斐閣。
シュワブ，K．,世界経済フォーラム訳（2016）『第四次産業革命―ダボス会議が予測する未来―』日本経済新聞出版社。
新修大阪市史編纂委員会編（1988-96）『新修大阪市』全10巻，大阪市。
新日本製鉄編（1984）『堺製鐵所二十年史』新日本製鉄株式会社堺製鉄所。
創立100周年記念事業実行委員会編（2006）『神戸製鋼100年―1905-2005―』神戸製鋼所。
『続丹波杜氏』編纂委員会（1995）『丹波杜氏　続』丹波杜氏組合。
高村直助（1971）『日本紡績業史序説（下）』塙書房。
高村直助（1982）『近代日本綿業と中国』東京大学出版会。

武部善人（1981）『河内木綿史』吉川弘文館。
田中眞吾編（1988）『六甲山の地理―その自然と暮らし―』神戸新聞出版センター。
通商産業省編（1974）『全国工場通覧　1974年』日刊工業新聞社。
通商産業大臣官房調査統計部編（1961）『工業統計50年史　資料編1』大蔵省印刷局。
ディッケン，P.，今尾雅博他訳（2001）『グローバル・シフト―変容する世界経済地図―上』古今書院。
鉄鋼統計委員会編『鉄鋼統計要覧』日本鉄鋼連盟，各年度。
東洋紡株式会社社史編集室編（2015）『東洋紡百三十年史』東洋紡。
灘五郷酒造組合編（1990）『灘の酒読本』。
日本鉄鋼連盟10年史編集委員会編（1969）『鉄鋼十年史―昭和33年～42年―』日本鉄鋼連盟。
日本鉄鋼連盟10年史編集委員会編（1981）『鉄鋼十年史―昭和43年～52年―』日本鉄鋼連盟。
日本鉄鋼連盟10年史編集委員会編（2008）『鉄鋼十年史―平成10年～平成19年―』日本鉄鋼連盟。
日本鉄鋼連盟戦後鉄鋼史編集委員会編（1959）『戦後鉄鋼史』。
日本伝統産業研究所編（1976）『日本の伝統産業　工芸編』。
日本に根付くグローバル企業研究会他編（2005）『サムスンの研究―卓越した競争力の根源を探る―』日経BP社。
原昌道他編（1997）『灘の酒用語集　改訂版』灘酒研究会。
東大阪市史編纂委員会編（1997）『東大阪市史　近代Ⅱ』東大阪市。
樋口博美（2009）「伝統的地場産業におけるモノと技能をめぐる社会関係―堺刃物業を事例として―」専修大学人文科学研究所月報238。
兵庫県産業情報センター編（2002）『兵庫県の地場産業　地場産業実態調査報告書（平成14年版）』。
兵庫県商工部（1981）『兵庫県地場産業実態調査報告書』。
ポメランツ，K.，川北稔監訳（2015）『大分岐―中国，ヨーロッパ，そして近代世界経済の形成―』名古屋大学出版会。
町田辰次郎編（1932）『全国主要工場鉱山名簿』協調会（『全国工場鉱山名簿　第2巻　復刻版』日本図書センター，2006）。
松下電器産業株式会社社史室編（1978）『社史松下電器激動の十年―昭和四十三年～昭和五十二年―』。
松下電器産業株式会社創業五十周年記念行事準備委員会編（1968）『松下電器五十年の略史』。
松下電器産業三十五年史編集委員会編（1953）『創業三十五年史　松下電器産業株式会社』。
丸川知雄（2007）『現代中国の産業―勃興する中国企業の強さと脆さ―』中央公論新社。
三島康雄（1993）『造船王川崎正蔵の生涯』同文舘出版。
三宅宏司（1993）『大阪砲兵工廠の研究』思文閣出版。
宮本憲一編（1977）『大都市とコンビナート・大阪』筑摩書房。
森時彦編（2005）『在華紡と中国社会』京都大学学術出版会。
山本一雄（2010）『住友本社経営史（上・下）』京都大学学術出版会。

Ⅴ章

大阪・焼跡闇市を記録する会編（1975）『大阪・焼跡闇市―かつて若かった父や母たちの青春―』夏の書房。
大谷渡編（2013）『大阪の近代―大都市の息づかい―』東方出版。
加藤亜（1995）「我が世誰ぞ常ならん―神戸と闇市（上・下）―」地理40-8・9。
片木篤他編（2000）『近代日本の郊外住宅地』鹿島出版会。
片寄俊秀（1979）『千里ニュータウンの研究―計画的都市建設の軌跡・その技術と思想―』産経出版。
楠田隆（2003）「阪神淡路大震災（1995）―2―神戸・阪神間の湾岸埋立地―」URBANKUBOTA40。
佐藤早苗（1980）『海に建った未来都市―芦屋浜の超高層―』毎日新聞社。
新修大阪市史編纂委員会編（1992）『新修大阪市史　第8巻』大阪市。
新修神戸市史編集委員会編（2005）『新修　神戸市史―行政編Ⅲ　都市の整備―』神戸市。
末尾至行（1994）「大阪市の北郊　千里丘陵の変貌」末尾至行・橋本征治編『新訂　人文地理―教養のための20章―』大明堂。
スミス，P.D.，中島由華訳（2013）『都市の誕生―古代から現代までの世界の都市文化を読む―』河出書房新社。
土居晴洋（1984）「市街地周辺地域における土地利用変化の分析―松山市南郊を例として―」人文地理36-1。
西部均（2001）「都市計画濫觴期の地理的想像力をめぐるポリティクス―『大大阪』の都市範囲と高速度交通機関路線への投影―」人文地理53-4。
日本住宅公団20年史刊行委員会編（1981）『日本住宅公団史』日本住宅公団。

マンフォード，L., 生田勉訳（1974）『都市の文化』鹿島出版社。
水内俊雄他（2008）『モダン都市の系譜―地図から読み解く社会と空間―』ナカニシヤ出版。
山口覚（2006）「シカゴ学派都市社会学―近代都市研究の始まり―」加藤政洋・大城直樹編『都市空間の地理学』ミネルヴァ書房。
山口覚（2012）「超高層住宅の展開―『高級さ』と『大衆化』をめぐって―」関西学院史学39。
山口覚・松田敦志（2012）「近現代都市の変遷をたどる―中之島クルージング＋近鉄沿線郊外居住地巡り―」関西学院大学先端社会研究所紀要7。
渡辺俊一（2004）「エベネザー・ハワードと田園都市」新谷洋二・越沢明監修『都市をつくった巨匠たち―シティプランナーの横顔―』ぎょうせい。

Ⅵ章

五十嵐太郎（2005）『現代建築のパースペクティブ―日本のポスト・ポストモダンを見て歩く―』光文社新書。
岩井克人（1992）『ヴェニスの商人の資本論』ちくま学芸文庫。
大阪府他（2018）『千里ニュータウン再生指針　2018（資料編）』http://www.pref.osaka.lg.jp/attach/3158/00000000/03shishin.pdf
久保倫子（2014）「空き家が増える都市と郊外―なぜ？　どうする？―」地理59-10。
小原丈明（2006）「私鉄系デベロッパーによる不動産事業の展開―阪急電鉄グループの事例―」経済地理学年報52-3。
角橋徹也（2012）『千里ニュータウンにおける「再生地処分方式による建替え」の批判的分析』関西大学先端科学技術推進機構　地域再生センター。
金明秀他（2012）『関西私鉄文化を考える』関西学院大学出版会。
隈研吾（1989）『グッドバイ・ポストモダン―11人のアメリカ建築家―』鹿島出版会。
佐藤早苗（1980）『海に建った未来都市―芦屋浜の超高層―』毎日新聞社。
繁治寿（2008）「都市再生とタワーマンション」マンション学29。
スミス，N., 原口剛訳（2014）『ジェントリフィケーションと報復都市―新たなる都市のフロンティア―』ミネルヴァ書房。
田中晃代（2009）「PFI事業を活用した府営住宅建替え事業における住民参加の機会に関する研究」学術講演梗概集 F-1。
ハーヴェイ，D., 水岡不二雄監訳（1991）『都市の資本論―都市空間形成の歴史と理論―』青木書店。
ハーヴェイ，D., 吉原直樹監訳（1999）『ポストモダニティの条件』青木書店。
芳賀博文（2006）「東京における超高層建築の著増と都市景観の変容」都市地理学創刊号。
速水健朗（2016）『東京β　更新され続ける都市の物語』筑摩書房。
平山洋介（2006）『東京の果てに』NTT出版。
平山洋介（2011）『都市の条件―住まい，人生，社会持続―』NTT出版。
フロリダ，R., 井口典夫訳（2009）『クリエイティブ都市論―創造性は居心地のよい場所を求める―』ダイヤモンド社。
箸本健二（2004）「日本の商業・流通―情報化・規制緩和と産業空間―」杉浦芳夫編『シリーズ人文地理学6　空間の経済地理』朝倉書店。
阪急不動産株式会社社史編纂委員会編（1998）『阪急不動産の50年』阪急不動産。
阪急不動産株式会社10年史編纂委員会（1964）『阪急不動産10年史』阪急不動産。
町田光弘（2015）「資本金100億円以上の大阪本社企業の推移」www.pref.osaka.lg.jp/attach/1949/00107099/headquarters_2015.1-3.doc
町村敬志（1994）『「世界都市」東京の構造転換―都市リストラクチュアリングの社会学―』東京大学出版会。
松原宏（1995）「東京一極集中（その1～その3）」地理40-7～9。
森谷英樹（2009）「最近の大手私鉄の不動産事業について（その4）―阪急電鉄の不動産事業について―」敬愛大学研究論集76。
矢作弘（2013）「都心回帰―東京，大阪，地方都市，そして集約型都市圏構造の構築―」地域開発582。
山口覚（2012a）「超高層住宅の展開―『高級さ』と『大衆化』をめぐって―」関西学院史学39。
山口覚（2012b）「阪急不動産の首都圏進出―空間の再編成と『阪急文化』のゆくえ―」関西学院大学先端社会研究所紀要7。
山田宗雄・前田治（1977）「コミュニティぐるみの更新・阿倍野再開発」都市問題研究29-1。

由井義通他編（2016）『都市の空き家問題　なぜ？　どうする？―地域に即した問題解決に向けて―』古今書院。
吉田地図（1988）『大阪府精密住宅地図　吹田市北部』吉田地図。
ル・コルビュジエ，樋口清訳（1967）『ユルバニスム』鹿島出版会。
レルフ，E.，高野岳彦他訳（1999）『都市景観の20世紀―モダンとポストモダンのトータルウォッチング―』筑摩書房。

Ⅶ章

新井鎮久（2010）『近世・近代における近郊農業の展開―地帯形成および特権市場と農民の確執―』古今書院。
荒木一視（2002）『フードシステムの地理学的研究』大明堂。
石原肇（2018）「都府県が策定した都市農業振興基本計画の比較」人間環境論集17。
猪原章（2017）「大阪府和泉市のため池の変化と周辺住民のため池に対する意識」人文地理69-2。
大阪府（2009）『大阪府中央卸売市場の現状と課題』http://www.pref.osaka.lg.jp/attach/9461/00000000/212301siryo.pdf
大阪府（2016）『朝市・直売所実態調査』http://www.pref.osaka.lg.jp/nosei/seisyansyasapo-to/tyokubaizyo_de-ta.html
大阪府農業会議（2013）「入社前研修が良い関係つくる―向井農園（八尾市）―」大阪農業時報734。
大阪府農業会議編（1985）『写真集　大阪農業のあゆみ』。
大阪府農業会議編（1994）『都市農業の軌跡と展望―大阪府都市農業史―』。
大西敏夫（2000）『農地動態からみた農地所有と利用構造の変容』筑波書房。
岡野浩他編（2017）『八尾の自然と文化―植物社会デザインと広域的都市間ネットワーク―』大阪市立大学都市研究プラザ。
樫原正澄（1993）『都市の成長と農産物流通』ミネルヴァ書房。
川内眷三（2009）『大阪平野の溜池環境―変貌の歴史と復原―』和泉書院。
金田章裕・石川義孝編（2006）『日本の地誌8　近畿圏』朝倉書店。
斎藤修（2017）『フードシステムの革新とバリューチェーン』農林統計出版。
新修神戸市史編集委員会編（1990）『新修神戸市史　産業経済編Ⅰ　第一次産業』神戸市。
新保奈穂美（2015）『我が国の都市型農園と農的活動の変遷に関する研究』東京大学大学院博士学位論文。
田代洋一他（2014）『ポストTPP農政―地域の潜在力を活かすために―』農文協ブックレット。
チューネン，J.H.v.，近藤康男・熊野幸雄訳（1989）『孤立国』日本経済評論社。
辻ミチ子（1972）「近郊の営み」京都市編『京都の歴史5　近世の展開』学芸書林。
蔦谷栄一（2008）『都市農業を守る―国土デザインと日本農業―』家の光協会。
なにわ特産物食文化研究会編（2002）『なにわ大阪の伝統野菜』農文協。
「農業と経済」編集委員会監修（2017）『新版　キーワードで読みとく現代農業と食料・環境』昭和堂。
橋本卓爾（2016）「新たな局面を迎えた都市農業―『都市農業基本法』の制定を中心にして―」松山大学論集28-4。
藤島廣二（1992）「神戸市野菜契約栽培事業に基づいた地域流通システム」藤島廣二編『小規模野菜産地のための地域流通システム』富民協会。
藤田武弘他（2000）「流通チャネルの多様化と都市近郊における農産物朝市・直売所の存立構造」農政経済研究22。
藤田武弘他編（2018）『現代の食料・農業・農村を考える』ミネルヴァ書房。
橋本卓爾他編（2006）『食と農の経済学―現代の食料・農業・農村を考える―（第2版）』ミネルヴァ書房。
ブライアント，C.R.，ジョンストン，T.R.R.，山本正三他訳（2007）『都市近郊地域における農業―その持続性の理論と計画―』農林統計協会。
星勉（2018）「都市農業振興基本法におけるコペルニクス的転回―都市農地へのまなざしの歴史，計画的農地利用の意義とその展望―」農業と経済84-2。
三俣延子（2014）「『まち』と共存する農業―京都市『振り売り』の戦後史を中心に―」社会科学101。
南埜猛（2011）「溜池の存続とその維持管理をめぐる取り組み―兵庫県東播磨地域を事例として―」経済地理学年報57-1。
宮田康治（1962）「キャベツと乳牛を両軸として―神戸市垂水区岩岡町―」農業と経済29-1。
森本眞一他（2008）『明石のため池』明石市教育委員会。
矢嶋巌（2018）「大都市圏における溜池と地域住民との関わりを意識した溜池保全」水資源・環境研究31-1。
和田稜三（2005）「地名に刻まれた『京の伝統野菜』」地理50-5。

渡辺善次郎（1983）『都市と農村の間―都市近郊農業史論―』論創社。

Ⅷ章

ウェーバー，M., 世良晃志訳（1964）『都市の類型学』創文社。
大橋健一（1997）「エスニック・タウンとしての『神戸南京町』―地域の磁力と都市エスニシティの動態―」奥田道大編『都市エスニシティの社会学―民族／文化／共生の意味を問う―』ミネルヴァ書房。
小熊英二（1995）『単一民族神話の起源―〈日本人〉の自画像の系譜―』新曜社。
関西学院大学キリスト教と文化研究センター編（2013）『ミナト神戸の宗教とコミュニティー』神戸新聞総合出版センター。
金賛汀（1985）『異邦人は君ヶ代丸に乗って―朝鮮人街猪飼野の形成史―』岩波新書。
金基淑（2003）「『土地』はだれのものか―ウトロの戦後―」鵜飼正樹他編『京都フィールドワークのススメ―あるく・みる・きく・よむ―』昭和堂。
呉宏明・髙橋晋一編（2015）『南京町と神戸華僑』松籟社。
高賛侑（2007）『コリアタウンに生きる―洪呂杓ライフヒストリー―』エンタイトル出版。
杉浦直（2011）『エスニック地理学』学術出版会。
瀬戸徐絵里奈他（2016）『ベトナム難民一世・二世たちの震災の記憶―阪神・淡路大震災から20年を迎えて―』https://tcc117.jp/vnkobe/archives/315
ノックス，P., ピンチ，S., 川口太郎他訳（2013）『改訂新版　都市社会地理学』古今書院。
高橋正明・于亜（1997）「神戸南京町の形成と変容」大手前女子大学論集30。
原尻英樹（2000）『コリアンタウンの民族誌―ハワイ・LA・生野―』ちくま新書。
福本拓（2004）「1920年代から1950年代初頭の大阪市における在日朝鮮人集住地の変遷」人文地理56-2。
福本拓・千葉立也（2008）「日本のコリアン社会」山下清海編『エスニック・ワールド―世界と日本のエスニック社会―』明石書店。
山口覚（2008）『出郷者たちの都市空間―パーソナル・ネットワークと同郷者集団―』ミネルヴァ書房。
山口覚（2016）『集団就職とは何であったか―〈金の卵〉の時空間―』ミネルヴァ書房。
山下清海（2000）『チャイナタウン―世界に広がる華人ネットワーク―』丸善ブックス。
山下清海（2008）「日本の華人社会」山下清海編『エスニック・ワールド―世界と日本のエスニック社会―』明石書店。
山下清海（2010）『池袋チャイナタウン―都内最大の新華僑街の実像に迫る―』洋泉社。
山下清海編（2000）『エスニック・ワールド―世界と日本のエスニック社会―』明石書店。
山本俊一郎（2002）「神戸ケミカルシューズ産地におけるエスニシティの態様―在日韓国・朝鮮人経営者の社会経済的ネットワーク―」季刊地理学54-1。
由井義通他編（2004）『働く女性の都市空間』古今書院。
若林芳樹他編（2002）『シングル女性の都市空間』大明堂。

Ⅸ章

青木義英他編（2011）『観光入門―観光の仕事・学習・研究をつなぐ―』新曜社。
赤木洋一（2007）『アンアン1970』平凡社。
荒井政治（1989）『レジャーの社会経済史―イギリスの経験―』東洋経済新報社。
有馬温泉観光協会50周年記念誌編集委員会編（1999）『有馬温泉観光協会50年の軌跡』。
井口貢編（2008）『観光学への扉』学芸出版社。
魚澄惣五郎他編（1967）『西宮市史3』西宮市役所。
老川慶喜（2017）『鉄道と観光の近現代史』河出書房新社。
大橋昭一他編（2014）『観光学ガイドブック―新しい知的領野への旅立ち―』ナカニシヤ出版。
岡本伸之編（2001）『観光学入門―ポスト・マス・ツーリズムの観光学―』有斐閣。
小野寺淳（2002）「道中日記にみる東海道の景観イメージ―関東地方農村部からの伊勢参宮―」交通史研究49。
垣内恵美子編（2011）『文化財の価値を評価する―景観・観光・まちづくり―』水曜社。
神崎宣武（1991）『物見遊山と日本人』講談社。
神田孝治編（2009）『観光の空間―視点とアプローチ―』ナカニシヤ出版。
菊地俊夫編（2008）『観光を学ぶ―楽しむことからはじまる観光学―』二宮書店。
北川宗忠（2002）『観光・旅の文化』ミネルヴァ書房。

白幡洋三郎（1996）『旅行ノススメ―昭和が生んだ庶民の「新文化」―』中央公論社。
新城常三（1982）『新稿社寺参詣の社会経済史的研究』塙書房。
人文地理学会編（2013）『人文地理学事典』丸善出版。
田中智彦（1993）「近世末，大坂近在の参詣遊山地」山田安彦教授退官記念論文集記念会編『転換期に立つ地域の科学』古今書院。
田中智彦（2004）『聖地を巡る人と道』岩田書院。
西宮市（2016）「にしのみやデジタルアーカイブ」https://archives.nishi.or.jp/index.php
日本国有鉄道編（1959・68）『トラベルグラフ　63・169』鉄道弘報社。
橋爪紳也（2000）『日本の遊園地』講談社。
林真希他（2007）「ディスカバー・ジャパン・キャンペーンの方法及び対象に関する基礎的研究」日本観光研究学会全国大会学術論文集22。
原淳一郎（2007）『近世寺社参詣の研究』思文閣出版。
原田ひとみ（1984）「"an・an""non-no"の旅情報―マスメディアによるイメージ操作―」地理29-12。
「阪神間モダニズム」展実行委員会編（1997）『阪神間モダニズム―六甲山麓に花開いた文化，明治末期‐昭和15年の軌跡―』淡交社。
阪神電気鉄道株式会社社会社臨時社史編纂室編（1955）『輸送奉仕の50年』阪神電気鉄道株式会社。
平山昇（2012）『鉄道が変えた社寺参詣―初詣は鉄道とともに生まれ育った―』交通新聞社。
本城靖久（1996）『トーマス・クックの旅―近代ツーリズムの誕生―』講談社。
水内俊雄他（2008）『モダン都市の系譜―地図から読み解く社会と空間―』ナカニシヤ出版。
溝尾良隆編（2009）『観光学全集1　観光学の基礎』原書房。
森彰英（2007）『「ディスカバー・ジャパン」の時代―新しい旅を創造した，史上最大のキャンペーン―』交通新聞サービス。
森正人（2010）『昭和旅行誌―雑誌『旅』を読む―』中央公論新社。
矢ケ崎紀子（2017）『インバウンド観光入門―世界が訪れたくなる日本をつくるための政策・ビジネス・地域の取組み―』晃洋書房。
山村順次（1995）『新観光地理学』大明堂。

おわりに

　京阪神をテーマにした人文地理学の基礎的なテキストを作ろうと思い立ったのは2013年まで遡る。このときは，京阪神の大学生を対象とした，実際に現地に足を運び学んでもらうための調査手引きのような冊子を想定していたが，うまく事が運ばなかった。

　ネットやテレビなどのバーチャル空間を除けば，自宅・学校・アルバイト先という限られた空間内で生活している学生は少なくない。授業で京阪神に関するテーマを扱った際に，「家の近くの話で嬉しかったです」という，地理学教員にとっては手放しで喜べないコメントを受け取ることもある。地理学の授業として大切なのは身近であるかどうかではなく，近所を含めた世界各地の多様性やそれぞれの場所の生成プロセスを，より広い空間に位置づけて理解することである。しかし，学生たちが身近な世界に親しみを感じるのであれば，まずは身近な場所について学んだ上で，より広い世界に関心を持ってもらうのも悪くない。すでに水内俊雄・加藤政洋・大城直樹『モダン都市の系譜――地図から読み解く社会と空間』（ナカニシヤ出版，2008年）のようなすぐれた書籍があったものの，古代から21世紀現在に至る諸現象をもっと簡単に読むことができる本を作ろうと思ったのである。

　2015年4月に再始動することになり，執筆者6人で集まることになった。いずれのメンバーも京阪神の大学で初学者向けの授業を担当しており，適切な地図をまとめて提供するというコンセプトでは意見が一致した。もっとも，地理学観や知識はメンバーそれぞれの違いもあり，根っからの地理学徒と，人文主義地理学のような派生的な下位分野への関心から地理学を志した者とでは，授業で扱ってきたテーマや対象地がかなり異なっていた。ほとんどケンカのような議論の末に，当初のコンセプトのもとにさまざまな事例を提供するという本書の構成ができあがった。各自が文章や図表を作成すると，それをメンバー全員であれこれと検討した。検討の結果が上手くいったかどうかはわからない。しかしこの進め方には予想以上に時間がかかった。一般論ではなく，身近で具体的な場所を適切にまとめて説明することの難しさもあった。紙幅の都合から，異なる時期の事象を1枚の地図に重ね合わせるような努力もおこなった。

　こうしてようやく完成したものの，今後も各種データの更新や修正が引き続き必要であろう。いずれ改訂版を出すことがあれば是非ともそうしたい。読者の皆様からは率直なご意見，ご批判をいただければ幸いである。

　本書の執筆者は6人であるが，編集の涌井格氏を7人目のメンバーだと思っていた。終盤にはほとんど毎週のように会合を持ってきたものの，原稿執筆・図表作成は遅々として進まず，本当に迷惑をかけてしまった。涌井氏には心からお礼とお詫びを申し上げたい。

　　2019年1月

　　　　　　　　　　　　　　　　　　　　　　　　執筆者を代表して　山口　覚

さくいん
(＊は人名)

あ行

空き家 98, 112, 114
芦屋 25, 84, 159
芦屋川 23
芦屋浜シーサイドタウン 81, 108, 109, 140
阿倍野 89, 104, 119
尼崎 25, 35, 54, 57, 60, 65, 67, 73, 79, 96, 151
尼崎城 35
蟻の熊野詣 159, 162
有馬温泉 159, 162, 166
有馬高槻断層 14
淡路島 12, 14, 21, 125, 127, 138
『an・an』169
安政南海地震 18, 51
アンノン族 169
イオン 120, 121, 173
生田川 23, 48
池田 41, 80, 111
生駒山地 14, 16, 135, 138
異人館 48, 169
伊勢神宮 159, 162
一国一城令 34
猪名川 15, 16
いなみ野（印南野）台地 133, 138
茨木 18, 54, 73, 96
インクライン 44, 97
インナーシティ 61, 79, 98, 100, 101, 104, 105, 107, 112
インバウンド 174
上町台地 12, 24, 36
上町断層帯 14
ウォーターフロント 172, 173
魚の棚（うおんたな）141
衛星都市 25
エコツーリズム 159
エスニシティ 142, 150, 153
エスニック 150
エスニック宗教施設 176
エスニック集団 142-145, 149, 150, 153
エスニックタウン 144, 157
オイルショック 53, 62, 64, 67, 68, 133

か行

大阪広域水道企業団 25
大坂三郷 79, 82, 127, 135
大坂（大阪）城 12, 17, 28, 36, 46, 79, 82
大阪鎮台 46
大阪万国博覧会 18, 91
大阪府営水道 24
大阪平野 12, 14-20, 22, 23, 125, 138
大阪紡績 56, 58
大阪砲兵工廠 46, 54, 56, 61
巨椋池 17
御土居 38, 126
卸売市場 123, 124, 127, 132, 133, 135, 136

外国人観光客 159, 173, 174
外国人居留地 46, 48, 119, 143, 156
外国人集住都市会議 148
海水浴（場）65, 158, 165, 166
買回品 118
学園前住宅地 87
花崗岩 14, 22, 23
加古川 64, 138
河川改修 17, 19
活断層 14
家電 53, 54, 59, 63, 64, 68-73
門真 54, 68, 69, 71, 96
川崎造船所 57, 59
河内 16, 17
河内木綿 57, 134
川西 21
環境保全 124, 125, 139
関西文化学術研究都市 100
干拓 17, 138
紀伊山地 13, 20, 21
規制緩和 124, 128, 137
季節風 20
北野（北野町・山本通）169, 176
畿内 4, 126
技能実習（生・制度）145, 147-149, 152
逆チューネンモデル 122

京都御苑 44
京都御所 28-31, 38
京都盆地 12, 14-16, 20, 25, 125
居住分化 78, 142, 143
居留地 → 外国人居留地
近畿圏工場等制限法 96, 107, 116
近畿トライアングル 14
近畿日本鉄道 85, 87, 111
近郷（野菜）売場 136
近郊農業 123, 125-127, 132
近鉄 → 近畿日本鉄道
近隣住区（理論）90, 91
近隣センター 90, 114, 115
空襲 8, 60, 88, 89, 154, 156
公家町 38, 44
＊クック，トマス 158
口分田 32
蔵屋敷 37, 46
グランドツアー 158
グランフロント大阪 100, 105
クリエイティブ・クラス 100
景観地区 170
景観法 170
京阪電鉄不動産 111
けいはんな学研都市 → 関西文化学術研究都市
結節地域 6
ゲリラ豪雨 19
研究開発（R&D）部門 102
減反 123, 124
建ぺい率 94, 95
公営住宅 81
郊外住宅地 6, 79, 84, 85, 87, 99, 110, 111
工業都市 52, 56, 79
甲子園（球場）80, 85, 165
洪水 17-20, 22, 23
高度経済成長（期）3, 7-9, 18, 21, 24, 53, 62, 81, 87, 90, 91, 98, 101, 102, 110, 112, 119, 122, 123, 126, 128, 129, 131-135, 143
高齢化 2, 9, 98, 114, 115, 122, 133
五畿七道 4

国勢調査　2, 6-9, 150, 153
御所　→　京都御所
＊小林一三　80, 84
後氷期　16
ゴルフ場　166
混住化　129
コンパクトシティ　120
コンビナート　64, 65

さ行

再開発　115, 141, 172
在郷町　29, 40, 76
西国街道　26
西国三十三所　159, 162
最終氷期　16
彩都　111
在留外国人統計　150
堺　40, 54, 64, 74, 79
雑居地　48
里山　14, 50, 159
三角州　15-17
産業革命　52
産業観光　159
産業空洞化　53, 72, 100
三郷　→　大坂三郷
三大都市圏　6, 102, 130, 131, 134
産地間競争　123
産寧坂　170
三宮（三ノ宮）　22, 92, 93, 109, 116, 118, 173, 176
三洋電機　69, 70, 72, 96
山陽道　26, 141
CSR（企業の社会的責任）　50
GHQ　→　連合国軍総司令部
ジェーン台風　17, 18, 67
ジェンダー　142
ジェントリフィケーション　105, 107
市街化区域　94, 128-131, 134, 135
市街化調整区域　94, 120, 128-130, 134, 135
市街地再開発事業　104
シカゴ　78, 143
シカゴ学派都市社会学　142
市区改正　83
施行時特例市　5
寺社地　28
市制（及）町村制　5, 6, 82
自然公園　170
四丁町　39
指定野菜　132, 136

私鉄　83, 84, 87, 111, 164
寺内町　29, 36, 40
地場産業　74
地盤沈下　17, 24, 67
市民農園　125, 137
四面町　39
シャープ　65, 70, 72, 73, 96
社会地理学　142
修景　170
集住地区　142-144, 154, 155
集積効果　103
住宅金融公庫法　110
集中豪雨　18, 19
住民基本台帳　150
重要伝統的建造物群保存地区　170
重要文化的景観　171
主産地　123, 125, 132, 133
酒造業　54, 76
出入国管理及び難民認定法（入管法）　144, 145, 148
聚楽第　28, 38
巡礼　158, 162
城郭　28, 34, 36
城下町　28, 34, 36, 40, 126
小京都　168
少子化　2, 114
少子高齢化　2, 3, 115
商店街　89, 118, 119, 121, 157
消費社会　9, 100
商品作物　127
条坊制　30
照葉樹林　13, 14
条里プラン（条里制）　28, 32
職住近接　80, 85, 91, 93, 110
職住分離　80, 85, 87, 142
植生　13, 23
食糧管理制度　123, 124
食料・農業・農村基本法　124, 134, 137
食糧法　124
植林　21, 50
ショッピングセンター　119-121
ショッピングモール　91, 105, 118, 120, 121
新開地　48
人口減少　2, 8, 9, 107, 112, 114, 115
人口集中地区　7, 125
人口ピラミッド　2, 3, 149

新婚旅行　166
新住宅市街地開発法　90
新世界　46
薪炭材　23, 50
新田（開発・集落）　17, 29, 42, 127
新都市計画法　94
陣屋町　35
新淀川　17, 47
水源　15, 23-25, 139
水車　52, 56, 77
吹田　18, 90, 115
垂直統合型生産　53, 70, 72
水道　12, 15, 21, 24, 25
水平分業型生産　53, 72
スーパー（マーケット）　91, 118, 123, 132, 136, 137
スギ　14, 21, 50
スキー　21, 158, 166
鈴蘭台　92
スプロール現象　7, 8, 81, 94, 122, 129, 131
住吉川　22, 23
生産調整　123, 124
生産緑地　130, 131, 134, 135
西神ニュータウン　93
舎密局（せいみきょく）　57
政令指定都市　3, 5, 6, 112
世界遺産　170
世界都市　101-103
＊関一　82, 137
石油危機　→　オイルショック
セグリゲーション　→　居住分化
瀬戸内気候区　20, 22, 138
戦災復興事業　89
扇状地　12, 15, 22, 23, 25, 92, 138
船場　36
泉北丘陵　16
泉北ニュータウン　87
専門品　118
千里丘陵　9, 16, 18, 90, 91, 138
千里ニュータウン　9, 18, 80, 87, 90, 91, 111, 114, 115
千里山（住宅地）　83, 85-87, 116
造幣局　46, 54, 56
ソーシャル・ミックス　81

た行

第1次市域拡張（大阪市）　25, 81, 82, 172
大大阪　79, 82, 83, 85

大合併 5, 6
太閤検地 42
大地震両川口津浪記石碑 18, 51
大内裏 28, 30, 38
大店法（大規模小売店舗法） 119, 120
大店立地法 120
第2次市域拡張（大阪市） 25, 82, 83
第2室戸台風 17, 18, 67
台風 12, 15, 17, 18, 20, 21
太平洋側の気候区 15, 20
太平洋戦争 88
内裏 28, 30
大量生産大量消費 74, 78, 99
高潮 17, 18
高槻 19, 54
宝塚 21
宅地並み課税 128, 130, 131
脱工業化（時代） 9, 10, 53, 70, 81, 93, 98, 100-102, 104, 107, 108, 111, 116, 121, 140, 172
棚田 159
＊谷崎潤一郎 22
多品目少量生産少量消費 100
溜池 21, 23, 129, 138, 139
タワーマンション 98, 105, 107-109, 111, 119
単一民族神話 146, 148
断層（運動） 12, 14, 22
団体旅行 166
丹波高地 13, 20
地下鉄 18, 82, 83, 93, 109
築港 46, 82
地産地消 136
治水 17-19
中央卸売市場 123, 127, 132, 136
中央省庁 103
中核市 5
中心業務（C.B.D.）地区 78, 84, 98, 106
中心市街地活性化法 120
沖積平野 15, 16
＊チューネン, J. H. von 122
町人地 28, 34, 36
直売所 → ファーマーズマーケット
通天閣 29, 47
津波 14, 17, 18, 51
梅雨 15, 18, 20, 21, 23

鶴橋 89, 154
DID → 人口集中地区
ディスカバー・ジャパン・キャンペーン 168
テーマパーク 159
寺町 29, 34, 36, 39
田園郊外 80, 87, 106
田園住居地域 134
田園都市 80, 86, 87, 106, 111
天下の台所 36
天下普請 35
伝建地区 → 重要伝統的建造物群保存地区
天井川 17, 23, 48
天正地割 39
伝統産業 74
伝統野菜 125, 126
天王寺公園 46
天保山 82, 159, 172
東京一極集中 3, 9, 101, 102, 111, 117
杜氏 77
湯治 158, 162
同心円地帯モデル 78, 79, 84, 99, 142
道頓堀川 36, 157
ドーナツ化現象 9, 78, 93, 106
特別永住者 152
特別区（部） 5, 6
特例市 5
都市型漁業 141
都市間競争 101
都市観光 101
都市計画区域 129, 130
都市計画法 82, 94, 120, 129, 130, 134
都市計画マスタープラン 95
都市圏 6, 9, 10, 91
都市再開発法 104, 105
都市再生 98, 101, 107, 140
都市再生機構（UR） 98, 111
都市再生特別措置法 109
都市農業 125, 126, 134, 136, 137
都市農業振興基本法 134
都心回帰（現象） 7, 9, 10, 83, 98, 99, 106, 108, 111, 112, 116-118, 121
土地区画整理 89
特許 100, 103
＊豊臣秀吉 28, 36
豊中 18, 90

な行

トレーサビリティー 124
内国勧業博覧会 45, 46
内水氾濫 18
長岡京 50
中崎町 104
中之島 36, 46, 83, 107
灘五郷 76
奈良 28, 30
奈良盆地 14, 16, 20, 32, 125, 127, 138
南京町 144, 156, 157, 176
軟弱野菜 125, 127, 133, 135, 136
難波 46, 83, 127
西宮 25, 131, 138, 151, 159
西宮七園 85
西廻り航路 36
西向日住宅地 86
二条城 39, 44
日本遺産（認定事業） 171
日本海側の気候区 15, 20
日本住宅公団 79-81, 87, 98
ニュータウン 3, 7, 9, 18, 80, 81, 87, 90-93, 98, 106, 111, 114-116, 129
人間生態学 79
寝屋川 17-19, 129
農協 → 農業協同組合
農業基本法 122-124
農業協同組合 122-124, 132, 133, 135-137
農業振興地域 130, 135
農業地域類型 124, 125
農業用水 24, 138
農地転用 128-131, 135
農用地区域 130
野島断層 14
『non-no』 169

は行

＊バージェス, アーネスト 78, 80, 142
ハーバーランド 101, 105, 172, 173
爆買い 174
ハザードマップ 19
場所のプロモーション 101
パナソニック 65, 68, 70, 71, 73, 96, 101
バブル（期・経済） 100, 102, 105-107, 112, 119, 128, 134, 140, 148

バブル崩壊　105, 107, 109, 134
浜寺　159
＊原口忠次郎　92
＊ハワード，エベネザー　80
阪急電鉄　80, 84, 110
阪急不動産　110, 111
阪神・淡路大震災　9, 12, 98, 155, 173
阪神工業地帯　25, 63-65, 127
阪神水道企業団　24, 25
阪神大水害　22, 23, 92
藩政村　5
班田収授法　32
反都市化　99
氾濫　17-19
氾濫原　15
PFI法　115
ヒートアイランド現象　21, 50
東遊園地　48
ビジット・ジャパン・キャンペーン　174
避暑　159
一人旅　168
ヒノキ　14, 21, 50
姫路　21, 54, 73, 121, 151
百貨店　83-85, 91, 109, 118, 119
兵庫県南部地震　12, 14
枚方　17, 19, 54, 131
枚方丘陵　16
平城　28, 34
平山城　28, 34
琵琶湖　12, 14, 15, 17, 24, 25, 125
琵琶湖疏水　25, 29, 44, 97
琵琶湖・淀川水系　15, 21, 24
ファーマーズマーケット　124, 134, 136, 137
武家地　28, 34, 39
ブランド化　125
不良住宅地区　89, 104
ブルーカラー　142
文化遺産を活かした観光振興・地域活性化事業　171
文化財　159, 170
平安宮　38
平安京　28, 30, 126

平安神宮　45
平城宮　30
平城京　28, 30
別荘地　166
ベッドタウン　9, 80, 85, 87, 91
＊ベデカー，カール　158
ベビーブーム　3, 116
ヘルスセンター　166
ベルパークシティ　96, 105, 108, 109
防災調整池　19, 139
防潮堤　18
ポートアイランド　93, 116
ポートピア'81　93
圃場整備　33
ポストモダニズム　140
保養　158
ホワイトカラー　142
本願寺　36
本能寺　38

ま行

マイノリティ　150
マスツーリズム　158, 166
まちづくり　115
まちづくり3法　120
町なみ／まちなみ　159, 168, 170
＊松下幸之助　68
松下電器（産業）　59, 68, 70, 72, 73, 101
道の駅　133, 136
密集市街地　104, 105
御堂筋　82, 83
湊川（駅）　48, 105, 173
湊川神社　48
港町　29, 40, 48
宮水　77
武庫川　16
室戸台風　17
名所図会　163
メリケン波止場　48
モータリゼーション　7, 87, 114, 118, 120
モール　→　ショッピングモール

モダニズム　140
元町　48
物見遊山　159, 162
最寄品　118
守口　54, 69, 83, 96, 127
モンスーン　→　季節風
門前町　29, 40

や行

八尾　134-137, 151
野菜指定産地　130, 132, 133
野菜生産出荷安定法　132
山城　28, 34
山田錦　77, 125
大和川　16, 17, 19, 40, 138
ヤミ市　89, 154, 156
USJ　→　ユニバーサル・スタジオ・ジャパン
遊園地　165, 166
輸送園芸　123, 127
ユニバーサル・スタジオ・ジャパン　96, 172, 173
用水路　21, 138
容積率　94, 95, 109
用途地域（制度）　94, 95, 120, 134
淀川　15-17, 19, 24, 25, 54-56, 60

ら・わ行

洛中　126
流通革命　119
両側町　39
ルナパーク　29, 47
歴史地理学　28
歴史まちづくり法　171
レッチワース　80, 85
連合国軍総司令部（GHQ）　60, 68, 88
連鎖移住　143, 145
6次産業化　124, 134
六麓荘　84
六甲アイランド　93, 108
六甲山　12, 92, 159
六甲山地　9, 12-14, 16, 22, 23, 25
綿　17, 134

《著者紹介》

山口　覚（やまぐち・さとし）
- 1971年　愛知県生まれ
- 2000年　関西学院大学大学院文学研究科博士課程後期課程西洋史学専攻単位取得満期退学
- 2006年　博士（地理学）
- 現　在　関西学院大学文学部教授
- 主　著　『出郷者たちの都市空間――パーソナル・ネットワークと同郷者集団』ミネルヴァ書房，2008年
『集団就職とは何であったか――〈金の卵〉の時空間』ミネルヴァ書房，2016年

水田憲志（みずた・けんじ）
- 1968年　兵庫県生まれ
- 2006年　関西大学大学院文学研究科地理学専攻博士課程後期課程単位修得済退学，修士（文学）
- 現　在　大手前大学史学研究所客員研究員
- 主　著　『石垣島で台湾を歩く――もうひとつの沖縄ガイド』（共著），沖縄タイムス社，2012年
『水都大阪の景観変遷――1880〜1960』関西大学大阪都市遺産研究センター，2015年

金子直樹（かねこ・なおき）
- 1969年　神奈川県生まれ
- 1998年　関西学院大学大学院文学研究科博士課程後期課程西洋史学専攻単位取得満期退学，修士（文学）
- 現　在　関西学院大学非常勤講師
- 主　著　「近現代における岩木山参詣習俗の変容――徒歩参詣の伝統化」『日本民俗学』249号，2007年
「岩木山信仰の伝播について――主に信仰圏の背景と北海道への展開を中心にして」『E-journal GEO』第11巻1号，2016年

吉田雄介（よしだ・ゆうすけ）
- 1970年　岡山県生まれ
- 2000年　関西大学大学院文学研究科地理学専攻博士課程後期課程単位修得済退学
- 2006年　博士（文学）
- 現　在　せとうち観光専門職短期大学准教授
- 主　著　「イランにおける手織物生産の存続と多就業化の関係――ヤズド州メイボド地域のズィールー製織業を事例として」『地理学評論』第78巻8号，2005年
「小さな寄進物――ワクフ基金から寄贈されたワクフとしてのズィールー（綿製絨毯）」『イラン研究』第12号，2016年

中窪啓介（なかくぼ・けいすけ）
- 1983年　京都府生まれ
- 2011年　関西学院大学大学院文学研究科博士課程後期課程文化歴史学専攻地理学地域文化学領域単位取得満期退学
- 2014年　博士（地理学）
- 現　在　東京農業大学国際食料情報学部助教
- 主　著　「沖縄県豊見城市におけるマンゴー産地の供給体制」『地理学評論』第84巻3号，2011年
「フィリピン・ギマラス島における『裏庭生産者』のマンゴー経営――所得階層との関係で」『人文論究』第68巻1号，2018年

矢嶋　巌（やじま・いわお）
- 1967年　北海道生まれ
- 2000年　関西大学大学院文学研究科地理学専攻博士課程後期課程単位修得済退学
- 2009年　博士（文学）
- 現　在　神戸学院大学人文学部准教授
- 主　著　『生活用水・排水システムの空間的展開』人文書院，2013年
「大企業による森林保全活動における植林イベントが持つ意義――和歌山県の『企業の森』事業における事例」『ジオグラフィカ千里』第1号，2019年

＊本書に掲載した地図について
この地図は，国土地理院長の承認を得て，同院発行の2万5千分1地形図を複製したものである。（承認番号　平30情複，第1526号）承認を得て作成した複製品を第三者がさらに複製する場合には，国土地理院の長の承認を得なければならない。

図説 京阪神の地理
――地図から学ぶ――

2019年6月20日　初版第1刷発行	〈検印省略〉
2023年1月20日　初版第5刷発行	

定価はカバーに表示しています

著　者	山口　覚 水田　憲志 金田　直子 吉田　雄介 中窪　啓介 矢嶋　巖	
発行者	杉田　啓三	
印刷者	中村　勝弘	

発行所　株式会社　ミネルヴァ書房
607-8494 京都市山科区日ノ岡堤谷町1
電話代表　(075)581-5191
振替口座　01020-0-8076

© 山口・水田ほか, 2019　　中村印刷・新生製本

ISBN978-4-623-08484-5

Printed in Japan

竹中克行編著
人文地理学への招待　A5判・314頁　本体 3000円

松山洋ほか著
自然地理学　A5判・324頁　本体 3000円

藤井正・神谷浩夫編著
よくわかる都市地理学　B5判・226頁　本体 2600円

中筋直哉・五十嵐泰正編著
よくわかる都市社会学　B5判・232頁　本体 2800円

市川秀之ほか編著
はじめて学ぶ民俗学　A5判・336頁　本体 2800円

福田アジオ責任編集
知って役立つ民俗学　A5判・308頁　本体 2800円

山口覚著
集団就職とは何であったか　A5判・404頁　本体 4800円

加藤和暢著
経済地理学再考　A5判・392頁　本体 6000円

N. スミス著・原口剛訳
ジェントリフィケーションと報復都市　A5判・480頁　本体 5800円

V.L. スミス編・市野澤潤平ほか監訳
ホスト・アンド・ゲスト　A5判・468頁　本体 7000円

杉本尚次著
日本民家の研究　A5判・302頁　本体 10000円

――― ミネルヴァ書房 ―――
https://www.minervashobo.co.jp/